T0126530

LA VÉRITABLE HISTOIRE

Collection
dirigée
par
Jean Malye

LA VÉRITABLE

HISTOIRE

DES

HÉROS

SPARTIATES

Lycurgue, Othryadès,
Léonidas Ier et les 300 Spartiates,
Lysandre, Agésilas II, Agis IV, Cléomène III,
Nabis

Textes réunis et commentés
par
Jean Malye

LES BELLES LETTRES
2010

Pour consulter notre catalogue
et découvrir nos nouveautés
www.lesbelleslettres.com

© 2010, Société d'édition Les Belles Lettres
95, boulevard Raspail 75006 Paris.
www.lesbelleslettres.com

ISBN : 978-2-251-04007-3
ISSN : 1968-1291

Quant aux honneurs qui sont accordés au roi à sa mort, les lois de Lycurgue veulent montrer par là qu'on honore plus que tous les rois des Spartiates non pas en tant qu'hommes mais en tant que héros.

Xénophon, *Constitution des Lacédémoniens*, 15, 9

ÊTRE UN HÉROS SPARTIATE...

... c'est s'abandonner voluptueusement dans les bras de Thanatos, aboutissement logique d'une éducation entièrement tendue vers le don de soi. S'offrir corps et âme en sacrifice aux dieux de la patrie comme le chante le poète Tyrtée.

À part Lycurgue, le fondateur mythique de la constitution qui fit de Sparte une cité à la légende sanguinaire et violente, tous ses héros furent des combattants pugnaces et jusqu'au-boutistes. Leurs vies sont étroitement liées à l'histoire de la Grèce, du temps où les cités-États comme Corinthe, Argos, Thèbes et Athènes se faisaient la guerre ou s'unissaient pour tenter de se défendre contre l'envahisseur perse.

Au fil de son existence mouvementée, plusieurs fois assiégée, Sparte connut des heures de gloire et de désespoir partagées avec son ennemi de toujours, son double opposé, Athènes la démocrate. Deux grands conflits ravagèrent la Grèce où Sparte la guerrière joua un rôle primordial, les guerres médiques, et le fameux sacrifice des 300 à la bataille des Thermopyles contre les Perses, et la guerre du Péloponnèse, commencée par l'Athénien Périclès et terminée par le Spartiate victorieux Lysandre.

Quant au roi Agésilas II, il se distingua en envahissant la Perse et en participant à la guerre de Corinthe. Cléomène III, lui, déclencha une guerre qui porta son nom et qui l'opposa aux Achéens et à leurs alliés.

Le jeune Agis IV donna sa vie pour avoir tenté de rétablir les lois de Lycurgue abandonnées depuis longtemps par la cité corrompue.

Après avoir usurpé le pouvoir en s'aidant de mercenaires, le dernier roi Nabis sévit contre les Macédoniens et les Romains et entretint la terreur à Sparte en supprimant de nombreux citoyens. Mais cette sombre image n'a-t-elle pas été forgée par les seules sources

*qui nous sont parvenues et qui ont été écrites par des historiens
ennemis de Sparte, Tite-Live et Polybe ?*

*Ce règne mit fin à la grandeur de la cité, elle qui avait depuis
longtemps oublié les beaux principes de Lycurgue.*

*Et Sparte entra dans l'oubli, attirant les touristes en exploitant
sa sulfureuse réputation. Au Ier siècle avant J.-C., Cicéron fut de
ceux-ci quand il vint assister aux célèbres fêtes de Laconie et au
fameux rituel de l'autel d'Artémis Orthia[1].*

À Sparte, en particulier, on accueille les enfants au pied de
l'autel en leur donnant tant de coups « que le sang s'échappe
à flots de chair », parfois même, comme je l'entendais dire
pendant mon séjour dans le pays, que la mort s'ensuit ; or il
n'est jamais arrivé que l'un d'eux ait poussé un cri ni même
un soupir (*Tusculanes*, 2, 34).

---

1. Voir p. 38.

Pausanias, le géographe voyageur, nous entraîne dans une visite guidée de la ville de Sparte telle qu'elle existait à son époque c'est-à-dire au IIe siècle après J.-C. En suivant ses pas, nous passons près de lieux et de monuments transpirant l'histoire et la condition si particulières du Lacédémonien².

Le monument le plus remarquable de l'agora, c'est le portique des Perses, édifié à partir du butin fait sur eux ; avec le temps, on l'a transformé jusqu'à lui donner sa taille actuelle et son ornement présent. Il y a, sur les colonnes, des statues de Perses en marbre et, entre autres, Mardonios³, le fils de Gobryas. On y a représenté aussi Artémise, une fille de Lygdamis et reine d'Halicarnasse ; cette dernière, affirme-t-on, partit de son plein gré en campagne contre la

2. Ou Laconiens = Spartiates.

« C'est désormais la Laconie du côté du couchant. Comme les Lacédémoniens le disent eux-mêmes, Lélex, qui était un autochtone, régna le premier sur ce pays, et ceux sur qui il exerçait le pouvoir furent nommés Lélèges par lui. De Lélex naquirent Mylès et Polycaon […]. Au décès de Mylès, son fils Eurotas hérita du pouvoir. Ce dernier amena à la mer, grâce à un canal, l'eau stagnant dans la plaine et quand elle s'écoula – car ce qui restait formait justement le cours d'une rivière – il la nomma Eurotas.

Parce qu'il n'avait pas d'enfant mâle, il laissa la royauté à Lacédémon, dont la mère Taygète donna son nom à la montagne. Ce Lacédémon remonte, pour son père, jusqu'à Zeus, à ce qu'on affirme. Il avait épousé Sparte, une fille d'Eurotas. Quand il obtint le pouvoir, il commença alors par changer le nom de la région et des gens d'après le sien ; puis il fonda une cité qu'il appela Sparte du nom de sa femme, nom que cette ville a toujours gardé » (Pausanias, *Description de la Grèce*, 3, I, 1-2).

3. Beau-frère de Xerxès qui avait dirigé la première expédition contre la Grèce en 492 et qui commandera l'armée perse après la défaite de Salamine. Il mourra à la bataille de Platées en 479.

Grèce avec Xerxès et accomplit de hauts faits lors du combat naval autour de Salamine[4].

Des temples se trouvent aussi sur l'agora : un consacré à César qui, le premier chez les Romains, aspira à la monarchie et acquit le premier un pouvoir intégré désormais dans les institutions ; un autre à Auguste, son fils, qui affermit le pouvoir impérial et acquit encore plus de gloire et d'autorité que son père.

Description de la Grèce, 3, 11, 3-4

Si, de l'agora, vous sortez dans la direction du soleil couchant, vous verrez le cénotaphe de Brasidas[5], fils de Tellis. Peu éloigné de la tombe se trouve le théâtre, en marbre, qui mérite d'être vu. En face du théâtre se trouve le tombeau du roi Pausanias, qui commandait les Lacédémoniens à la bataille de Platées[6] ; la sépulture de Léonidas est tout près. Chaque année, en leur honneur, on prononce des discours, et on organise des concours auxquels personne d'autre que les Spartiates ne peut participer. Léonidas est véritablement inhumé en ce lieu, car ses os furent rapportés des Thermopyles par Pausanias quarante ans après sa mort. Il y a aussi une stèle qui énumère avec le nom de leur père ceux qui soutinrent contre les Perses le combat des Thermopyles[7].

3, 14, 1

4. 29 septembre 480 avant J.-C. entre les Grecs menés par l'Athénien Thémistocle et le Spartiate Eurybiade contre les Perses de Xerxès Ier et les troupes d'Halicarnasse commandées par la reine Artémise Ire.

5. Monument funéraire en l'honneur d'un des plus prestigieux généraux spartiates qui combattit les Athéniens pendant la guerre du Péloponnèse au ve siècle avant J.-C. et mourut au siège d'Amphipolis en 422.

6. Ultime bataille des guerres médiques contre les Perses de Mardonios. Les Grecs d'Aristide et les Spartiates de Pausanias remportèrent la victoire et les Perses rentrèrent chez eux.

7. Voir p. 73 et suivantes.

Il y a aussi un lieu dit « la Place des platanes », à cause de la quantité de grands platanes qui y poussent très serrés. Cet endroit où il est institué que les jeunes Spartiates se combattent, un canal l'encercle, comme la mer encerclerait une île ; on y accède par deux ponts ; à l'entrée de l'un, il y a une statue d'Hercule, et à l'entrée de l'autre une effigie de Lycurgue ; c'est Lycurgue qui institua des lois non seulement pour l'ensemble du régime politique mais aussi pour les combats des éphèbes[8].

Voici ce que les éphèbes accomplissent entre autres : ils sacrifient, avant le combat, au Phoibaion. Ce collège est hors de la cité, près du quartier appelé Thérapné. Là, chaque groupe de combattants sacrifie un petit chien à Enyalios[9], jugeant que, pour le plus vaillant des dieux, le plus vaillant des animaux domestiques était la victime attendue.

Au cours du sacrifice, les éphèbes font se livrer bataille des sangliers apprivoisés : celui des deux groupes dont le sanglier se trouve vainqueur, peut remporter la victoire sur la Place des platanes. Le lendemain, peu avant le milieu du jour, ils entrent par les ponts dans l'endroit déjà évoqué. L'accès par lequel chacun des deux groupes peut y pénétrer, un tirage au sort le leur a attribué à l'avance durant la nuit. Et ils livrent bataille à la fois avec les mains et à coups de talons, et ils mordent et s'entre-arrachent les yeux ; vous les voyez se battre avec violence tantôt l'un contre l'autre, tantôt tous ensemble, chaque troupe faisant tous ses efforts pour faire reculer l'autre et pour la pousser dans l'eau.

3, 14, 8-10

---

8. Voir p. 15 et suivantes.
9. Dieu apparenté à la guerre, à l'affrontement violent.

Et un oracle leur est rendu à ce sujet leur disant d'ensanglanter l'autel avec du sang humain ; c'est pourquoi durant un temps on y sacrifiait un homme que le sort désignait. Lycurgue institua en échange la flagellation chez des éphèbes de sorte qu'il est encore vrai de dire que cet autel est teint du sang des hommes[10]. La prêtresse y préside en tenant la statue de la déesse ; l'objet est, d'habitude, léger en raison de sa petite taille. Mais si un exécuteur ménage ses coups eu égard à la beauté ou au rang d'un éphèbe, aussitôt la prêtresse s'écrie que la statue devient lourde et difficile à porter ; elle s'en prend alors au prévaricateur, et lui impute la peine qu'elle souffre.

3, 16, 10-11

10. Voir p. 38.

SPARTE LA RADICALE

Lycurgue
IXe siècle avant J.-C.

Nous ne savons rien sur la vie de Lycurgue, ou si peu. A-t-il été créé pour servir de légende à l'histoire de Sparte au point d'être vénéré comme un dieu dans cette cité ? Un de ses sanctuaires lui fut consacré, d'après Plutarque. Certains interprètent étymologiquement son nom comme signifiant « le faiseur de lumière ». Ou a-t-il existé comme l'Arcadien de l'Iliade ? D'autres font venir son nom du mot grec lycos, qui signifie « loup », en le nommant « celui qui fait les œuvres ou célèbre les orgies du loup ». Ainsi aurait-il été un lycanthrope, à masque de loup, sorte de croque-mitaine, qui aurait joué un rôle important dans les cérémonies d'initiation des enfants spartiates[1].

Dans tous les cas, il sera connu pour avoir donné une constitution particulière à Sparte, une oligarchie à caractère militaire en opposition au système démocratique d'Athènes.

Le seul texte qui nous est parvenu de ces rhètres *est dû au philosophe historien grec Plutarque, auteur au IIIe siècle après J.-C. des* Vies parallèles *retraçant l'existence de personnages célèbres de l'histoire grecque et romaine.*

Dans sa Vie de Lycurgue, *il fait l'apologie de ce système politique en s'inspirant de La Constitution des Lacédémoniens de Xénophon et de la* Politique *d'Aristote.*

À partir du IVe siècle avant J.-C., Lycurgue, considéré par la plupart des Grecs comme le meilleur de tous les législateurs, et la constitution de Sparte, qui leur paraissait comme un modèle

1. Voir p. 34 à 42.

inégalable, firent l'objet d'une immense littérature, sans cesse accrue
jusqu'à l'époque romaine.

Sur Lycurgue le législateur on ne peut absolument rien
dire qui ne soit douteux. Son origine, son séjour à l'étranger, sa mort, enfin l'établissement même de ses lois et de sa
constitution sont rapportés diversement par les historiens.
[…]
Cependant, malgré ces flottements de l'histoire, nous n'es-
saierons pas moins, en nous attachant dans ce qu'on a écrit sur
Lycurgue aux faits les moins contestés, à ceux qui sont attestés
par les témoins les mieux connus, de raconter sa vie.

Plutarque, *Lycurgue*, 1, 1 ; 7

Lycurgue règne un court moment.

Comme le père de Lycurgue voulait séparer des gens
qui se battaient, il reçut un coup de couteau de cuisine et
mourut, laissant le trône à son fils aîné, Polydectès. Celui-ci
aussi étant mort peu de temps après, tout le monde estima
que c'était à Lycurgue de devenir roi, et il régna, en effet,
jusqu'à ce que l'on s'aperçût que la femme de son frère était
enceinte. Aussitôt qu'il le sut, il déclara que la royauté
appartenait à l'enfant qui allait naître, si c'était un garçon,
et ce fut dès lors en qualité de tuteur qu'il administra le
royaume. Cependant, sa belle-sœur lui envoya secrètement
des émissaires et lui fit dire qu'elle avait le projet de faire
périr l'enfant avant sa naissance pour que lui, Lycurgue,
continuât à régner, s'il consentait à l'épouser. Il eut horreur
de sa perfidie, mais ne rejeta pas sa proposition : il fit semblant de l'approuver et de l'accepter et lui fit dire qu'elle
ne devait pas se faire avorter et, en se droguant, ruiner sa
santé et risquer la mort ; qu'il aurait soin lui-même de se
débarrasser de l'enfant, dès qu'il serait né. C'est ainsi qu'il
abusa la veuve jusqu'au terme de sa grossesse.

Quand il apprit qu'elle ressentait les douleurs de l'enfantement, il envoya des gens pour assister à l'accouchement et pour la surveiller, avec ordre, si c'était une fille, de la remettre entre les mains des femmes et, si c'était un garçon, de le lui apporter, quelles que fussent ses occupations.

Il était en train de dîner avec les magistrats, lorsqu'elle mit au monde un garçon. Les serviteurs vinrent lui apporter le nouveau-né. On raconte qu'en le recevant, il dit aux assistants :

— Il vous est né un roi, Spartiates.

Et il le déposa sur le siège royal et le nomma Charilaos[2], parce que tous les convives, admirant sa grandeur d'âme et sa justice, étaient au comble de la joie.

Il n'avait régné en tout que huit mois. Mais ses qualités attiraient sur lui les regards de tous ses concitoyens, et la plupart mettaient un zèle empressé à exécuter ses ordres, bien plus par respect de sa vertu que parce qu'il fallait lui obéir en tant que tuteur du roi et détenteur du pouvoir royal.

Mais il avait aussi des envieux qui, pendant sa jeunesse, s'employèrent à faire obstacle à son avancement. Les principaux étaient les parents et les amis de la mère du roi, qui se croyait sa victime. Le frère de cette femme, Léonidas, l'insulta un jour audacieusement et lui laissa entendre qu'il savait très bien qu'il régnerait un jour. Il voulait le rendre suspect et le calomniait à l'avance en faisant croire que, s'il arrivait quelque chose au roi, c'est lui qui aurait tramé sa mort. La veuve, de son côté, faisait courir les mêmes bruits. Lycurgue, perturbé par ces rumeurs et craignant un avenir incertain, résolut de quitter le pays pour échapper aux soupçons et de voyager jusqu'au jour où son neveu, parvenu à l'âge adulte, aurait un fils pour lui succéder sur le trône.

Plutarque, *Lycurgue*, 2, 6 ; 3

---

2. *Charilaos* signifie « la joie du peuple ».

Il part alors faire son expérience politique.

Il se rendit d'abord en Crète. Il y observa les institutions et eut des entretiens avec les hommes les plus réputés. Il admira et recueillit certaines de ces lois pour les rapporter et les mettre en pratique dans son pays[3]. [...]

De Crète, Lycurgue navigua vers l'Asie, dans le but de comparer avec le régime simple et austère des Crétois le luxe, les délices de l'Ionie, comme les médecins comparent aux corps sains les corps atteints de maladies apparentes ou cachées, et d'observer les différences dans leurs façons de vivre et dans leurs institutions politiques. Ce fut là qu'il prit pour la première fois connaissance des poèmes d'Homère, jugeant que, s'ils renferment des passages composés pour le plaisir et la jouissance, ils contiennent aussi des préceptes de politique et d'éducation qui valent beaucoup mieux, il s'empressa de les copier et de les rassembler pour les rapporter dans son pays. [...]

Les Égyptiens croient que Lycurgue vint aussi chez eux, et que, frappé surtout de voir les gens de guerre séparés des autres classes, il transporta cette institution à Sparte, où il mit à part les ouvriers et les artisans, établissant ainsi une constitution véritablement belle et pure.

Plutarque, *Lycurgue*, 4, 1-7

Mais les rois et le peuple le réclament.

Étant donc revenu et trouvant les esprits si bien disposés, il entreprit aussitôt de changer l'état de choses et d'établir une autre constitution, persuadé que les lois partielles sont sans effet ni utilité, et qu'il fallait, comme pour un corps malsain et plein de maladies de toutes sortes dont on chasse

---

3. Pour les lois de Crète voir Strabon, *Géographie*, 10, 4, 16-22.

les humeurs pour en transformer le tempérament par des drogues et des purges, inaugurer un régime tout nouveau.

Ayant ce projet en tête, il commença par se rendre à Delphes et, après avoir sacrifié au dieu et consulté l'oracle, il en rapporta cette célèbre réponse par laquelle la Pythie le déclarait l'ami des dieux, et dieu lui-même plutôt qu'homme ; puis, comme il demandait de bonnes lois, la Pythie l'assura que le dieu lui accordait et lui garantissait une constitution qui serait de beaucoup la meilleure de toutes.

Encouragé par ces oracles, il persuada les meilleurs citoyens et les engagea à mettre la main à l'œuvre avec lui. D'abord, il en discuta secrètement avec ses amis, puis, de proche en proche, il toucha un plus grand nombre de gens et les réunit en vue d'agir. Quand le moment favorable fut venu, il ordonna à trente d'entre eux, qu'il choisit parmi les plus importants, de se rendre sur la place publique au point du jour avec leurs armes, afin d'imposer la crainte à ceux qui s'opposaient à lui. Sur ces trente, Hermippos a conservé les noms des vingt citoyens les plus illustres. Celui qui prit le plus de part aux actes de Lycurgue et qui le seconda le mieux dans l'établissement de ses lois se nommait Arthmiadas. Au premier moment du trouble ainsi provoqué, le roi Charilaos, croyant que toute l'affaire était dirigée contre lui, prit peur et se réfugia dans le temple de la Chalciœcos[4] ; puis, se rendant aux assurances qu'on lui donna et aux serments qu'on lui fit, il sortit du temple et il s'associa même à l'entreprise, car il était de naturel doux. On rapporte, en effet, qu'un jour le roi Archélaos, son collègue[5], comme on lui faisait l'éloge de ce jeune homme, répondit :

4. Dédié à Athéna (littéralement « la maison recouverte de bronze ») ; il se situait sur l'acropole de Sparte.

5. Deux rois se partagent le pouvoir. L'un reste pour gérer Sparte pendant que l'autre est parti en campagne. Ils sont issus, selon la légende, des familles fondées par les jumeaux descendant d'Héraclès, Eurysthénès, père d'Agis Ier pour la famille des Agiades et Proclès,

– Comment Charilaos serait-il homme de bien, lui dont les méchants eux-mêmes n'ont pas à redouter la sévérité ?

Plutarque, *Lycurgue*, 5, 3-9

Lycurgue impose une première série d'institutions, le sénat ou gérousie et l'éphorat.

Des nombreuses innovations faites par Lycurgue, la première et la plus importante fut l'établissement du sénat, qui, tempérant, selon l'expression de Platon, le pouvoir hypertrophié des rois par un suffrage égal au leur pour les décisions les plus importantes, fut la principale cause du salut de l'État et de la modération du gouvernement. Celui-ci, toujours oscillant, inclinait tantôt du côté des rois vers la tyrannie, tantôt du côté du peuple vers la démocratie. Placé entre les deux, le sénat fut comme un lest et un contrepoids qui le tint en équilibre et lui assura la sécurité, l'ordre et la fixité, car les vingt-huit sénateurs[6] qui le composaient se rangeaient toujours du côté des rois, quand il fallait faire échec à la démocratie, et venaient, au contraire, renforcer le peuple, le cas échéant, pour empêcher la tyrannie. [...]

Quand la foule des citoyens était assemblée, personne n'avait le droit d'émettre une proposition, sinon les sénateurs et les rois, qui proposaient les mesures sur lesquelles le peuple était maître de se prononcer. [...]

C'est ainsi que Lycurgue avait équilibré sa constitution.

Cependant, ceux qui vinrent après lui, s'apercevant que l'oligarchie, trop forte et trop puissante encore, regorgeait d'un excès de sève et d'ardeur, comme dit Platon, lui

père d'Eurypon pour la famille des Eurypontides (voir la liste des rois p. 313). La royauté est transmise théoriquement de père en fils ou en frère. Les pouvoirs des rois sont essentiellement militaires et religieux. Ils sont membres de la gérousie (voir ci-après).

6. Ou gérontes.

donnèrent pour frein l'autorité des éphores[7], dont les premiers, Élatos et ses collègues, furent nommés, cent trente ans à peu près après Lycurgue, par le roi Théopompe.

Plutarque, *Lycurgue*, 5, 10-11 ; 6, 6 ; 7, 1

Il décide aussi le partage des terres et la frappe d'une nouvelle monnaie.

La deuxième réforme de Lycurgue et la plus audacieuse fut le nouveau partage des terres. Si grande était devenue l'inégalité des fortunes que les gens sans biens ni ressources affluaient en foule dans la ville, tandis que la richesse était entièrement tombée entre les mains d'un petit nombre. Lycurgue, pour bannir de Sparte l'insolence, l'envie, le vice, le luxe et les maladies sociales plus anciennes encore et plus graves que celles-là, à savoir la richesse et la pauvreté, persuada les citoyens de mettre tout le pays en commun, d'en faire d'abord un nouveau partage, puis de vivre tous égaux entre eux avec les mêmes lots pour se nourrir et de ne rechercher d'autre distinction que la vertu, dans la pensée qu'il n'y a aucune différence ni inégalité d'un homme à un autre, si ce n'est celle qui découle du blâme des mauvaises actions et de l'éloge des bonnes.

Joignant l'acte à la parole, il divisa la Laconie en trente mille lots pour les périèques[8] et le territoire tributaire de

7. Hérodote et Xénophon disent que c'est une création de Lycurgue. Ce sont cinq magistrats élus par le peuple tous les ans. Ils sont censés représenter le peuple. Leur statut est égal à celui des rois. Ils ont le pouvoir de police (ordre public, mœurs, apparence physique des citoyens, surveillance des jeunes, contrôle des magistrats, amendes, emprisonnement, exécutions) et l'exécutif.

8. Ils vivent dans les régions frontalières où ils s'occupent de travaux agricoles, de commerce et d'artisanat, à condition de servir l'armée de Sparte. On connaît assez mal leur condition juridique : ils n'ont pas de droits politiques, peut-être quelques droits civiques. Ils

la ville de Sparte en neuf mille parts qui furent allouées à autant de Spartiates. [...] La grandeur de chaque lot était calculée de façon à rapporter soixante-dix médimnes d'orge pour l'homme et douze pour la femme[9], avec des fruits et des légumes en proportion. Il pensait qu'ils auraient ainsi assez de nourriture pour maintenir leur force et leur santé et qu'ils n'avaient pas besoin d'autre chose.

On raconte que plus tard, traversant, au retour d'un voyage à l'étranger, le pays qui venait d'être moissonné, à la vue des tas de gerbes alignés et égaux, il se mit à sourire et dit à ceux qui l'accompagnaient que la Laconie tout entière ressemblait à un héritage que de nombreux frères viendraient de se partager.

Pour supprimer entièrement l'inégalité et les différences entre les citoyens, il entreprit aussi de partager les biens mobiliers. Mais, voyant qu'ils supportaient mal qu'on les leur enlevât ouvertement, il prit un chemin détourné et arrêta des dispositions propres à leur ôter le désir d'en posséder plus que les autres. Il commença par décider que la monnaie d'or et d'argent n'aurait plus cours et que l'on n'emploierait plus que la monnaie de fer, et encore ne lui donna-t-il qu'une faible valeur pour un poids et un volume considérables, de telle sorte que, si l'on recevait une somme de dix mines, il fallait un attelage pour la transporter et une grande salle dans sa maison pour la garder. Cette monnaie, en se répandant, bannit de Sparte une foule d'injustices. Qui, en effet, aurait voulu dérober, recevoir pour prix d'une forfaiture, ravir ou enlever ce métal impossible à cacher, dont la possession n'était pas enviable, et qui, même découpé en morceaux, n'était d'aucune utilité ? Car Lycurgue ordonnait, dit-on, que ce fer, une fois rougi au feu, fût trempé et refroidi dans

---

sont incorporés dans l'armée spartiate et versent peut-être un impôt. Ils servent de protection en cas d'invasion.

9. Environ 2 tonnes pour l'homme et 350 kg pour la femme.

du vinaigre, ce qui lui enlevait toute valeur pour un autre usage en le rendant fragile et difficile à travailler.

Ensuite il bannit, comme étrangers à Sparte, les arts inutiles et superflus. Si même personne ne les eût chassés, la plupart d'entre eux, je suppose, étaient condamnés à disparaître, à cause de la monnaie commune qui empêchait l'écoulement des objets fabriqués. La monnaie de fer, en effet, n'était pas transportable chez les autres Grecs, qui n'en faisaient aucun cas et s'en moquaient, en sorte que les Spartiates ne pouvaient même pas acheter une marchandise étrangère, si mince qu'elle fût. Il n'entrait pas de vaisseaux marchands dans leurs ports ; il ne venait en Laconie ni rhéteur, ni devin charlatan, ni proxénète, ni fabricant de bijoux d'or ou d'argent, parce qu'il n'y avait pas de monnaie d'échange. Par là le luxe, dépouillé peu à peu de ce qui l'animait et l'alimentait, se flétrit de lui-même. Ceux qui possédaient du numéraire en abondance n'avaient rien de plus que les autres, parce que les richesses, n'ayant aucune issue dans le public, restaient confinées et inutiles dans les maisons. C'est aussi pourquoi les meubles communs et indispensables, tels que les lits, les sièges, les tables étaient chez eux très bien travaillés ; on vantait surtout, au dire de Critias, le gobelet laconien appelé *cothon*, en usage dans les expéditions militaires. Son enduit empêchait de distinguer la malpropreté de l'eau que les soldats sont forcés de boire et dont la vue les dégoûterait ; en outre, la boue qui souillait le liquide était retenue à l'intérieur par les rebords du gobelet, et l'eau arrivait ainsi plus pure à la bouche. C'est aussi à leur législateur qu'ils durent ces avantages, car les ouvriers, affranchis des ouvrages inutiles, employèrent toute leur habileté à perfectionner les objets nécessaires à la vie.

Plutarque, *Lycurgue*, 8-9

Puis il impose les repas pris en commun, les syssities[10].

Dans le dessein d'attaquer encore plus efficacement le luxe et de supprimer l'amour des richesses, il introduisit aussi sa troisième et sa plus belle réforme, l'institution des repas pris en commun. Les citoyens durent se réunir ensemble pour manger le même pain et la même pitance réglés par la loi[11].

Il leur fut interdit de manger chez eux, couchés sur des lits somptueux devant des tables magnifiques, s'engraissant dans l'ombre, grâce au travail des cuisiniers et des pâtissiers, comme des animaux gloutons, gâtant leurs âmes en même temps que leurs corps, s'abandonnant à tous leurs désirs et se gavant au point d'avoir besoin ensuite de beaucoup de sommeil, de bains chauds, d'un long repos et de soins journaliers, comme s'ils étaient malades. C'était là un résultat important ; un autre plus important encore, fut d'empêcher que la richesse ne fût un objet d'envie et, comme le dit Théophraste, de l'avoir pour ainsi dire appauvrie par la communauté des repas et la frugalité du régime. Car la magnificence d'une table luxueuse devenait hors d'usage ; on ne pouvait plus en tirer du plaisir, ni la montrer, ni l'étaler, puisque le riche venait partager le même repas que le pauvre. [...]

Il n'était pas permis de dîner chez soi et de s'y rassasier avant d'aller aux repas publics ; les autres observaient soigneusement celui qui ne buvait et ne mangeait pas avec eux, et ils lui reprochaient son intempérance et la délicatesse qui lui faisait dédaigner le régime commun.

Ce fut, dit-on, cette institution qui souleva le plus de haine chez les riches contre Lycurgue. Ils s'assemblèrent et vinrent en masse lui manifester avec des huées leur

10. Ou phidities.
11. Le pain d'orge et le fameux brouet noir fait de ration de viande de porc et de sauce à base de sang, de vinaigre et de sel.

mécontentement, si bien qu'assailli par beaucoup d'entre eux, il se sauva en courant de la place publique, et il était déjà parvenu à les devancer et à se réfugier dans un sanctuaire, lorsque l'un de ceux qui le poursuivaient, un tout jeune homme, qui, d'ailleurs, n'était pas d'un mauvais naturel, mais vif et emporté, Alcandre, le rejoignit, et, comme Lycurgue se retournait vers lui, le frappa de son bâton et lui creva un œil. Lycurgue ne se laissa pas aller à la douleur, mais, se tournant face à ses concitoyens, il leur montra son visage ensanglanté et son œil crevé. Cette vue les remplit de honte et de confusion, au point qu'ils lui livrèrent Alcandre et l'accompagnèrent jusqu'à sa maison, en lui témoignant leur indignation. Après les avoir remerciés, Lycurgue les congédia et fit entrer Alcandre chez lui, et, sans le maltraiter ni l'injurier, ayant éloigné ses serviteurs et ses domestiques habituels, il lui ordonna de le servir. Le jeune homme, dont le caractère n'était pas sans noblesse, exécutait ses ordres en silence. Comme il restait toujours près de Lycurgue et partageait son existence, observant sa mansuétude, sa grandeur d'âme, l'austérité de son régime et son endurance infatigable au travail, il changea merveilleusement de sentiments à son égard et il répétait à ses familiers et à ses amis que, loin qu'il fût dur et fier, personne d'autre que lui n'était aussi bon et doux pour autrui. Tel fut le châtiment d'Alcandre et la peine qu'il subit ; après avoir été un adolescent méchant et orgueilleux, il devint un homme plein de modération et de sagesse. En souvenir de cet événement, Lycurgue érigea un sanctuaire à Athéna, surnommée par lui Optillétis ; car les Doriens de ce pays appellent les yeux *optilles*. Cependant, quelques écrivains, entre autres Dioscoride, auteur d'un traité sur la constitution laconienne, disent qu'il fut frappé, mais ne perdit pas l'œil, et que ce fut en reconnaissance de sa guérison qu'il éleva ce sanctuaire à la déesse. Après cet incident, les Spartiates cessèrent de porter un bâton dans leurs assemblées. [...]

Ils se réunissaient par tables de quinze personnes ou d'un peu plus ou d'un peu moins. Chacun des convives apportait par mois un médimne d'orge, huit conges de vin, cinq mines de fromage, deux mines et demie de figues[12], et, avec cela, un tout petit peu de monnaie pour acheter d'autres denrées. D'ailleurs, quand l'un d'eux faisait un sacrifice, il envoyait à sa table les prémices[13] de la victime, ou, s'il avait été à la chasse, une portion de son gibier ; car on avait le droit de dîner chez soi, quand le sacrifice ou la chasse avaient fini trop tard ; mais les autres devaient être présents.

L'habitude des repas pris en commun se conserva longtemps sans aucun changement. C'est ainsi que le roi Agis, au retour d'une expédition où il avait défait les Athéniens, désirant dîner avec sa femme et demandant qu'on lui envoyât ses portions, se les vit refuser par les polémarques[14]. Comme, le lendemain, par dépit, il omit un sacrifice qu'il devait faire, ils le mirent à l'amende[15].

Même les enfants assistaient souvent à ces repas ; on les y menait comme à une école de tempérance ; ils y entendaient parler de la politique et y assistaient à des amusements dignes d'hommes libres ; ils s'habituaient eux-mêmes à plaisanter et à railler sans mauvais goût et à subir la raillerie sans se fâcher. Car supporter la raillerie passait aussi pour une qualité particulière des Spartiates. Si on ne la tolérait pas, on pouvait prier le railleur de s'arrêter, et il cessait aussitôt. À chacun de ceux qui entraient, le plus âgé disait, en montrant la porte :

– Il ne sort rien par là de ce qui se dit ici.

---

12. 27 kg d'orge, 26 litres de vin, un peu plus de 2 kilos de fromage et un peu plus d'un kilo de figues.

13. Les premiers morceaux.

14. Gradés responsables d'une brigade.

15. Ce fils d'Archidamos régna pendant la guerre du Péloponnèse de 427 à 400.

La candidature de celui qui voulait entrer dans un groupe de convives était examinée, dit-on, de la façon suivante. Chacun des commensaux prenait dans sa main une boulette de mie de pain, qu'il jetait sans mot dire, comme un bulletin de vote, dans un vase qu'un serviteur portait sur sa tête. Celui qui agréait le postulant la laissait telle quelle ; celui qui le repoussait l'aplatissait fortement entre ses doigts ; la boulette aplatie avait ainsi le même effet que le jeton percé[16]. S'ils en trouvent une seule de cette sorte, ils ne reçoivent pas le candidat ; car ils veulent que tous les convives soient contents d'être ensemble. On dit que le candidat ainsi exclu a été *caddizé*, parce qu'on appelle *caddichos* le vase où l'on jette les boulettes.

Parmi les mets, le plus réputé chez eux est le brouet noir ; c'est au point que les vieillards ne demandent même pas de viande ; ils la cèdent aux jeunes gens, et eux font leur repas du brouet qu'on leur verse. [...]

Après avoir bu modérément, ils se retirent sans lumière, car il ne leur est pas permis de s'éclairer ni pour rentrer chez eux, ni pour tout autre trajet ; il faut qu'ils s'habituent à marcher hardiment et sans peur dans les ténèbres et dans la nuit. Tel est le règlement des repas pris en commun.

Plutarque, *Lycurgue*, 10-12

Il invente des lois.

Lycurgue ne mit pas ses lois par écrit, et cela fit l'objet d'une de ses ordonnances qu'on appelle rhètres. Il était persuadé que les prescriptions les plus considérables et les plus importantes pour le bonheur de la cité et la pratique de la vertu demeureraient fixes et inébranlables si elles étaient

---

16. Plutarque fait allusion aux jetons des juges athéniens, petits disques métalliques traversés en leur centre par une tige pleine ou creuse.

implantées dans les mœurs des citoyens par l'entraînement auquel ils étaient soumis, parce qu'elles auraient ainsi un lien plus ferme que la contrainte, à savoir la volonté éveillée chez les jeunes gens par l'éducation, qui réalise pour chacun d'eux l'ordre établi par le législateur. Quant aux règlements de moindre importance, qui ne concernent que les biens matériels et qui doivent changer avec les besoins, tantôt dans un sens et tantôt dans un autre, il vaut mieux, pensait-il, ne pas les assujettir à des formules écrites et à des normes immuables, mais permettre d'y faire les additions et les suppressions que les gens compétents jugeraient convenables. Aussi fit-il dépendre toute son œuvre législative de l'éducation. Une de ses rhètres interdisait, je l'ai dit, d'avoir des lois écrites.

Une autre proscrivait le luxe et ordonnait de n'employer que la hache pour faire le plafond de chaque maison, et la scie pour les portes, à l'exclusion de tout autre outil. [...] Lycurgue était persuadé qu'une maison ainsi construite ne laisse aucune place au luxe et à la dépense. Il n'est, en effet, personne qui manque de goût et de bon sens au point d'introduire dans une maison simple et grossière des lits à pieds d'argent, des couvertures de pourpre, des coupes d'or et le luxe qui s'ensuit ; pour que tout soit en harmonie, il faut assortir le lit à la maison, la couverture au lit et à celle-ci tous les autres objets d'ameublement que contient la maison. [...]

On cite encore une troisième rhètre de Lycurgue, celle qui interdit de faire la guerre plusieurs fois aux mêmes ennemis, pour empêcher que l'habitude de se défendre ne les aguerrisse. C'est là justement ce qu'on reprocha plus tard au roi Agésilas[17], qui, par ses fréquentes et continuelles attaques et expéditions contre la Béotie, avait rendu les Thébains

17. Roi de Sparte de 401 à 360 avant J.-C. Voir p. 135 et suivantes.

capables de tenir tête aux Spartiates. Aussi, Antalcidas, le voyant blessé :

— Tu reçois là des Thébains, dit-il, un beau salaire de ton enseignement, toi qui leur as appris à combattre, alors qu'ils ne voulaient ni ne savaient le faire.

Telles sont les prescriptions qu'il appela des rhètres pour qu'elles fussent considérées comme venant du dieu à titre d'oracles.

Plutarque, *Lycurgue*, 13

Il s'occupe ensuite de la procréation, de l'éducation des filles et du mariage.

Les autres Grecs nourrissent avec une ration de pain aussi mesurée que possible et aussi peu de viande qu'ils peuvent les jeunes filles qui doivent enfanter et qui passent pour être bien élevées ; et, pour le vin, ils veillent à ce qu'elles s'en abstiennent complètement ou qu'elles n'en usent qu'étendu d'eau. Et, de même que la plupart de ceux qui exercent un artisanat sont sédentaires, les autres Grecs prétendent que les jeunes filles travaillent la laine en restant au calme. Dans ces conditions, comment faut-il s'attendre qu'ainsi élevées elles puissent avoir une magnifique progéniture ? Lycurgue, lui, jugea que des esclaves suffisaient pour fournir des vêtements et, comme il pensait que la plus grande affaire pour les femmes libres était la procréation, il établit d'abord une préparation physique pour le sexe féminin tout autant que pour le sexe masculin ; puis il créa des concours de course et de force entre les femmes comme entre les hommes, pensant que les rejetons seraient plus vigoureux s'ils étaient issus de deux sexes forts.

Xénophon, *Constitution des Lacédémoniens*, 1, 1-4

L'éducation étant à son avis l'œuvre la plus importante et la plus belle du législateur, il la prépara de loin en s'occupant tout d'abord des mariages et des naissances. Car il n'est pas exact, comme le prétend Aristote, qu'ayant entrepris d'assagir les femmes, il y ait renoncé parce qu'il ne pouvait modérer leur grande licence et leur empire sur leurs maris, qui, souvent partis en expédition, étaient contraints de leur abandonner la conduite de leurs maisons, leur témoignaient plus de déférence qu'il ne convenait et leur donnaient le titre de maîtresses : il prit d'elles, au contraire, tout le soin possible. Par son ordre, les jeunes filles s'exercèrent à la course, à la lutte, au lancement du disque et du javelot. Il voulait que la semence de l'homme fortement enracinée dans des corps robustes poussât de plus beaux germes et qu'elles-mêmes fussent assez fortes pour supporter l'enfantement et lutter avec aisance et succès contre les douleurs de l'accouchement.

Écartant la mollesse d'une éducation casanière et efféminée, il n'habitua pas moins les jeunes filles que les jeunes gens à paraître nues dans les processions, à danser et à chanter lors de certaines cérémonies religieuses en présence et sous les yeux des garçons. Quelquefois même elles leur lançaient des railleries, lorsqu'ils avaient commis quelque faute, ou, au contraire, elles faisaient dans leurs chants l'éloge de ceux qui en étaient dignes. Elles leur inspiraient ainsi un grand amour de la gloire et une grande émulation pour la vertu.

Car celui qui s'était entendu louer pour sa bravoure et qui était renommé parmi les jeunes filles s'en retournait exalté par les éloges, tandis que la morsure des plaisanteries sarcastiques dont ils étaient l'objet ne leur était pas moins sensible que les réprimandes les plus sérieuses, parce que tous les citoyens, y compris les rois et les sénateurs, se réunissaient pour assister à ces spectacles. La nudité des jeunes filles n'avait rien de déshonnête, car la pudeur l'accompagnait et tout libertinage en était absent ; elle les habituait à la simplicité, les engageait à rivaliser de vigueur et faisait goûter à leur sexe un noble sentiment de fierté, à la pensée qu'elles n'avaient pas moins de part que les hommes à la valeur et à l'honneur.

Il arrivait ainsi qu'elles disaient ou pensaient ce qu'on rapporte de Gorgo, femme de Léonidas[18]. Comme une femme, une étrangère sans doute, lui disait :

– Vous autres, Lacédémoniennes, vous êtes les seules qui commandiez aux hommes.

– C'est que, répondit-elle, nous sommes les seules qui mettions au monde des hommes.

C'était aussi un moyen d'exciter au mariage que ces processions, cette nudité et ces luttes des jeunes filles sous les yeux des jeunes gens, qui se sentaient entraînés, comme dit Platon, par la force contraignante de l'amour, bien différente de celle de la géométrie.

Lycurgue attacha, en outre, un caractère infamant au célibat. Les célibataires, en effet, ne pouvaient assister au spectacle des Gymnopédies[19], et, en hiver, les magistrats les obligeaient à faire tout nus le tour de la place publique et à chanter, en le faisant, une chanson composée contre eux et disant qu'ils étaient punis avec justice, parce qu'ils désobéissaient aux lois. En outre, ils étaient privés des honneurs et des égards que les jeunes gens avaient pour leurs aînés. Aussi personne ne blâma le propos qu'un jeune homme adressa un jour à Dercyllidas, qui était pourtant un général réputé. Ce jeune homme ne s'était pas levé à son approche pour lui céder la place, et il lui dit :

– Tu n'as pas d'enfant qui puisse un jour me céder la place, à moi.

---

18. Voir p. 73 et suivantes.

19. Fêtes religieuses tenues en juillet en l'honneur d'Apollon et en hommage aux guerriers morts à la bataille des Champions. Voir p. 71 et suivantes.

On se mariait à Sparte en enlevant sa femme, qui ne devait être ni trop petite ni trop jeune, mais dans la force de l'âge et de la maturité. La jeune fille enlevée était remise aux mains d'une femme appelée *nympheutria*, qui lui coupait les cheveux ras, l'affublait d'un habit et de chaussures d'homme et la couchait sur une paillasse, seule et sans lumière. Le jeune marié, qui n'était pas ivre, ni amolli par les plaisirs de la table, mais qui, avec sa sobriété coutumière, avait dîné aux phidities[20], entrait, lui déliait la ceinture et, la prenant dans ses bras, la portait sur le lit. Après avoir passé avec elle un temps assez court, il se retirait décemment et allait, suivant son habitude, dormir en compagnie des autres jeunes gens. Et, dans la suite, il faisait toujours de même : il passait le jour et la nuit avec ses camarades et venait chez sa jeune femme à la dérobée et avec précaution ; il craignait et aurait rougi d'être aperçu par quelqu'un de la maison. De son côté, sa femme usait d'adresse et l'aidait à ménager des occasions de se réunir sans être vus. Et ce manège durait longtemps, si bien que le mari avait parfois des enfants avant d'avoir vu sa femme en plein jour. Cette difficulté de se voir les exerçait à la continence et à la tempérance, et ils conservaient ainsi une fécondité corporelle et une fraîcheur d'amour toujours nouvelles et sans cesse renouvelées, sans connaître ni la satiété ni le déclin du sentiment qu'amène la liberté de relations sans entraves ; ils se laissaient toujours l'un à l'autre un reste d'ardeur qui entretenait en eux le désir et l'amour.

Après avoir mis dans les mariages tant de pudeur et d'ordre, il n'eut pas moins de soin d'en bannir la jalousie, sentiment vain et qui n'a rien de viril. Il décida qu'il convenait d'écarter entièrement du mariage la violence et le désordre et de permettre à ceux qui en étaient dignes d'avoir des enfants en commun. Il se moquait de ceux

---

20. Ou syssities.

qui, faisant du ménage une société fermée qui n'admet aucun partage, veulent venger la violation de ce principe par des meurtres et des guerres. Il était permis au mari âgé d'une jeune femme d'introduire auprès d'elle un jeune homme bien né qu'il aimait et qu'il estimait et de lui permettre de s'unir à elle pour en avoir un enfant de sang généreux qu'il considérerait comme le sien propre. Il était permis de même à un homme de mérite, s'il admirait une femme féconde et sage mariée à un autre homme, de la lui demander, pour y semer comme dans un terrain fertile et avoir d'elle de bons enfants, nés d'un bon sang et d'une bonne race.

D'abord, Lycurgue prétendait que les enfants n'appartenaient pas en propre à leurs pères, mais qu'ils étaient le bien commun de la cité, et c'est pour cela qu'il voulait que les citoyens fussent issus non des premiers venus, mais des meilleurs. Ensuite, il ne voyait que sottise et aveuglement dans les règles établies par les autres législateurs en cette matière. Ils font, disait-il, saillir les chiennes et les juments par les meilleurs mâles, qu'ils demandent à leurs propriétaires de leur prêter par complaisance ou moyennant une somme d'argent ; pour leurs femmes, au contraire, ils les tiennent sous clef et les gardent ; ils veulent qu'elles n'aient des enfants que d'eux seuls, même s'ils sont idiots, vieux ou malades, comme si ceux qui ont et élèvent des enfants n'étaient pas les premiers à souffrir des défauts de ceux-ci, s'ils sont nés de parents défectueux, ou, au contraire, à jouir des qualités qu'ils peuvent tenir de leur hérédité. Ces usages établis conformément aux lois de la nature et à l'intérêt de l'État étaient si éloignés de la légèreté que les femmes montrèrent, dit-on, dans la suite, que chez les Spartiates on ne croyait absolument pas à la possibilité de l'adultère. On cite, à ce propos, un mot d'un Spartiate des plus anciens temps, qui se nommait Géradas. Comme un étranger lui demandait quel était chez eux le châtiment des adultères :

– Étranger, répondit-il, il n'y a pas d'adultère chez nous.

– Mais s'il y en avait ? reprit l'étranger.

– Il serait condamné, dit Géradas, à payer le prix d'achat d'un grand taureau qui, en se penchant du haut du Taygète[21], pourrait boire dans l'Eurotas[22].

– Est-il possible, dit l'étranger étonné, qu'on puisse trouver un si grand taureau ?

– Mais est-il possible, répliqua Géradas en riant, qu'on puisse trouver un adultère à Sparte ?

Plutarque, *Lycurgue*, 14-15

Il se penche sur l'éducation des garçons et des jeunes gens.

Quand un enfant lui naissait, le père n'était pas maître de l'élever : il le prenait et le portait dans un lieu appelé *leschè*, où siégeaient les plus anciens de la tribu. Ils examinaient le nouveau-né. S'il était bien conformé et robuste, ils ordonnaient de l'élever et lui assignaient un des neuf mille lots de terre. Si, au contraire, il était mal venu et difforme, ils l'envoyaient en un lieu appelé les Apothètes[23], qui était un précipice du Taygète. Ils jugeaient, en effet, qu'il valait mieux pour lui-même et pour l'État ne pas le laisser vivre, du moment qu'il était mal doué dès sa naissance pour la santé et pour la force. De là vient aussi que les femmes ne lavaient pas les nouveau-nés avec de l'eau, mais avec du vin : elles voulaient ainsi éprouver leur constitution. On dit, en effet, que ceux qui sont sujets à l'épilepsie et maladifs, sous l'effet du vin pur, meurent de convulsions, tandis que ceux

21. Haute chaîne de montagnes séparant la Laconie de la Messénie.

22. Principal fleuve de la Laconie traversant Sparte.

23. Proprement dit le lieu où l'on « dépose » et abandonne les enfants mal venus, mais Plutarque semble assimiler ce « dépotoir » au gouffre où l'on précipitait, à Athènes, certains condamnés à mort.

qui ont une complexion saine en reçoivent une meilleure trempe et une vigueur plus grande.

Les nourrices, de leur côté, étaient soigneuses et expertes : au lieu d'emmailloter les bébés qu'elles élevaient, elles laissaient entièrement libres leurs membres et tout leur corps ; elles les habituaient à n'être point difficiles ni délicats sur la nourriture, à ne pas s'effrayer des ténèbres, à ne pas craindre la solitude, à s'abstenir des caprices vulgaires, des larmes et des cris. C'est pour cela que certains étrangers achetaient des nourrices spartiates pour leurs enfants, et Amycla, qui fut la nourrice de l'Athénien Alcibiade[24], était, dit-on, laconienne ; mais Périclès[25], à ce que dit Platon, lui donna pour surveillant Zopyros, qui ne différait en rien des autres esclaves, tandis que Lycurgue ne mit point les enfants des Spartiates sous l'autorité de serviteurs achetés ou salariés et ne permit à personne d'élever et de gouverner son fils à sa fantaisie ; mais, dès qu'ils étaient parvenus à l'âge de sept ans, il les prenait tous lui-même, les répartissait en bandes (*agélai*), et, les faisant vivre et manger en commun, il les habituait à jouer et à travailler ensemble. À la tête de chaque bande, il mettait celui d'entre eux qui était le plus avisé et qui se montrait le plus acharné à la bataille ; ils ne le lâchaient pas des yeux, exécutaient ses ordres et enduraient sans mot dire les punitions qu'il leur infligeait, si bien que l'éducation était un apprentissage de l'obéissance. Les aînés surveillaient leurs jeux et suscitaient souvent entre eux des querelles et des luttes, afin de connaître à fond en les observant le caractère de chacun d'eux et de savoir s'il serait audacieux et ne se déroberait point dans la bagarre.

---

24. Voir *La Véritable Histoire d'Alcibiade*, Les Belles Lettres, Paris, 2009.

25. Périclès fut le tuteur d'Alcibiade. Voir *La Véritable Histoire de Périclès,* Les Belles Lettres, Paris, 2008.

Leur étude des lettres se bornait au strict nécessaire ; tout le reste de leur instruction consistait à apprendre à bien obéir, à supporter patiemment la fatigue et à vaincre au combat. C'est pourquoi, lorsqu'ils avançaient en âge, on rendait plus dur leur entraînement : on leur rasait la tête et on les habituait à marcher sans chaussure et à jouer nus la plupart du temps. Arrivés à leur douzième année, ils vivaient dès lors sans tunique et ne recevaient qu'un manteau pour toute l'année. Ils étaient sales et ne connaissaient ni bains ni frictions, sauf à certains jours de l'année, peu nombreux, où on leur permettait ces douceurs. Ils couchaient ensemble par bandes et par troupes sur des sortes de paillasses qu'ils s'étaient confectionnées eux-mêmes avec des roseaux poussés au bord de l'Eurotas, qu'ils avaient cassés près du bout sans l'aide du fer, avec leurs mains. En hiver, ils mettaient sous eux des plantes appelées lycophons[26], qu'ils mêlaient à leurs paillasses, et qui, croyait-on, dégageaient de la chaleur.

Parvenus à cet âge, les jeunes gens qui avaient bonne renommée trouvaient des amants qui s'attachaient à eux[27] ; les aînés, de leur côté, les surveillaient davantage, se rendaient souvent dans les gymnases et assistaient à leurs luttes et aux échanges de railleries qu'ils s'adressaient entre eux. Et, loin de n'exercer qu'un contrôle superficiel, ils se regardaient tous en quelque manière comme les pères, les surveillants et les chefs de tous les jeunes. Il n'y avait pas un seul instant ni un seul endroit où le jeune homme qui commettait une faute ne

---

26. Sorte de chardon cotonneux.

27. « Si quelqu'un, étant lui-même tel qu'il faut, admirait l'âme d'un enfant et s'efforçait de s'en faire un ami parfait et de vivre avec lui, Lycurgue le louait et voyait là une excellente éducation ; si quelqu'un au contraire n'en voulait manifestement qu'au corps de l'enfant, il établit que c'est tout à fait honteux et fit qu'à Sparte les érastes ne se retiennent pas moins de toucher aux garçons que, pour les plaisirs amoureux, les pères à leurs enfants ou les frères à leurs frères » (Xénophon, *Constitution des Lacédémoniens*, 2, 13).

trouvât un aîné pour le réprimander et le punir. Cependant, on désignait, en outre, un pédonome[28], choisi parmi les hommes de mérite, et chaque bande mettait elle-même à sa tête celui des jeunes gens appelés irènes, qui était le plus raisonnable et le plus courageux. On donne ce nom d'irènes à ceux qui sont sortis de la classe des enfants depuis au moins un an, et celui de mellirènes aux plus âgés des enfants. Cet irène, qui est âgé de vingt ans, commande les enfants de sa bande dans les exercices de combat, et, à l'intérieur, les emploie à la préparation des repas. Il ordonne aux plus forts d'apporter du bois, aux plus petits, des légumes. Et, pour en apporter, ils doivent voler, les uns, en allant dans les jardins, et les autres en se glissant dans les syssities des hommes avec beaucoup d'adresse et de précaution. Si le voleur est pris, il reçoit de nombreux coups de fouet pour s'être montré négligent et maladroit. Ils dérobent toute la nourriture qu'ils peuvent et apprennent ainsi à attaquer habilement ceux qui dorment ou se relâchent de leur surveillance.

La punition de celui qui se laisse prendre sur le fait, c'est d'être battu et d'endurer la faim. Car ils ne font qu'un très maigre repas, afin que, se défendant eux-mêmes contre la pénurie d'aliments, ils soient contraints à l'audace et à la ruse. C'est là un des effets de cette parcimonie de nourriture ; mais on dit qu'en outre elle favorise la croissance du corps, qui se développe en hauteur, lorsque la sève de la vie n'est pas fortement retenue et entravée par une masse de nourriture qui la refoule en profondeur et en largeur, mais peut s'élever grâce à sa légèreté ; le corps grandit alors librement et aisément. Cette même parcimonie passe aussi pour contribuer à

---

28. « Afin que, même si le pédonome s'éloignait, les enfants ne soient jamais privés de régent, Lycurgue a donné pleins pouvoirs à tout citoyen qui serait présent, en toute circonstance, à la fois pour imposer aux enfants ce qu'il juge bon et pour les châtier s'ils sont fautifs. En faisant cela, il a réussi à ce que les enfants soient précisément plus respectueux » (Xénophon, *Constitution des Lacédémoniens*, 2, 10).

la beauté ; car les constitutions maigres et déliées se prêtent mieux à la souplesse des articulations, tandis que celles qui sont grosses et pléthoriques s'y opposent à cause de leur lourdeur. On voit de même que les enfants des mères qui se purgent pendant leur grossesse sont, il est vrai, menus, mais beaux et fins, comme si la matière, étant alors moins dense, obéissait davantage au principe qui la façonne.

Les enfants qui volent se préoccupent tellement de n'être pas pris que l'un d'eux, qui avait dérobé un renardeau et le tenait caché sous son manteau, laissa, dit-on, la bête lui déchirer le ventre avec ses griffes et ses dents, et, pour n'être pas découvert, soutint la douleur jusqu'à en mourir.

Et cela n'a rien d'incroyable, puisqu'aujourd'hui encore nous avons vu beaucoup d'éphèbes expirer sous les coups devant l'autel d'Orthia[29].

Le dîner fini, l'irène encore étendu ordonnait à un des enfants de chanter, puis il proposait à un autre quelque question qui exigeait, pour y répondre, de la réflexion, par exemple quel était le meilleur des hommes de la cité ou ce qu'il pensait de la conduite d'un tel. Par là, on les habituait dès l'enfance à juger des belles actions et à s'intéresser à la vie publique. Si l'enfant à qui l'on avait demandé qui était un bon citoyen ou qui n'était pas estimable ne savait que répondre, on regardait son embarras comme le signe d'une âme nonchalante, peu soucieuse de l'honneur et de la vertu.

---

29. « Les garçons, chez eux, que l'on déchire de coups de fouet pendant toute la journée devant l'autel d'Artémis Orthia soutiennent fréquemment la douleur jusqu'à la mort, tout rayonnants de joie, en se disputant mutuellement la victoire pour savoir lequel d'entre eux tiendra le mieux et le plus longtemps sous les coups ; et celui qui l'emporte y gagne un renom extraordinaire. Cette compétition s'appelle "la flagellation" ; elle a lieu chaque année » (Plutarque, *Apophtegmes laconiens*, 239 D, 40).

La réponse devait être donnée avec les raisons qui la justifiaient et formulée en un style bref et concis. Celui qui faisait une mauvaise réponse était puni par l'irène, qui lui mordait le pouce. Souvent c'était en présence des aînés et des magistrats que l'irène châtiait les enfants : ils voyaient ainsi s'il punissait avec raison et comme il fallait. On ne l'empêchait pas de punir ; mais, quand les enfants s'étaient retirés, il avait des comptes à rendre, s'il avait puni trop rudement ou, au contraire, avec trop d'indulgence et de faiblesse. Les amants partageaient la bonne et la mauvaise réputation des enfants, et l'on rapporte qu'un jour, un enfant ayant laissé échapper en se battant un mot qui témoignait de la bassesse d'âme, c'est son amant qui fut puni par les magistrats. Alors que l'amour était tellement en honneur chez eux que les femmes les plus honnêtes s'y éprenaient elles-mêmes des jeunes filles, on n'y connaissait pas pourtant la rivalité passionnelle : ceux qui étaient épris des mêmes enfants étaient plutôt portés ainsi à s'aimer entre eux et ils ne cessaient de s'appliquer en commun à rendre celui qu'ils aimaient aussi bon que possible.

On apprenait aux enfants à tenir des propos piquants, empreints cependant de grâce et donnant beaucoup à penser dans leur brièveté[30]. Lycurgue, qui avait donné à sa monnaie de fer une valeur exiguë par rapport à son grand poids, fit le contraire pour la monnaie du discours : dans une parole simple et courte, il voulut qu'on mît un sens riche et profond. Il employa comme moyen un long silence pour rendre les enfants sentencieux et habiles aux reparties. De même, en effet, que la semence des débauchés qui abusent de l'amour est le plus souvent stérile et inféconde, de même l'intempérance de la langue rend le discours vide et dénué de sens. [...]

---

30. Voir p. 297 et suivantes.

On ne mettait pas moins de soin à leur enseigner la poésie et le chant qu'à leur apprendre à parler avec correction et pureté. Il y avait dans les vers qu'ils chantaient une sorte d'aiguillon qui éveillait le courage et leur communiquait un élan enthousiaste qui les portait à l'action. Le style en était simple et austère, les sujets graves et moraux. C'était le plus souvent l'éloge de ceux qui étaient morts pour Sparte, dont on vantait le bonheur, et la critique des lâches dont on peignait la vie pénible et malheureuse ; c'était aussi, suivant l'âge des chanteurs, l'engagement de se montrer vertueux ou l'affirmation orgueilleuse de l'être. Il n'est pas mauvais, pour en donner l'idée, de citer un exemple. Dans les fêtes, on formait trois chœurs correspondant aux trois âges. Celui des vieillards chantait le premier :

— Nous fûmes autrefois des guerriers valeureux.

Celui des hommes dans la force de l'âge répondait :

— Nous le sommes ; fais-en l'épreuve, si tu veux.

Et le troisième, celui des enfants :

— Nous, nous serons un jour bien supérieurs encore.

En somme, si l'on considère les poèmes laconiens, dont quelques-uns se sont conservés jusqu'à nous, et qu'on prenne les rythmes de marche qu'ils exécutaient en les accompagnant sur la flûte, quand ils attaquaient l'ennemi, on reconnaîtra que Terpandre et Pindare n'ont pas eu tort d'établir un lien entre la musique et la bravoure. Le premier a parlé ainsi de Sparte dans ses vers :

C'est là qu'on voit fleurir la jeunesse guerrière,
La Muse claire et la justice en pleine rue.

Pindare dit de son côté :

Là brillent les vieillards en leurs conseils,
Les jeunes gens dans leurs troupes en armes,
Les chœurs, la Muse et la splendeur des fêtes.

Ces deux poètes nous représentent donc les Spartiates passionnés à la fois pour la musique et pour la guerre :

« La cithare aux beaux sons et le fer vont ensemble », comme l'a dit le poète laconien[31].

Et, en effet, dans les combats, le roi sacrifiait d'abord aux Muses, sans doute pour les faire penser à l'éducation qu'ils avaient reçue et aux jugements qu'on porterait sur eux et les disposer à braver le danger et à accomplir des exploits dignes d'être célébrés.

Dans ces occasions, on relâchait pour les jeunes gens la rigueur extrême de la règle. On ne les empêchait pas de soigner leur chevelure, d'orner leurs armes et leurs vêtements ; on avait plaisir à les voir pareils à des chevaux qui piaffent et hennissent à l'approche du combat. Ils portaient les cheveux longs à partir de l'âge de l'éphébie, mais ils les soignaient particulièrement dans les dangers[32] ; ils les faisaient briller et les divisaient en deux. Ils se rappelaient un mot de Lycurgue disant qu'une longue chevelure augmente la beauté et rend la laideur plus terrible.

Leurs exercices aussi étaient moins rudes, quand ils étaient en campagne, et tout le régime des jeunes gens devenait moins sévère et moins surveillé, si bien qu'ils étaient les seuls au monde pour qui la guerre fût un allégement des exercices qui y préparaient.

Plutarque, *Lycurgue*, 16-19, 3 ; 21-22, 3

Quand, au sortir de l'enfance, ils s'avancent vers l'adolescence, alors les autres Grecs les retirent aux pédagogues, aux enseignants, plus personne ne les gouverne, on les laisse libres ; Lycurgue, lui, ici encore, a un sentiment contraire. Remarquant qu'un très grand orgueil existe chez les gens

31. Alcman, né à Sardes, vécut surtout à Sparte.
32. Voir p. 77.

de cet âge, que la violence est extrêmement abondante et que les désirs de plaisirs sont installés avec le plus de force, il leur a imposé des tâches en très grand nombre et s'est arrangé pour qu'ils manquent en très grande partie de loisirs. Il établit en outre que, si quelqu'un se dérobait à cela, il n'obtiendrait plus rien des bonnes choses et fit que non seulement les personnes dépendant de l'État mais aussi ceux qui veillaient sur chacun avaient pour souci qu'ils ne fussent pas du tout décriés dans la cité pour leur lâcheté.

Par ailleurs, voulant infuser fortement en eux la réserve, il leur enjoignit de garder leurs deux mains sous leur manteau, même dans les rues, de marcher en silence, de ne jeter les yeux nulle part et de ne regarder que ce qui était à leurs pieds. C'est là qu'il fut clair alors que le sexe mâle est bien plus fort pour la sagesse que la nature féminine. Ce qu'il y a de sûr, c'est qu'on pourrait entendre moins leur voix que celle d'objets de pierre, qu'on pourrait leur faire tourner les yeux moins qu'à des statues de bronze, et qu'on pourrait les croire plus réservés que les vierges elles-mêmes dans leur chambre. Et, quand ils viennent au repas public, on doit s'estimer heureux de les entendre répondre à la question posée.

Xénophon, *Constitution des Lacédémoniens*, 3

Il organise la hiérarchie de l'armée et dicte sa conduite en campagne.

Tout d'abord, les éphores annoncent par héraut aux cavaliers et aux hoplites, puis aux artisans aussi, les années pendant lesquelles il leur faut servir dans l'armée ; de sorte que toutes les ressources que les Spartiates utilisent en ville sont à leur disposition aussi en expédition : et il est ordonné de fournir, soit par chariot soit par bête de somme, toutes les machines dont l'ensemble de l'armée a besoin, c'est ainsi, en effet, que les manques pourraient le moins être ignorés.

Pour le combat en armes, voici à peu près ce qu'il imagina : on devait porter une tenue rouge – il pensait qu'elle n'avait aucun rapport avec une tenue féminine mais qu'elle était tout à fait adaptée à la guerre – ainsi qu'un casque de bronze ; c'est ce qu'on fait briller le plus vite et qui se salit le plus lentement. Il permit aux soldats qui avaient dépassé l'âge de la jeunesse de garder les cheveux longs, pensant qu'ainsi ils paraîtraient plus grands, plus libres et plus terribles. Quand ils furent ainsi équipés, il les divisa en six mores[33] de cavaliers et d'hoplites. Chaque more d'hoplites a un polémarque[34], quatre lokhages[35], huit pentècontères[36], seize énômotarques[37]. À partir de ces mores, on forme, selon le mot d'ordre transmis, soit des énômoties isolées, soit trois par trois, soit six par six.

La plupart des gens croient que la formation en armes adoptée par les Spartiates est très compliquée, c'est supposer tout à fait le contraire de la réalité. Dans la formation spartiate, les chefs de file sont des commandants et chaque file a avec elle tout ce qu'elle doit se procurer. Il est si facile de saisir cette disposition que quiconque sait reconnaître un homme ne saurait se tromper : il est donné aux uns de conduire, il est ordonné aux autres de suivre. Le passage de lignes en colonnes est indiqué oralement, comme par un héraut, par l'énômotarque, et les phalanges se font ainsi, soit peu profondes soit profondes : absolument rien ici qui soit difficile à saisir !

Cependant, pour combattre, en cas de désordre, aux côtés de n'importe qui indistinctement, alors il n'est plus facile de saisir cette disposition, sauf pour ceux qui ont été instruits par les lois de Lycurgue.

33. Portions.
34. Commandant.
35. Chefs d'escadron.
36. Navires à cinquante rangs de rames.
37. Chef d'une énômotie, compagnie d'une trentaine d'hommes.

Voici encore des mouvements que font très aisément les Spartiates et qui paraissent très difficiles à qui combat en armes : quand ils marchent en colonnes, chaque énômotie suit évidemment l'autre à la queue ; mais si, en cette formation, une phalange ennemie surgit en face, on transmet à l'énô-motarque l'ordre de se mettre sur le front par la gauche et cet ordre passe à toute la troupe, jusqu'à ce que la phalange soit constituée. Si, quand ils se tiennent ainsi, les ennemis surgissent par-derrière, chaque file fait volte-face, pour que les plus forts soient de toute façon face à l'ennemi. Et que le chef soit alors à gauche n'est pas du tout à leurs yeux un désavantage, parfois même c'est à leurs yeux un avantage. Si, en effet, certains entreprenaient de les encercler, ils se jetteraient non pas contre les parties dégarnies mais contre les parties protégées par l'armement. Si, d'aventure, pour quelque raison, il paraît utile que le chef tienne l'aile droite, ils font tourner l'armée sur une aile et font faire volte-face à la phalange, jusqu'à ce que le chef soit à droite et que la queue se trouve à gauche. Si encore une formation ennemie surgit par la droite pendant que l'on marche en colonnes, ils n'ont d'autre souci que de faire tourner chaque escadron comme une trière qui offre sa proue aux adversaires, et ainsi l'escadron de queue passe à gauche. Si c'est sur la gauche que l'ennemi avance, on ne le laisse pas faire non plus, on le devance au pas de course ou bien on fait tourner les escadrons pour qu'ils se battent face à l'adversaire : ainsi, là encore, l'escadron de queue se forme à gauche.

Je vais dire aussi comment Lycurgue a pensé qu'il fallait établir un camp militaire. Comme les angles du carré sont inutiles, il établit un camp circulaire, sauf si l'armée avait derrière elle soit une montagne, soit un mur soit un cours d'eau. Quant aux gardes, il en disposa le jour, certaines surveillant les armes à l'intérieur ; car elles sont installées à cause non des ennemis mais des amis. Contre les enne-mis, ce sont des cavaliers qui font la garde à partir des endroits d'où ils voient à l'avance le mieux si on attaque. Il a pensé que, la nuit, la garde devait être assurée par les Skirites[38] à l'extérieur de la phalange. Quant au fait qu'ils circulent toujours en gardant leur lance, il faut bien savoir que c'est pour la même raison qu'ils tiennent les esclaves loin des armes, et quand ils vont à l'écart pour satisfaire leurs besoins, il ne faut pas s'étonner qu'ils ne s'écartent les uns des autres ni de leurs armes que juste assez pour ne pas s'incommoder l'un l'autre : s'ils font cela c'est pour assurer la sécurité.

Ils changent fréquemment l'emplacement de leur camp à la fois pour faire du mal à l'ennemi et pour aider leurs amis. Et il est prescrit par la loi à tous les Spartiates de s'entraîner tant qu'ils sont à l'armée : aussi ont-ils plus d'assurance en eux et paraissent-ils plus dégagés que d'autres. Mais ils ne doivent pas se promener ou courir plus au-delà du terrain couvert par leur more, de façon que personne ne se trouve loin des armes. Après les exercices, le premier polémarque leur ordonne par héraut de s'asseoir ; c'est alors comme une revue ; ensuite, ordre de déjeuner et de vite relever l'avant-poste. Plus tard encore des occupations entre eux et des pauses avant les exercices du soir. Après quoi on reçoit l'ordre par héraut de prendre le dîner et quand ils ont chanté pour les dieux auxquels ils ont sacrifié sous d'heureux auspices, ils se reposent auprès de leurs armes.

Je vais exposer aussi les pouvoirs et les honneurs que Lycurgue a ménagés au roi quand il est en campagne. Tout d'abord, la cité entretient le roi et son entourage, quand ils sont en garnison ; les polémarques partagent son baraquement avec lui, de façon qu'ils soient toujours avec lui, qu'ils délibèrent toujours avec lui, s'ils en ont besoin ; partagent aussi le baraquement trois hommes parmi les

---

38. Ils habitaient aux frontières de la Laconie et de l'Arcadie et formaient une infanterie légère d'élite.

égaux : ceux-ci s'occupent pour eux des approvisionnements nécessaires, pour que rien ne les distraie de s'occuper de ce qui concerne la guerre. Je vais revenir à la façon dont le roi part en campagne avec l'armée. D'abord, encore en ville, il sacrifie à Zeus Conducteur et aux deux dieux[39] ; si les auspices sont bons, le porte-feu prend le feu et va en avant-garde aux frontières du pays. Là, le roi sacrifie encore, à Zeus et à Athéna. Quand les présages donnés par ces deux divinités ont été favorables, le roi franchit les frontières du pays ; et le feu au sortir de ces sacrifices mène la marche sans qu'il s'éteigne jamais et toutes sortes de victimes s'ensuivent. Chaque fois qu'on sacrifie, le roi commence cet acte quand il fait encore sombre, car il veut bénéficier avant le jour de la bienveillance de la divinité. Sont présents au sacrifice les polémarques, les chefs d'escadron, les chefs de pentè-contères les chefs des troupes étrangères, commandant le train des équipages, et les volontaires parmi les généraux venus des cités. Sont présents aussi deux des éphores, qui ne s'occupent de rien, à moins que le roi ne les y invite ; mais, voyant ce que chacun fait, ils veillent comme de juste au bon maintien de tous.

Quand les sacrifices sont achevés, le roi convoque tout le monde et indique ce qu'il faut faire. Si bien que, au vu de cela, on pourrait penser que les autres peuples sont en matière d'armée des improvisateurs, tandis que les Spartiates sont seuls des professionnels des choses de la guerre.

Quand le roi mène l'armée, si nul ennemi ne paraît, personne ne le précède dans la marche, sauf les Skirites et les cavaliers partis en avant en mission d'information ; mais si on pense qu'il va y avoir un combat, le roi prend l'armée constituant la première more et la conduit en la faisant tourner sur sa droite, jusqu'à ce qu'il soit entre deux mores et deux polémarques. Ceux qui doivent avoir leur

39. Castor et Pollux.

place à la suite, c'est le plus âgé de ceux qui sont dans le baraquement officiel qui leur assigne une place ; il y a tous ceux, parmi les égaux, qui partagent la baraque du roi, les devins, les médecins, les musiciens joueurs d'aulos et les chefs de l'armée, ainsi que les volontaires qui peuvent se trouver présents ; de sorte que rien de ce dont on a besoin ne manque, car il n'est rien qui n'ait été prévu.

Mais voici, à mon avis, qui est très utile et que Lycurgue a conçu pour le combat en armes. Quand en effet, au moment où on voit l'ennemi, on égorge un chevreau, la loi veut que tous les joueurs d'aulos présents jouent et qu'aucun Spartiate ne reste sans couronne ; et on invite à faire briller les armes. Le jeune homme qui a fait une raie dans ses cheveux a le droit de se mêler au combat et d'être resplendissant et glorieux Et des encouragements sont envoyés à l'énômotarque ; car ce qui vient de chaque énômotarque à l'extérieur de la file n'est pas entendu dans toute l'énômotie ; et le polémarque doit veiller à ce que cela se passe bien.

Le moment d'établir le camp, c'est le roi qui est maître de le déterminer et c'est à lui d'indiquer le lieu où il faut l'établir ; cependant l'envoi d'ambassade amicale ou guerrière n'est pas du ressort du roi. Et tout le monde, quand on veut faire quelque chose, dépend du roi, duquel procèdent les ordres. Si quelqu'un vient demander justice, le roi le renvoie devant les hellanodices[40] ; s'il demande de l'argent, il le renvoie aux trésoriers, s'il vient avec le produit d'un pillage, il le renvoie aux magistrats chargés de vendre le butin. Quand les choses sont ainsi accomplies, il ne reste au roi plus rien à faire en garnison qu'à être prêtre pour ce qui regarde les dieux et général pour ce qui regarde les hommes.

Xénophon, *Constitution des Lacédémoniens*, 11, 2 – 13

40. Des juges.

Quand ils avaient formé la phalange[41] et se trouvaient en vue des ennemis, le roi immolait une jeune chèvre, ordonnait à tous de se couronner la tête et commandait aux flûtistes de jouer l'air de Castor. En même temps, il entonnait le péan de marche, et c'était un spectacle à la fois majestueux et effrayant de les voir s'avancer en cadence au son de la flûte, sans disloquer les rangs de la phalange, sans éprouver de trouble dans le cœur, et marcher au danger tranquillement et joyeusement en suivant la musique. Il était, en effet, naturel que des hommes ainsi disposés ne connussent ni la crainte ni une colère excessive, et qu'ils eussent des âmes fermes, pleines d'espoir et d'audace, comme si la divinité eût été avec eux. Le roi marchait à l'ennemi, ayant avec lui les athlètes vainqueurs dans les concours dont le prix était une couronne. On raconte que l'un d'eux à qui l'on offrait une grosse somme aux jeux Olympiques la refusa et qu'après avoir terrassé son adversaire à la lutte au prix de grands efforts, comme quelqu'un lui demandait :

– Spartiate, qu'as-tu gagné de plus par ta victoire ?

Il répondit en souriant :

– Je serai placé devant le roi au combat.

Quand ils avaient battu et mis en fuite l'ennemi, ils ne le poursuivaient qu'autant qu'il fallait pour consolider leur victoire en achevant sa déroute, et ils se retiraient aussitôt après, persuadés qu'il n'était ni généreux ni digne d'un peuple grec de frapper et de tuer des gens qui renonçaient à la lutte et leur avaient cédé le terrain. Et cette conduite n'était pas seulement noble et magnanime, elle était, en outre, profitable. Car ceux qui combattaient contre eux, sachant qu'ils faisaient périr ceux qui résistaient et qu'ils épargnaient ceux qui cédaient, trouvaient plus avantageux de fuir que de leur tenir tête.

41. Formation de combat.

Le sophiste Hippias prétend que Lycurgue fut personnellement très belliqueux et qu'il entreprit beaucoup d'expéditions. Philostéphanos lui attribue même la division de la cavalerie en escadrons et dit que ces escadrons, tels qu'il les avait établis, étaient des corps de cinquante cavaliers rangés en carré. Démétrios de Phalère affirme, au contraire, qu'il ne mit la main à aucune entreprise guerrière et qu'il établit sa constitution en pleine paix[42]. Et il semble, en effet, que l'idée d'instituer la trêve olympique n'a pu venir qu'à un homme doux et pacifique. […]

Plutarque, *Lycurgue*, 22, 4 – 23, 2

Il fixe le rôle du roi dans la cité.

Il a donc établi que le roi procéderait à tous les sacrifices publics au nom de la cité, puisque, dans son esprit, il descendait du dieu, et qu'il mènerait l'armée là où la cité l'enverrait. Il lui a permis de prendre des parts d'honneur sur les bêtes sacrifiées et lui a attribué, en beaucoup des villes périèques[43], une terre spéciale, assez importante pour qu'il ne manque pas de biens en quantité modérée mais sans qu'il soit supérieurement riche. De façon que les rois aussi festoient à l'extérieur, il leur a attribué une baraque publique, et il les a honorés d'une part double pour le dîner, non pas pour qu'ils mangent doublement, mais pour qu'ils puissent avec cela honorer qui ils voulaient. Il leur a permis aussi de se choisir deux commensaux chacun, qui sont appelés Pythiens[44]. Il leur a permis aussi de prélever un cochon de la portée de toutes les truies, de façon que le roi ne soit jamais en mal de victimes, s'il devait consulter

---

42. Le philosophe péripatéticien, qui gouverna Athènes de 317 à 307, avait écrit un ouvrage intitulé *Sur la paix*.

43. Les villes voisines soumises.

44. Car ils étaient chargés d'aller chercher à Delphes les oracles auprès de la Pythie.

les dieux. Près de sa maison, un étang lui procure de l'eau en abondance ; que cela serve à beaucoup d'usages, ceux qui n'en ont pas le savent plus que d'autres. Et tout le monde se lève de son siège devant le roi, sauf les éphores, qui ne quittent pas leur fauteuil spécifique. Ils se prêtent mutuellement serment chaque mois, les éphores au nom de la cité, le roi en son propre nom. Le roi fait serment de régner conformément aux lois de la cité et la cité fait serment de laisser la royauté intacte si le roi tient serment. Voilà les honneurs qu'on accorde au roi chez lui tant qu'il vit : ils ne dépassent pas de beaucoup ceux des particuliers ; car Lycurgue ne voulut pas inspirer aux rois un orgueil qui est le propre d'un tyran, ni rendre les citoyens jaloux de leur puissance. Quant aux honneurs qui sont accordés au roi à sa mort, les lois de Lycurgue veulent montrer par là qu'on honore plus que tous les rois des Spartiates non pas en tant qu'hommes mais en tant que héros.

Xénophon, *Constitution des Lacédémoniens*, 15

Il gère la vie des citoyens adultes.

L'éducation des Spartiates se prolongeait jusqu'à l'âge mûr. Personne n'était libre de vivre à sa guise. La ville était comme un camp où ils menaient un genre de vie fixé par la loi en s'employant au service de l'État. Ils étaient entièrement convaincus qu'ils appartenaient non pas à eux-mêmes, mais à la patrie. Lorsqu'ils n'avaient pas ordre de faire autre chose, ils surveillaient les enfants et leur donnaient quelque leçon utile, ou bien ils s'instruisaient eux-mêmes auprès des vieillards. Car c'était encore une des belles et heureuses institutions de Lycurgue en faveur de ses concitoyens que l'abondance de loisir qu'il leur avait ménagée, en leur défendant absolument de toucher à aucun métier manuel, et, en effet, ils n'avaient aucunement besoin de prendre de la peine et de travailler pour amasser de l'argent, puisque la richesse n'était nullement enviée ni honorée. C'étaient les hilotes[45] qui travaillaient la terre pour eux et leur payaient une redevance. Un Spartiate, se trouvant à Athènes un jour où les tribunaux fonctionnaient, apprit qu'on venait de condamner pour cause d'oisiveté un citoyen qui s'en retournait chez lui fort triste, accompagné de ses amis qui se désolaient avec lui et partageaient sa peine ; ce Spartiate, alors, pria les gens qui étaient avec lui de lui montrer cet homme, « condamné pour avoir vécu en homme libre », tant les Spartiates étaient convaincus qu'il n'appartient qu'à des esclaves d'exercer un métier et de travailler pour gagner de l'argent ! Les procès disparurent naturellement de Sparte avec l'argent, puisqu'il n'y avait dans cette ville ni richesse ni indigence, que les ressources y étaient égales pour tous et la vie facilitée par la simplicité des mœurs. On ne voyait dans tout le pays que danses, fêtes, banquets, parties de chasse, exercices physiques et conversations dans les lieux de réunion, pendant tout le temps du moins qu'ils ne consacraient pas aux expéditions militaires.

Ceux qui avaient moins de trente ans ne descendaient jamais au marché ; ils faisaient faire par leurs parents ou leurs amants les achats nécessaires à la vie de la maison. Quant aux plus âgés, ils auraient eu honte de paraître constamment occupés de tels soins et de ne point passer la plus grande partie de la journée au gymnase ou dans ce qu'on appelait les *leschès*[46]. Ils s'y réunissaient pour employer honnêtement

---

45. À chaque lot de terre issu du partage entre les citoyens sont attachées des familles de serfs, les hilotes dont la condition est bien plus misérable que celle des esclaves athéniens. Ils sont en principe propriété collective de l'État, et doivent donner au propriétaire de la terre une partie suffisante de la récolte pour nourrir sa famille. Le reste est laissé à l'hilote cultivateur qui peut ainsi vivre convenablement. Chaque année, on prononce l'état de guerre contre les hilotes pour les effrayer (voir p. 57).

46. Sorte de clubs.

leurs loisirs les uns avec les autres, sans parler de rien qui eût trait aux moyens de s'enrichir ou aux affaires du commerce. La plupart de ces entretiens étaient consacrés à l'éloge des belles actions ou à la critique des mauvaises, le tout agrémenté de plaisanteries et de rires qui faisaient passer sous un léger badinage les avertissements et les remontrances. En effet, le caractère sérieux de Lycurgue lui-même n'était pas sans détente, et Sosibios rapporte qu'il fit élever une petite statue du Rire, avec l'intention d'introduire à propos l'enjouement dans les banquets et les passe-temps du même genre comme un assaisonnement destiné à pallier la pénible austérité de leur vie. Mais, en général, il accoutumait les citoyens à ne pas vouloir ni savoir vivre pour eux-mêmes, à toujours faire corps, ainsi que des abeilles, avec la communauté, comme pelotonnés tous ensemble autour du chef et à sortir d'eux-mêmes en quelque sorte sous l'effet de l'enthousiasme et du zèle pour se donner tout entiers à leur patrie. Certains de leurs propos permettent d'apercevoir cette disposition d'esprit. C'est ainsi que Pédaritos, n'ayant pas été admis au nombre des trois cents, s'en retourna le visage radieux, tout heureux que la ville possédât trois cents citoyens meilleurs[47] que lui. Polystratidas avait été envoyé en ambassade avec d'autres auprès des généraux du roi de Perse. Comme ceux-ci lui demandaient s'ils venaient à titre privé ou s'ils étaient envoyés par l'État, il répondit :

– Si nous réussissons c'est au nom de l'État que nous serons venus ; si nous échouons, c'est en notre propre nom.

Des gens d'Amphipolis étaient venus à Sparte rendre visite à Argiléonis, mère de Brasidas. Elle leur demanda si son fils était mort en homme d'honneur et d'une façon digne de Sparte. Ils répondirent, en le comblant d'éloges, que Sparte n'avait pas son pareil :

47. Voir page suivante.

— Ne dites pas cela, étrangers, répliqua-t-elle : Brasidas était un citoyen valeureux, mais Sparte en compte beaucoup de meilleurs que lui.

Plutarque, *Lycurgue*, 24-25

Voyant donc que ceux chez qui l'émulation est la plus intense sont ceux dont les chœurs valent le plus d'être écoutés et dont les concours gymniques valent le plus d'être regardés, il pensait que, s'il mettait les hommes faits en compétition sur la vertu, ils atteindraient de la sorte le plus haut degré de bravoure. De quelle façon il les mit à leur tour en compétition, je vais l'expliquer. Les éphores choisissent parmi ces hommes à l'apogée de leur force trois hommes ; ceux-ci sont appelés *hippagrètes* (assembleurs des chevaux) ; chacun d'eux enrôle cent hommes, en donnant les raisons pour lesquelles il préfère ceux-ci et rejette ceux-là. Ceux qui n'obtiennent pas les bonnes places combattent à la fois ceux qui les ont renvoyés et ceux qui ont été préférés à eux-mêmes et se surveillent les uns les autres, pour voir s'ils agissent déloyalement en allant contre les belles valeurs.

Et telle est précisément l'émulation la plus chère aux dieux et la plus convenable à la cité. En elle se déploie ce que doit faire l'homme de bien ; en outre, chacun des deux partis s'y exerce à être toujours le plus fort, et, si besoin est, à secourir un par un la cité de toutes ses forces. Ils s'occupent aussi nécessairement de leur bonne forme. Et en effet ils font le coup de poing à cause de leur rivalité chaque fois qu'ils se rencontrent ; cependant, tout homme qui se trouve présent a pleins pouvoirs pour séparer les combattants. Si quelqu'un désobéit à celui qui les sépare, le pédonome l'emmène devant les éphores ; ceux-ci lui infligent une forte amende, voulant qu'on aboutisse à un état où jamais la colère ne domine au point de ne pas obéir aux lois.

Xénophon, *Constitution des Lacédémoniens*, 4, 2-6

Il établit le statut des vieillards au sénat.

Quant au sénat, Lycurgue lui-même l'avait d'abord composé de ceux qui s'étaient associés à son entreprise. Dans la suite, il prescrivit de remplacer chaque sénateur décédé en choisissant l'homme du plus grand mérite parmi les citoyens ayant dépassé soixante ans. La compétition engagée alors semblait être la plus importante qui fût au monde et la plus digne d'être disputée : car ce n'était pas le plus rapide parmi les rapides ni le plus fort parmi les forts, mais le meilleur et le plus sage parmi les bons et les sages qui devait être choisi, et, en récompense de sa vertu, obtenir pour tout le reste de son existence un pouvoir pour ainsi dire absolu dans le gouvernement, en devenant maître de la vie et de l'honneur de ses concitoyens et, en général, de toutes les affaires, les plus importantes.

Voici comment se faisait l'élection. L'assemblée étant réunie, des hommes choisis s'enfermaient dans une maison voisine, d'où ils ne pouvaient voir ni être vus, où ils entendaient seulement les cris des citoyens assemblés. C'était, en effet, par leurs cris, ici comme dans les autres affaires, qu'ils jugeaient les concurrents, qui ne se présentaient pas tous ensemble, mais successivement, suivant le rang que leur avait assigné le sort, chacun traversant l'assemblée en silence. Ceux qui étaient enfermés avaient des tablettes où ils marquaient la force des cris poussés à l'apparition de chaque candidat ; ils ignoraient son nom et savaient seulement qu'il était le premier, ou le second, ou le troisième, et ainsi de suite des candidats introduits. Celui pour lequel on avait poussé les acclamations les plus nombreuses et les plus fortes était proclamé élu. Alors il se mettait une couronne sur la tête et faisait le tour des sanctuaires des dieux, suivi d'une foule de jeunes gens qui le comblaient de compliments et de louanges, et d'une foule de femmes qui vantaient sa vertu et célébraient sa conduite par des chants. Chacun de ses parents lui offrait un repas en disant :

– La ville t'honore en t'invitant à cette table.

Continuant le cycle de ses visites, il se rendait au réfectoire des phidities, où les choses se passaient comme à l'ordinaire, sauf qu'on lui présentait une deuxième portion qu'il prenait et gardait. Après les repas, ses proches parentes se trouvant à la porte de la salle, il appelait celle qu'il estimait le plus et lui donnait la part qu'il avait gardée en disant :

– Je te donne à toi cette portion que j'ai reçue comme un prix d'honneur.

Alors, elle aussi était félicitée à l'envi et escortée par les autres femmes.

Plutarque, *Lycurgue*, 26

Il réglemente les funérailles.

Pour les funérailles aussi Lycurgue leur donna d'excellents règlements. Tout d'abord, pour supprimer toute crainte superstitieuse, il ne défendit pas d'enterrer les morts dans la ville et de placer les tombeaux près des temples. En élevant ainsi les jeunes parmi les tombeaux, il les habitua à ce spectacle, de manière à leur ôter la peur et l'horreur de la mort et l'idée qu'elle souillait ceux qui touchaient un corps mort ou passaient à travers une rangée de tombeaux[48]. Ensuite, il défendit de rien enterrer avec les morts : on se contentait d'envelopper le cadavre dans un manteau de pourpre et des feuilles d'olivier. Il n'était pas permis d'inscrire sur les tombeaux les noms des morts, excepté ceux des hommes tombés à la guerre et des femmes mortes en couches. Il fixa pour le deuil une courte durée, celle de onze jours ; on devait le quitter le douzième jour, après avoir offert un sacrifice à

---

48. Partout ailleurs, en Grèce, les tombes étaient placées à l'extérieur de la ville, et tout ce qui touchait à la mort était considéré comme cause de souillure.

Déméter[49], car il ne tolérait pas l'oisiveté et l'inaction, et il unissait aux devoirs indispensables l'éloge de la vertu ou le blâme du vice. Il remplissait la ville d'une foule d'exemples[50] qui devaient nécessairement inciter et former à la vertu tous ceux qui les trouvaient sans cesse devant leurs pas et qui vivaient au milieu d'eux.

Plutarque, *Lycurgue*, 27

Il dicte la conduite à avoir à l'égard des étrangers et des hilotes.

C'est pourquoi il ne permit pas aux Spartiates de sortir du pays à leur gré et de voyager au dehors, où ils risquaient de contracter des habitudes étrangères en imitant les mœurs de gens mal formés et en acceptant des principes de gouvernement différents des siens. Il bannit aussi les étrangers qui se glissaient dans la ville et s'y rassemblaient sans aucune utilité, non point, comme le prétend Thucydide, par crainte de les voir imiter ses institutions et apprendre ainsi à pratiquer la vertu, mais plutôt de peur qu'ils n'y enseignent le vice. Car les étrangers, en pénétrant dans une ville, n'y apportent pas que leurs personnes, mais aussi, nécessairement, leurs propos, propos nouveaux qui entraînent des jugements nouveaux, d'où naissent forcément beaucoup de sentiments et de préférences qui, à l'égard de la constitution établie, si on la compare à une harmonie, sont autant de fausses notes qui détonnent. Aussi pensait-il qu'il fallait garder la ville avec plus de soin contre la contagion des mauvaises mœurs, venue du dehors, que contre celle des maladies du corps.

Il n'y a dans tout cela aucune trace de l'esprit d'injustice et de domination, que certains reprochent aux lois de

---

49. Déméter est la déesse des morts. À Athènes, le deuil durait trente jours.
50. Les tombeaux.

Lycurgue, en disant qu'elles sont très propres à exciter le courage, mais déficientes en ce qui concerne la pratique de la justice. C'est ce qu'on appelle chez eux la cryptie. [...] Voici en quoi consistait la cryptie. Les chefs des jeunes gens envoyaient de temps à autre dans la campagne, tantôt ici, tantôt là, ceux qui passaient pour être les plus intelligents, sans leur laisser emporter autre chose que des poignards et les vivres nécessaires. Pendant le jour, ces jeunes gens, dispersés dans des endroits couverts, s'y tenaient cachés et se reposaient ; la nuit venue, ils descendaient sur les routes et égorgeaient ceux des hilotes qu'ils pouvaient surprendre. Souvent aussi, ils se rendaient dans les champs et tuaient les plus forts et les meilleurs. C'est ainsi que Thucydide aussi rapporte dans son histoire de la guerre du Péloponnèse que des hilotes, choisis à cause de leur courage par les Spartiates, se croyant devenus libres, se mirent une couronne sur la tête et firent le tour des sanctuaires des dieux, mais que, peu de temps après, ils disparurent tous, au nombre de plus de deux mille, sans que personne pût dire, ni à ce moment ni dans la suite, comment ils avaient péri. Aristote va même jusqu'à dire que les éphores eux-mêmes, dès qu'ils entraient en charge, déclaraient la guerre aux hilotes, pour qu'on pût les tuer sans contracter de souillure. En tout temps, on les traitait rudement et méchamment : on les forçait à boire beaucoup de vin pur et on les introduisait aux syssities pour faire voir aux jeunes gens ce que c'était que l'ivresse. On leur faisait chanter des chansons et danser des danses vulgaires et grotesques, en leur interdisant celles des hommes libres. Aussi raconte-t-on que, plus tard, lors de l'expédition des Thébains en Laconie, les hilotes qu'ils avaient faits prisonniers, ayant été invités à chanter les poèmes de Terpandre, d'Alcman et du Laconien Spendôn, s'y refusèrent, en disant que leurs maîtres ne le permettaient pas. C'est pourquoi ceux qui disent qu'à Sparte l'homme libre est plus libre que partout ailleurs, et l'esclave plus esclave, ont bien vu la

différence. Pour moi, je pense que les Spartiates n'exercèrent
ce genre de cruautés que plus tard, et surtout après le grand
tremblement de terre, à la suite duquel les hilotes, dit-on, se
réunirent aux Messéniens pour les attaquer, causèrent dans
le pays les plus graves dommages et mirent la ville dans
un extrême danger[51]. Car je ne saurais imputer à Lycurgue
une pratique aussi horrible que la cryptie, quand je juge
son caractère d'après sa mansuétude et sa justice en tout
le reste, et que je vois la divinité elle-même ajouter son
témoignage en sa faveur.

Plutarque, *Lycurgue*, 27, 6 – 28

Lycurgue peut enfin mourir l'esprit en paix.

Quand il vit que ses lois les plus importantes étaient
entrées dans les mœurs et que sa constitution s'était suffisamment fortifiée pour pouvoir se soutenir et se conserver
par elle-même, alors, comme Dieu, au dire de Platon, après
avoir formé le monde et lui avoir imprimé son premier
mouvement, éprouva une grande joie, de même Lycurgue,
satisfait et ravi de la beauté et de la grandeur de sa législation qu'il voyait en action et en marche, désira, autant que
le permettait la prévoyance humaine, la rendre immortelle
et immuable dans l'avenir. Il convoqua tous les citoyens en
assemblée et leur déclara que sa constitution, dans l'ensemble,
était bonne et capable d'assurer la prospérité et l'excellence
de la ville, mais qu'il avait encore une chose de première
importance à leur communiquer, et qu'il ne pouvait le faire
avant d'avoir consulté le dieu. Ils devaient donc observer les
lois établies sans les changer ni les altérer en rien jusqu'à ce
que lui-même fût revenu de Delphes ; il ferait alors ce que
le dieu lui aurait ordonné. Ils se déclarèrent tous d'accord
et le pressèrent de partir.

---

51. En 464. Voir Plutarque, *Cimon* 16, 4 sqq.

Après avoir fait prêter serment aux rois et aux sénateurs, puis à tous les autres citoyens de garder et d'observer les lois établies jusqu'à son retour, Lycurgue partit pour Delphes. Arrivé auprès de l'oracle, il sacrifia au dieu et lui demanda si ses lois étaient bonnes et capables d'assurer la prospérité et le bien de la cité. Le dieu ayant répondu que ses lois étaient bonnes et que la ville ne cesserait d'avoir la destinée la plus glorieuse tant qu'elle observerait la constitution de Lycurgue, celui-ci mit l'oracle par écrit et l'envoya à Sparte. Lui-même offrit un second sacrifice au dieu, et, après avoir embrassé ses amis et son fils, il jugea bon de ne pas dégager ses concitoyens de leur serment et de mettre volontairement fin à ses jours, à Delphes même, étant arrivé à cet âge où il est temps de choisir si l'on veut continuer ou terminer sa vie, et pensant d'ailleurs qu'il avait eu déjà suffisamment de bonheur dans son existence. Il se laissa donc mourir de faim, persuadé qu'un homme d'État a le devoir d'être utile à son pays même par sa mort, et que la fin de sa vie doit servir à quelque chose et comporter une part de mérite et d'efficacité. Il considérait, en effet, qu'après avoir exécuté de si grandes actions, sa mort mettrait véritablement le comble à son bonheur et garantirait à ses concitoyens, qui avaient juré d'observer ses lois jusqu'à son retour, la durée des grands biens qu'il leur avait procurés pendant sa vie. Et il ne se trompa point dans son calcul ; car pendant cinq cents ans[52], Sparte, observant les lois de Lycurgue, fut la première cité de la Grèce par la gloire qu'elle dut à l'excellence de sa constitution. Parmi les quatorze rois qui régnèrent après Lycurgue jusqu'à Agis, fils d'Archidamos, aucun n'y fit de changement, car l'institution des éphores ne fut pas un relâchement, mais un renforcement de la constitution, et, bien qu'elle parût être en faveur du peuple, elle ne fit que rendre l'aristocratie plus forte.

Plutarque, *Lycurgue*, 29

---

52. Des rois Charilaos (899) à Agis II (399).

Quel sera l'avenir de Sparte ?

C'est sous le règne d'Agis que l'argent commença à faire irruption dans Sparte, et, avec l'argent, la cupidité et l'envie de s'enrichir y entrèrent grâce à Lysandre, qui, personnellement insensible à la corruption, remplit sa patrie de l'amour de la fortune et du luxe, en y rapportant de la guerre de l'or et de l'argent, conduite qui eut pour effet de renverser les lois de Lycurgue[53].

Tant qu'elles furent en vigueur, Sparte se gouvernait à la façon, non d'une ville, mais de la maison d'un homme entraîné à la sagesse, ou plutôt, comme les poètes racontent qu'avec sa peau de lion et sa massue Héraclès parcourait la terre pour châtier les tyrans iniques et brutaux[54], de même Sparte, avec une simple scytale[55] et un manteau grossier, commandait à la Grèce qui se soumettait volontairement à son empire, détruisait les injustes dominations et les tyrannies qui opprimaient les villes, arbitrait les guerres, apaisait les séditions, souvent même sans remuer un seul bouclier, en se contentant d'envoyer un unique ambassadeur, dont tout le monde exécutait immédiatement les ordres, comme les abeilles, à l'apparition de la reine de la ruche, accourent ensemble et se rangent en ordre autour d'elle, tant Sparte avait de prestige par l'excellence de ses lois et par sa justice ! Aussi, pour moi, je m'étonne qu'on puisse dire que les Spartiates savaient obéir, mais ne savaient pas commander, et qu'on approuve ce mot du roi Théopompe, à qui l'on disait que Sparte se maintenait grâce au don du commandement que possédaient ses rois, et qui répondit :

---

53. Voir p. 15 et suivantes.

54. Plutarque suggère peut-être que certains des monstres tués par Héraclès d'après la légende étaient en réalité des hommes puissants et injustes, de même que le Minotaure dont triompha Thésée aurait été un homme nommé Tauros.

55. Bâton de bois pour lire ou écrire une dépêche chiffrée.

— C'est plutôt grâce au don d'obéissance qu'ont les
citoyens.

Car les peuples ne consentent guère à écouter ceux qui
sont incapables de les guider : l'obéissance réside dans le
talent du chef ; celui qui conduit bien se fait bien suivre, et,
de même que l'effet de l'art équestre est de rendre un cheval
doux et docile aux rênes, de même celui de l'art royal est
de faire obéir les hommes. Mais les Spartiates inspiraient
aux autres non seulement l'obéissance, mais aussi le désir
de les avoir pour chefs et de se soumettre à leurs ordres. Les
étrangers, en effet, ne leur demandaient pas de leur envoyer
ni vaisseaux, ni argent, ni hoplites, mais simplement un chef
spartiate, et, quand ils l'avaient obtenu, ils le traitaient avec
honneur et respect. C'est ainsi que les Siciliens firent avec
Gylippe, les Chalcidiens avec Brasidas, et tous les Grecs
d'Asie avec Lysandre, Callicratidas et Agésilas. On appelait
ces Spartiates harmostes et conseillers des peuples et des
gouvernants chez qui on les envoyait, et l'on avait les yeux
fixés sur tout l'État spartiate comme sur un précepteur et
un maître dans l'art de se conduire avec honneur et de bien
gouverner. C'est à quoi fait allusion sans doute la raillerie
de Stratonicos, lorsque, légiférant pour rire, il décida que
les Athéniens célébreraient les mystères et feraient les processions, que les Éléens présideraient les jeux, parce qu'ils
excellaient dans ce rôle, et que les Spartiates, pour toute
faute que commettraient ces deux peuples, seraient roués de
coups. Ce n'était là qu'une plaisanterie ; mais Antisthène le
Socratique, voyant les Thébains s'enorgueillir à la suite de la
bataille de Leuctres[56], dit qu'ils ressemblaient exactement
à des marmots fiers d'avoir battu leur maître.

Plutarque, *Lycurgue*, 30

56. 6 juillet 371 avant J.-C. où les Thébains d'Épaminondas
battirent les Spartiates de Cléombrote II. Voir p. 173.

SPARTE LA LYRIQUE

Tyrtée, le poète
VIIe siècle avant J.-C.

Hymnes aux héros

Fin du VIIIe siècle. Sparte a des velléités d'expansion. Son roi Polydore décide d'envahir la Messénie « riche en fruits, riche en moissons dorées », comme le dit Tyrtée. C'est la première guerre de Messénie qui dure dix-neuf ans selon le poète et qui oppose Sparte, aidée de mercenaires crétois et corinthiens, aux Messéniens, épaulés par les troupes d'Arcadie, d'Argos et de Sicyone. Sparte en sort victorieuse.

Mais les Messéniens rêvent d'une revanche. C'est la deuxième guerre de Messénie (670-657). Après la défaite de Hysiai, les Spartiates l'emportent à celle du Grand Fossé. La Messénie est annexée. Les peuples des plaines deviennent des hilotes et les villes côtières des cités périèques.

La troisième guerre de Messénie est déclenchée par la révolte de ces derniers qui profitent d'un tremblement de terre dévastateur en 464. Sparte appelle Athènes à l'aide. Trois cents Spartiates meurent à la bataille de Stényclaros. La guerre s'achève en 454 sur un compromis.

Tyrtée, poète de l'élégie ancienne, est né à Milet ou à Athènes. Il se rend à Sparte pour louer le courage des héros et composer des marches patriotiques au son de la flûte. Ces chants accompagnent les troupes lors de la deuxième guerre de Messénie pour les encourager à combattre avec une nouvelle formation d'attaque, redoutablement efficace, la phalange.

Il ne reste que des fragments de onze élégies, pour la plupart transmises par des auteurs anciens comme l'orateur Lycurgue ou l'historien Pausanias.

Alors que, dans les temps anciens, les Spartiates, peuple brave entre tous, faisaient la guerre à Messène, l'oracle leur conseilla de venir chez nous[1] prendre un chef et leur promit à cette condition la victoire. Si donc aux deux rois issus d'Héraclès, qui se succédaient dans la royauté à Sparte, le dieu a jugé supérieurs les chefs envoyés par nous, comment ne pas admettre que nos ancêtres étaient d'une bravoure incomparable ? Qui ne sait en Grèce que les Spartiates reçurent d'Athènes pour général Tyrtée, le chef qui les mena à la victoire et leur apprit à organiser l'éducation de la jeunesse ? Décision qui fut sage, non seulement pour le péril présent, mais pour toute la suite des âges : car il leur laissa les élégies qu'il avait composées et qu'on leur récite pour les dresser au courage. Et alors qu'ils ne font aucun cas des autres poètes, ils ont pour celui-ci un culte si fervent, qu'une loi prescrit chez eux qu'au moment d'une expédition, quand ils sont sous les armes, on doit convoquer tous les citoyens devant la tente du roi pour leur lire les poèmes de Tyrtée : car c'est le moyen, à leur sens, le plus efficace de leur inspirer la résolution de mourir pour la patrie. Il vaut la peine d'entendre aussi ces vers : vous y apprendrez quelles sont les vertus qui, à Sparte, assuraient la gloire.

Il est beau qu'un guerrier, à son poste immobile,
Meure pour sa patrie, et meure aux premiers rangs
Mais fuir et ses foyers, et sa ville, et ses champs,
Mais mendier au loin une piété stérile,
Mais avec une épouse, une mère débile,
Traîner et son vieux père et ses jeunes enfants
Amis, de tous les maux ces maux sont les plus grands !

1. Les Athéniens.

Partout le lâche, errant de rivage en rivage,
Voit des yeux ennemis, et partout rebuté,
De son front avili fait mentir la beauté ;
À son nom, que du peuple environnait l'hommage,
D'un mépris éternel s'attachera l'outrage ;
Pauvre, exilé, souffrant, on le hait, on le fuit ;
Le chagrin l'accompagne, et l'opprobre le suit.

Combattons mes amis ! mourons avec courage !
Mourons pour nos enfants et pour notre pays.
Vous, guerriers, vous encore à la fleur de votre âge,
Ferez-vous de la fuite un vil apprentissage ?
Allons, pressez vos rangs, marchez aux ennemis !
Que chacun, saisissant sa forte javeline,
Sente un cœur mâle et fier battre dans sa poitrine !

Oh qu'il serait honteux de voir des vétérans,
La tête déjà blanche et par les ans flétrie,
Soutiens inespérés de leur chère patrie,
Seuls combattre, et sans vous tomber aux premiers rangs !
De voir nus, et sans vous couchés sur la poussière
Mais exhalant encore une âme libre et père,
Ces restes de héros, qui n'ont cédé qu'au temps !

Spectacle affreux, craignant un outrage ironique
Chacun d'eux tient cachés sous une main pudique
De leur virilité les organes sanglants.
Ah ! le guerrier n'est beau qu'à la fleur de ses ans ;
L'œil des femmes l'admire, et chaque homme l'envie :
Mais il n'est pas moins beau quand, prodiguant sa vie,
Il meurt pour la patrie, et meurt aux premiers rangs.

Lycurgue, *Contre Léocrate*, 28, 104-107
Traduction de l'élégie par Firmin Didot, 1831

Non ! vous êtes les fils de l'invincible Alcide !
Non ! Jupiter n'a point détourné son regard :
Qu'aux traits des ennemis le soldat intrépide
Des boucliers levés oppose le rempart.
De leurs mille guerriers ne craignez pas le nombre ;
Prenez la vie en haine et la mort en amour,
À l'égal des splendeurs du jour
Chérissez sa nuit froide et sombre.
De Mars, ô jeunes gens, du Dieu père des pleurs,
Vous connaissez les brillantes faveurs,
Vous connaissez la fatale vengeance,
Tour à tour vaincus et vainqueurs,
Vous avez épuisé la double expérience
De ses dons et de ses rigueurs ;
Eh bien ! dites-le-nous, dans les champs du carnage,
Tombent-ils plus nombreux, ceux dont le fier courroux
Des glaives menaçants brave les premiers coups,
Et sauve un peuple entier que guide leur courage ?
Non : au lâche est la mort ; sans avoir combattu,
Dans son corps frissonnant expire la vertu.
Qui pourrait raconter l'opprobre, la misère,
Les innombrables maux nés de la lâcheté ?
Ô supplice ! le lâche est frappé par-derrière,
Tandis que des combats il fuit épouvanté ;
Son cadavre est couché, le front dans la poussière,
Et sur son dos la lance meurtrière
De sa honte a gravé le signe ensanglanté.
Ah ! ne l'imitons pas : que le brave, au contraire,
Les pieds bien séparés, s'attachant à la terre,
Par le fer arrondi d'un vaste bouclier
De la tête aux genoux se couvre tout entier :
Que sa droite brandisse une lance pesante,
Qu'il morde de ses dents sa lèvre frémissante,
Et que l'aigrette menaçante
S'agite sur son front guerrier.

À la valeur encore ajoutez la science.
Que jamais hors des traits ils n'arrêtent leurs pas
Ceux qui du bouclier peuvent armer leur bras ;
Qu'ils frappent l'ennemi du glaive ou de la lance,
Et luttant corps à corps, cimier contre cimier,
Bouclier contre bouclier,
Pied contre pied, poitrine sur poitrine,
Qu'ils sachent saisir dans sa main,
Ou le bois de la javeline,
Ou le pommeau du fer levé contre leur sein.
Vous, suivez-le, troupe légère,
Et de leurs boucliers ne vous éloignez pas ;
Sous ce rempart d'airain lancez l'énorme pierre,
Et le dard aiguisé pour les sanglants combats.

Qu'à la course, à la lutte, un homme soit vainqueur,
Ce n'est pas dans mes chants que vivra sa mémoire,
Et je sais mal priser une si faible gloire.
Du Cyclope il aurait la taille et la vigueur,
Le pied léger du vent qui vole aux champs de Thrace,
Du beau Tithon la fraîcheur et la grâce,
Les immenses trésors que rappelle le nom
Et de Midas et de Cinyre,
Son sceptre s'étendrait sur un plus vaste empire
Que n'en soumit jamais l'aïeul d'Agamemnon ;
D'Adraste au doux parler ajoutez l'éloquence ;
Tous ces dons réunis, force, beauté, puissance,
Ne sont rien à mes yeux, s'il n'a pas la valeur,
S'il ne voit, sans pâlir, le sang et le carnage,
Si d'un fier ennemi son indomptable cœur
N'aspire à défier la rage ;
Car c'est là la vertu, le véritable honneur,
La palme la plus belle à cueillir au jeune âge.
Il est d'un peuple entier le trésor et l'appui

Ce héros, étranger à la fuite honteuse,
Qui, livrant aux hasards son âme belliqueuse,
Encourage les siens à mourir comme lui.
À peine, de fer hérissée,
Paraît des ennemis la phalange pressée,
Que lui, debout au premier rang,
D'un bras vainqueur l'a déjà repoussée ;
Il soutint du combat la vague courroucée ;
Et si lui-même enfin, sous les traits expirant
Au poste de l'honneur laissa sa noble vie,
Gloire alors, gloire à sa patrie,
Gloire au vieux père du guerrier !
C'est par-devant que son noir bouclier,
Et sa poitrine et sa cuirasse
De blessures sans nombre ont conservé la trace.
Tous pleurent le héros : vieillards et jeunes gens
Exhalent leurs regrets en longs gémissements ;
Un vêtement de deuil couvre la ville entière ;
Sa tombe est à jamais illustre ; son pays
L'honore dans ses fils, dans les fils de ses fils,
Dans sa postérité dernière.
Sa gloire avec son nom passe à l'éternité.
S'il éprouva de Mars la colère fatale,
Quand, le fer à la main, d'un courage indompté
Il défendait ses fils et sa ville natale,
Sous terre il vit encor pour l'immortalité.
Mais s'il peut de la mort fuir l'éternel silence,
S'il revient tout brillant de l'éclat du vainqueur,
Que d'hommages lui rendent la vieillesse et l'enfance !
Quelle sublime jouissance
Jusqu'à son dernier jour enivrera son cœur !
Il vieillit entouré de la publique estime ;
L'offenser dans ses droits, outrager son honneur,
Aux yeux de tous serait un crime.
Paraît-il ? jeunes, vieux, pleins d'un noble respect,

Tous se lèvent à son aspect
Par un mouvement unanime.
Oui ! la voilà, la gloire ! il la faut conquérir :
Mais il n'est qu'un chemin vers ce faîte sublime,
La guerre : et la valeur peut seule nous l'ouvrir.

Stobée, 4, 9
Traduction de A. Baron, 1835

Courage, enfants de Sparte féconde en guerriers ; valeureux citoyens : armez votre bras du bouclier ; poussez hardiment vos lances, sans épargner votre vie : car ce n'est pas
la coutume à Sparte.

Dion Chrysostome, 1
Traduction de L. Humbert

SPARTE LA GUERRIÈRE

Othryadès
545 avant J.-C.

Au VIIᵉ siècle, Sparte est devenue la cité hoplitique par excellence grâce aux réformes de Lycurgue. Au milieu du VIᵉ siècle, forte de sa puissance militaire, elle a des envies de conquêtes et soumet la Laconie, Argos, la Messénie et les cités d'Arcadie. C'est au cours de ces invasions qu'a lieu la bataille des Champions.

Il était survenu une querelle entre les Spartiates et les Argiens, au sujet du lieu nommé Thyrée. Ce canton faisait partie de l'Argolide ; mais les Lacédémoniens l'en avaient chassé et se l'étaient approprié. Tout le pays vers l'Occident jusqu'à Malée appartenait aussi aux Argiens, tant sur le continent que l'île de Cythère et les autres îles.

Les Argiens étant venus au secours du territoire qu'on leur avait enlevé, on convint dans un pourparler qu'on ferait combattre trois cents hommes de chaque côté, que ce territoire resterait au vainqueur et que les deux armées ne seraient pas présentes au combat, mais se retireraient chacune dans son pays, de peur que celui qui serait battu ne fût secouru par les siens. Les deux armées se retirèrent après cet accord, et il ne resta que les guerriers choisis de part et d'autre. Ils combattirent des deux côtés avec tant d'égalité que, de six cents hommes, il n'en resta que trois : Alcénor et Chromius du côté des Argiens, et Othryadès de celui des Lacédémoniens ; et encore fallut-il que la nuit les séparât.

Les deux Argiens coururent à Argos annoncer leur victoire. Pendant ce temps-là, Othryadès dépouilla les Argiens tués dans le combat, porta leurs armes à son camp, et se tint à son poste.

Le lendemain, les deux armées arrivent : instruites de l'événement, elles s'attribuent chacune la victoire : les Argiens, parce qu'ils avaient l'avantage du nombre, les Lacédémoniens, parce que les combattants d'Argos avaient pris la fuite tandis que leur guerrier était resté à son poste, et qu'il avait dépouillé leurs morts.

La dispute s'étant échauffée, on en vint aux mains ; et, après une perte considérable de part et d'autre, les Lacédémoniens furent vainqueurs.

Depuis ce temps-là, les Argiens, qui jusqu'alors avaient été obligés de porter les cheveux longs, se rasèrent la tête ; et, par une loi accompagnée d'imprécations contre les contrevenants, ils défendirent aux hommes de laisser pousser leurs cheveux, et aux femmes de porter des ornements d'or, avant qu'on eût recouvré Thyrée. Les Lacédémoniens, qui auparavant avaient les cheveux courts, s'imposèrent la loi contraire, celle de les porter très longs. Quant à Othryadès, resté seul des trois cents Lacédémoniens, on dit que, honteux de retourner à Sparte après la perte de ses compagnons, il se tua sur le champ de bataille, dans le territoire de Thyrée.

Hérodote, *Histoires*, 1, 82

SPARTE LA COURAGEUSE

Léonidas Ier
(540-480)
et
les 300 Spartiates

480 avant J.-C., les Perses menés par Xerxès fabriquent deux ponts de bateaux sur l'Hellespont pour envahir la Grèce. D'après Hérodote, c'est une armée de deux millions d'hommes qui déferle du nord et une puissante flotte de 1207 trières (plus de 500 000 hommes) qui s'approche des côtes hellènes. C'est le début de la deuxième guerre médique.

Août 480, 300 guerriers originaires de Sparte menés par leur roi Léonidas décident de retarder l'ennemi qui se dirige vers Athènes pour l'incendier.

L'historien Hérodote qui a dû se rendre sur place à son époque situe l'endroit.

Voilà ce qui se passa en Thessalie et en Achaïe. De ces pays, Xerxès pénétra en Malide, sur les bords d'un golfe marin où se font sentir tous les jours le flux et le reflux. Autour de ce golfe, il y a un territoire en plaine, large ici et là très étroit ; et, autour de ce territoire, de hautes montagnes inaccessibles qui enferment tout le pays de Malide ; on les appelle les roches Trachiniennes. [...]

C'est à la hauteur du Phoinix que l'espace est le plus étroit ; il n'y a qu'une chaussée pour le passage d'une voiture. Du Phoinix aux Thermopyles, il y a quinze stades ; entre les deux est un bourg nommé Anthélé ; près de ce bourg coule, pour se jeter dans la mer, l'Asopos ; il y a tout autour un élargissement, où s'élève un sanctuaire de Déméter Amphictyonis ; là aussi se trouvent le lieu de séance des Amphictyons et une chapelle d'Amphictyon lui-même.

Il dénombre l'effectif des troupes grecques.

Donc, le roi Xerxès campait en Malide dans le pays de Trachis ; les Grecs, dans le défilé ; ce lieu est appelé par la plupart des Grecs « les Thermopyles » ; par les gens du pays et leurs voisins, « les Pyles ». Campés respectivement dans ces positions, ils étaient maîtres, l'un de tout le pays du côté du vent du nord jusqu'à Trachis, les autres de tout ce qui sur ce continent s'étend vers le vent du sud et le Midi.

Les Grecs qui attendaient là le choc du Perse étaient trois cents hoplites spartiates, mille Tégéates et Mantinéens, moitié par moitié, cent vingt Orchoméniens d'Arcadie, un millier d'hommes du reste de l'Arcadie. Voilà pour les Arcadiens. De Corinthe, étaient là quatre cents hommes. De Phlionte, deux cents. De Mycènes, quatre-vingts. Tel était le contingent du Péloponnèse[1]. De Béotie, sept cents Thespiens et quatre cents Thébains. À eux s'étaient adjoints, appelés en renfort, les Locriens-Opontiens avec toutes leurs forces et mille Phocéens. De leur propre autorité, les Grecs les avaient appelés à l'aide, leur faisant dire par des messagers qu'ils étaient arrivés, eux, en avant-garde de l'armée, que le reste des alliés était attendu tous les jours, qu'ils étaient

---

1. Le total de ces contingents s'élève à trois mille cent hommes, tandis que, dans l'épigramme citée p. 87, où le nombre des défenseurs des Thermopyles n'est certainement pas majoré, il est dit : « quatre mille hommes du Péloponnèse ». Avec les trois cents Spartiates, Léonidas avait pu amener de Laconie des « périèques », dont l'informateur spartiate d'Hérodote n'aurait pas fait état ; Isocrate (*Panég.*, 90 ; *Arch.*, 99) et Diodore (11, 4) parlent de mille « Lacédémoniens ». Il y eut aussi aux Thermopyles, jusqu'à la dernière heure, des hilotes ; il y en eut même qui furent tués (Hérodote, 8, 25).

en sûreté du côté de la mer, gardée par les Athéniens, les Éginètes et ceux qui avaient été rangés dans l'armée navale, et qu'ils n'avaient rien à craindre car ce n'était pas un dieu qui attaquait la Grèce, mais un homme. Et il n'y avait pas, il n'y aurait jamais un mortel à qui, du moment de sa naissance, il n'arrivât pas de malheur. Et aux plus grands de ce monde arrivaient les plus grands malheurs. Ainsi donc celui, entre autres, qui venait les attaquer devait risquer, étant homme, d'être déçu dans son orgueilleuse espérance. Recevant ces avis, Locriens et Phocéens se portèrent à l'aide à Trachis.

Ils nomment leur chef.

Tous les corps de troupes avaient à leur tête des chefs particuliers pour chaque pays mais le plus considéré, le commandant en chef de toute l'armée, était le Lacédémonien Léonidas, fils d'Anaxandride, fils de Léon, fils d'Eurycratidas, fils d'Anaxandros, fils d'Eurycratès, fils de Polydoros, fils d'Alcaménès, fils de Téléclos, fils d'Archélaos, fils d'Hégésilaos, fils de Doryssos, fils de Léobotès, fils d'Échestratos, fils d'Agis, fils d'Eurysthénès, fils d'Aristodèmos, fils d'Aristomachos, fils de Cléodaios, fils d'Hyllos, fils d'Héraclès, qui était entré en possession de la royauté à Sparte d'une façon imprévue. Il avait en effet deux frères aînés, Cléomène et Dorieus, dont l'existence avait écarté de lui la pensée d'être roi. Mais Cléomène était mort sans descendance masculine. Dorieus n'existait déjà plus, ayant péri en Sicile[2] ; dès lors, la couronne revenait à Léonidas, et parce qu'il était l'aîné de Cléombrote, le dernier-né des fils d'Anaxandridas, et qu'en outre il avait pour femme la fille de Cléomène.

2. Cf. Hérodote, 5, 48.

Des Thébains sont venus en renfort.

Pour lors, il était venu aux Thermopyles avec des hommes choisis dans le corps des Trois Cents[3] et parmi ceux qui avaient des fils[4]. Il arriva amenant aussi avec lui des Thébains, dont j'ai dit le nombre en faisant le compte de ses troupes, commandés par Léontiadès, fils d'Eurymachos. Voilà pourquoi Léonidas avait tenu à les amener, seuls des Grecs, avec lui : c'est qu'on les accusait fortement de « médisme[5] » ; il les invitait donc à prendre part à la guerre pour savoir s'ils lui enverraient du monde ou s'ils renonceraient ouvertement à l'alliance des Grecs. Ils lui en envoyèrent, bien qu'animés de sentiments opposés.

Les Spartiates avaient fait partir d'abord ce détachement avec Léonidas pour que les autres alliés, à sa vue, se mettent en campagne et n'aillent pas se ranger, eux aussi, au parti des Mèdes, en apprenant leurs tergiversations ; ensuite – car les Carnéennes[6] mettaient alors obstacle à leur départ –, après avoir célébré la fête et laissé à Sparte une garnison, ils devaient se porter à la rescousse en toute hâte et avec toutes leurs forces. Les autres alliés eux aussi avaient le dessein, de leur côté, d'agir pareillement ; car il se trouvait que les jeux Olympiques coïncidaient avec ces événements[7] ; aussi, ne croyant pas que l'affaire des Thermopyles dût se décider si rapidement, ils n'avaient envoyé que des avant-gardes.

3. Sur le corps des Trois Cents, cf. Hérodote 8, 124 ; Thucydide 5, 72.

4. Qui, le père mort, continueraient la famille et maintiendraient le culte domestique.

5. Pro-perse.

6. Ces fêtes en l'honneur d'Apollon étaient célébrées par les Spartiates chaque année fin août, début septembre au moment de la pleine lune, le mois de Carnéios.

7. C'étaient les 75e jeux qui devaient frapper Xerxès comme un bel exemple de mépris du danger lorsqu'il apprit qu'ils avaient quand même lieu pendant la guerre (Hérodote, 8, 26).

La décision est prise de rester et de tenir.

Mais les Grecs qui étaient aux Thermopyles, quand les Perses furent proches de la passe, prirent peur, et ils mirent en délibération la question de savoir s'ils ne partiraient pas. Les autres Péloponnésiens étaient d'avis de se rendre dans le Péloponnèse et de monter bonne garde à l'isthme ; mais, comme Phocéens et Locriens étaient indignés de cette proposition, Léonidas ordonna qu'on restât sur place et qu'on envoyât dans les villes des messagers demander du secours, arguant qu'on n'était pas en nombre suffisant pour repousser l'armée perse.

Pendant que se tenaient ces délibérations, Xerxès envoya un observateur à cheval pour voir combien étaient les Grecs et ce qu'ils pouvaient bien faire. Il avait entendu dire, alors qu'il était encore en Thessalie, qu'une troupe peu nombreuse était réunie en ce lieu, ayant à sa tête des Lacédémoniens commandés par Léonidas, de la race des Héraclides. Le cavalier, s'étant approché du camp, regarda, et examina non pas toute l'armée, car il ne pouvait voir ceux qui étaient en arrière du mur que les Grecs avaient relevé et qu'ils gardaient. Mais il observait ceux qui étaient en dehors et qui avaient pris position en avant du mur. Il se trouva qu'à ce moment-là c'étaient des Lacédémoniens qui étaient postés en dehors. Le cavalier vit que les uns se livraient à des exercices gymniques, les autres peignaient leurs chevelures[8] ;

8. Le soin de la chevelure – qui, avait dit Lycurgue, pouvait rendre les beaux hommes plus beaux encore et les hommes laids plus effrayants – était un des luxes permis, ou même recommandés, par l'austère législateur (p. 41). Que les Spartiates aient pris de leur chevelure un soin particulier au moment de risquer leur vie, comme le dira Démarate, n'est pas invraisemblable ; ce souci de toilette, qui peut être jugé incompatible avec la gravité de l'heure, procédait du même sentiment de fierté qui inspira dans les temps modernes des officiers revêtant, pour conduire leurs hommes à l'attaque, leur plus bel uniforme et mettant leurs gants blancs. Plus sûrement que

il admira ce spectacle et se rendit compte de leur nombre ; puis, ayant pris exactement connaissance de tout, il s'en retourna tranquillement, sans que personne le poursuivît, sans qu'on s'inquiétât de lui aucunement ; et, de retour, il dit à Xerxès tout ce qu'il avait vu.

Entendant ce rapport, Xerxès ne put comprendre ce qui était la réalité : que ces hommes se préparaient à mourir et à donner la mort selon leurs moyens. Leur conduite lui parut ridicule, et il envoya chercher Démarate fils d'Ariston, qui se trouvait au camp. Quand il fut arrivé, Xerxès l'interrogea sur chacun de ces points, voulant comprendre le sens de ce que faisaient les Lacédémoniens. Et Démarate lui dit :

— Tu m'as entendu précédemment, quand nous nous mettions en route pour attaquer la Grèce, parler de ces hommes ; tu m'as entendu, et tu t'es moqué de moi quand je disais quelle issue je prévoyais à cette entreprise. Soutenir contre toi la vérité, ô Roi, est en effet pour moi une tâche très risquée ; mais écoute-moi encore maintenant. Ces hommes sont venus pour nous disputer le passage et ils s'y préparent. Telle est leur coutume : quand ils sont au moment d'exposer leur vie, ils prennent soin de leur chevelure. Sache-le bien : si tu subjugues ces hommes et ceux qui sont restés à Sparte derrière eux, ô Roi, il n'est pas de peuple au monde qui t'attendra de pied ferme et lèvera le bras contre toi ; car tu t'attaques à cette heure au royaume le plus noble qu'il y ait chez les Grecs et aux hommes les plus valeureux.

Xerxès trouva que ce qu'on lui disait était tout à fait incroyable et, interrogeant de nouveau, il demanda comment les Grecs, étant si peu nombreux, pourraient combattre son armée.

— Ô Roi, répondit Démarate, traite-moi comme un menteur si tu ne vois pas cela arriver comme je le dis.

---

l'affluence des Grecs aux fêtes d'Olympie, il témoignait d'une hautaine impassibilité en face d'un péril imminent.

Et c'est le premier jour de l'affrontement.

Ces paroles ne convainquirent pas Xerxès. Il laissa passer quatre jours, pensant toujours que les Grecs s'enfuiraient. Le cinquième jour, comme ils ne partaient pas mais s'obstinaient à rester, ce qui lui semblait être insolence et folie, il envoya contre eux, courroucé, des Mèdes et des Kissiens, avec ordre de les prendre vivants et de les amener en sa présence. Mais, quand les Mèdes se furent lancés impétueusement contre les Grecs[9], beaucoup d'entre eux tombèrent, d'autres entraient à leur suite dans la mêlée ; et ils ne lâchaient pas pied, bien que subissant de grandes pertes ; ce qui rendit manifeste pour tous et, non moins que pour les autres, pour le roi lui-même, qu'il y avait là beaucoup d'hommes mais peu de soldats. Le combat dura tout le jour.

Durement maltraités, les Mèdes se retirèrent et à leur place avancèrent les Perses que le roi appelait les Immortels, commandés par Hydarnès. Ils étaient persuadés que, pour des hommes comme eux, la victoire serait facile. Mais quand, à leur tour, ils en vinrent aux mains avec les Grecs, ils n'eurent pas plus de succès que les troupes mèdes, il en fut pour eux comme pour elles. Combattant dans un espace étroit, avec des piques plus courtes que celles des Grecs, ils ne pouvaient tirer aucun avantage de leur nombre.

Les Lacédémoniens combattirent d'une façon digne de mémoire. Ils firent voir par différents traits qu'au milieu d'hommes ignorant l'art de la guerre ils le possédaient à fond ; en particulier, chaque fois qu'ils tournaient le dos[10], ils conservaient, en ayant l'air de prendre la fuite, une formation

---

9. Il ne s'agit pas d'attaques répétées. Une fois déclenchée, la ruée des Barbares se prolonge sans interruption ; à aucun moment ils ne rompent le contact, les vides causés dans les premiers rangs des assaillants étant comblés aussitôt par ceux qui venaient derrière.

10. Pour échapper de temps à autre à la pression massive des Barbares et les retrouver débandés, mal prêts pour la riposte.

serrée. Les Barbares, les voyant fuir, les poursuivaient en criant. Mais eux, au moment d'être atteints, se retournaient face aux Barbares, et, à la faveur de cette conversion, abattaient des Perses en nombre incalculable.

Là tombèrent aussi, du côté des Spartiates eux-mêmes, des hommes en petit nombre. Ne pouvant rien gagner dans le passage malgré leurs tentatives et des attaques menées par bataillons, les Perses se retirèrent. On dit que, durant ces assauts, le roi, qui regardait la bataille[11], bondit par trois fois de son trône, pris de crainte pour son armée.

Puis c'est le deuxième jour de combat.

Le lendemain, les Barbares ne remportèrent pas de meilleur succès. Leurs adversaires étant peu nombreux, ils avaient espéré qu'ils étaient criblés de blessures et ne seraient plus capables d'opposer de la résistance et ils en vinrent aux mains.

Mais les Grecs, rangés en lignes[12] et groupés par cités, soutenaient le combat à tour de rôle à l'exception des Phocéens, qui avaient été postés dans la montagne pour garder le sentier[13].

Et les Perses, ne trouvant rien de changé à ce qu'ils avaient vu la veille, se retirèrent.

Alors un traître entre en scène.

Le roi ne savait quel parti prendre en cette circonstance, quand un Malien, Éphialtès fils d'Eurydémos, vint lui parler, dans l'espoir de recevoir de lui une grande récompense, et

11. Sans doute d'une hauteur voisine.
12. C'est-à-dire en bataillons déployés les uns derrière les autres qui, au cours de l'action, se relayaient pour être chacun à son tour en première ligne.
13. Le sentier Anopaia, dont il va s'agir.

lui signala le sentier qui mène aux Thermopyles à travers
la montagne, causant ainsi la perte de ceux des Grecs qui
avaient attendu l'ennemi dans cette position. Plus tard, par
crainte des Lacédémoniens, Éphialtès se réfugia en Thessalie
et, après sa fuite, lors d'une réunion des Amphictyons pour
l'assemblée des Pyles, les Pylagores mirent sa tête à prix.
Étant par la suite revenu à Anticyre, il périt de la main
d'Athénadas de Trachis ; cet Athénadas le tua pour un autre
motif, que je ferai connaître dans la suite de mon ouvrage ;
mais il n'en fut pas moins honoré par les Lacédémoniens.
Ainsi périt, plus tard, Éphialtès. Il existe un tout autre
récit des événements, d'après lequel ce sont Onatas fils
de Phanagoras, de Carystos, et Corydallos d'Anticyre qui
auraient donné au roi ces indications et montré aux Perses
le chemin autour de la montagne ; je n'en crois rien. Un
premier indice dont il faut tenir compte est fourni par ce
fait que les Pylagores ne mirent pas à prix la tête d'Onatas ni
de Corydallos, mais la tête d'Éphialtès de Trachis, non sans
avoir recueilli, je pense, par tous les moyens l'information
la plus exacte. D'autre part, nous savons qu'Éphialtès prit
la fuite pour échapper à cette accusation ; car, même sans
être malien, on pouvait connaître le sentier pourvu qu'on
eût beaucoup fréquenté le pays. Mais Éphialtès est celui
qui servit de guide par le sentier autour de la montagne ;
et c'est lui que je désigne comme le coupable.

La nuit du deuxième jour, les Perses s'engagent sur le sentier.

Xerxès accepta ce que s'engageait à faire Éphialtès et,
plein de joie, fit partir aussitôt Hydarnès et ses hommes.
À l'heure où l'on allume les lampes, ils avaient quitté le
camp.

Le sentier en question avait été découvert par les Maliens
du pays où ils avaient conduit par là les Thessaliens contre
les Phocéens, à l'époque où les Phocéens, ayant fermé par

un mur le défilé, étaient à l'abri de leurs entreprises guerrières. Et, depuis si longtemps, il avait été reconnu sans nulle utilité pour les Maliens[14]. En voici la description. Il commence au fleuve Asopos, qui coule à travers la brèche de la montagne ; et cette montagne, ainsi que le sentier, portent le même nom : Anopaia. Ce sentier s'étend le long de la crête de la montagne et prend fin en face d'Alpènes, la première ville de Locride du côté des Maliens, vers la roche dite Mélampyge et de la demeure des Cercopes[15], là où le chemin est le plus étroit.

Par ce sentier, les Perses, après avoir traversé l'Asopos, marchèrent toute la nuit, ayant à droite les monts des Œtéens, à gauche ceux des Trachiniens. Comme l'aurore commençait à poindre, ils se trouvèrent en haut de la montagne. À cet endroit de la montagne étaient placés en faction, comme je l'ai expliqué précédemment, mille hoplites phocéens, qui protégeaient leur propre pays et gardaient le sentier car le passage d'en bas était surveillé par ceux dont j'ai parlé. Mais, pour le sentier de la montagne, les Phocéens s'étaient volontairement engagés envers Léonidas à y veiller. Ils s'aperçurent de la présence des Perses, voici comment, alors que ceux-ci avaient accompli l'ascension, car, pendant qu'ils gravissaient la montagne, qui était toute couverte de chênes, ils échappaient aux regards. Le temps était calme.

14. Difficile, sinon dangereux, le sentier était délaissé, la circulation normale se faisant par la route du littoral. Son existence n'était pas cependant tout à fait oubliée, puisque Léonidas le faisait garder ; mais elle n'attirait pas l'attention.

15. Les Cercopes étaient deux nains malicieux qui avaient dérobé à Héraclès ses armes pendant qu'il dormait sur un rocher ; à son réveil, il s'était emparé d'eux et les avait attachés la tête en bas, comme on voit sur une métope de Sélinonte, à une perche qu'il portait sur son épaule. Dans cette position, les Cercopes, suspendus derrière le dos du héros, avaient fait des réflexions sur l'abondante pilosité de la partie postérieure de son anatomie.

Sous les pieds des marcheurs, les feuilles répandues à terre faisaient naturellement beaucoup de bruit. Les Phocéens bondirent et prirent leurs armes. Et, dans l'instant, les Barbares étaient là. Quand ils virent des hommes en armes, ils furent étonnés. Ils ne s'attendaient pas à voir apparaître qui que ce soit pour s'opposer à eux, et ils rencontraient un corps de troupes. Hydarnès, craignant alors que les Phocéens ne soient des Lacédémoniens, demanda à Éphialtès de quel pays étaient ces soldats. Quand il l'eut appris, il disposa les Perses pour livrer combat. Accablés de nuées de flèches, les Phocéens s'enfuirent sur la cime de la montagne, persuadés que c'était contre eux que l'attaque avait été dirigée dès le début. Ils étaient préparés à mourir. C'était là leur pensée, mais les Perses qui accompagnaient Éphialtès et Hydarnès, sans tenir d'eux aucun compte, dévalèrent de la montagne en toute hâte.

Le troisième jour est décisif.

Ceux des Grecs qui étaient aux Thermopyles avaient reçu d'abord du devin Mégistias, d'après l'examen des entrailles des victimes, l'annonce qu'ils devaient mourir à l'aurore. Puis ce furent des transfuges qui leur apportèrent la nouvelle du circuit que faisaient les Perses. Par eux les Grecs avaient été alertés quand il faisait encore nuit. Ils le furent en troisième lieu par des guetteurs accourus des hauteurs lorsque déjà le jour commençait à poindre. Ils tinrent alors conseil et leurs opinions étaient divisées : les uns ne voulaient pas qu'on abandonnât la position, les autres étaient d'avis contraire. Alors, les uns partirent, se dispersèrent, et prirent le chemin de leurs cités respectives. Les autres étaient prêts à demeurer sur place avec Léonidas. On raconte aussi que Léonidas les congédia de son propre mouvement pour les soustraire à la mort, tandis que, pour lui-même et pour les Spartiates présents, il ne convenait pas de déserter le poste dont ils étaient venus assurer la défense avant tout. Je suis tout à fait de cet avis, et vois même une raison de plus de croire que Léonidas, quand il s'aperçut que les alliés manquaient d'ardeur et n'étaient pas disposés à partager avec lui jusqu'au bout le danger, leur ordonna de se retirer ; pour lui, il serait honteux de s'en aller ; si au contraire il restait, il laissait après lui une très glorieuse réputation, et la félicité de Sparte ne disparaîtrait pas. La Pythie avait en effet répondu aux Spartiates, qui la consultaient au sujet de cette guerre dès son commencement, qu'il fallait ou bien que Sparte fût détruite par les Barbares ou bien que son roi pérît ; elle leur fit cette réponse en des vers, hexamètres, voici ce qu'ils disaient :

– Vous qui habitez la spacieuse Sparte, ou bien votre grande et célèbre cité est détruite sous les coups des descendants de Persée, ou, si elle ne l'est pas, le pays de Lacédémone pleurera la mort d'un roi de la descendance d'Héraclès ; ni la force des taureaux ni la force des lions ne l'arrêteront face à face ; car il a la force de Zeus ; et, je le déclare, il ne s'arrêtera pas avant d'avoir mis en pièces l'un ou l'autre.

C'est, je pense, en réfléchissant sur cet oracle, et parce qu'il voulait acquérir de la gloire pour les Spartiates seuls, que Léonidas congédia les alliés, plutôt que de voir ceux qui partaient s'en aller en désaccord avec lui et au mépris de la discipline. Et voici sur cette affaire, un témoignage de la plus grande importance : il s'agit du devin qui accompagnait ces troupes, Mégistias d'Acarnanie, qu'on disait descendre de Mélampous, celui qui, d'après les entrailles des victimes, avait annoncé aux Grecs ce qui devait leur arriver. Il est manifeste que Léonidas le congédiait aussi, pour qu'il ne pérît pas en même temps qu'eux. Mais Mégistias, bien que congédié ne voulut pas le quitter. Il fit partir son fils, qui faisait avec lui partie de l'expédition, le seul qu'il eût. Donc, les alliés qui étaient congédiés prirent le chemin du départ, obéissant à Léonidas. Seuls restèrent auprès des

Lacédémoniens les Thespiens et les Thébains. Les Thébains restaient à contrecœur et sans le vouloir (Léonidas les retenait, les considérant comme des otages). Les Thespiens, au contraire, restaient de leur plein gré. Ils refusaient de partir en abandonnant Léonidas et ses compagnons. Ils demeurèrent et moururent avec lui. Ils étaient commandés par Démophilos, fils de Diadromès.

Xerxès, après qu'il eut, au lever du soleil, fait des libations, attendit quelque temps, jusqu'à l'heure où le marché est le plus fréquenté[16], puis lança son attaque. Ainsi avait recommandé de faire Éphialtès car la descente du haut de la montagne était plus brève, et l'espace à parcourir beaucoup moins étendu que le circuit qu'il avait fallu accomplir ainsi que la montée. Les Barbares de Xerxès avancèrent, et les Grecs de Léonidas, en hommes qui marchaient à la mort, poussèrent cette fois leur sortie plus avant qu'au début, dans la partie plus large du défilé. Car, tant qu'il s'agissait de garder la barrière que formait la muraille, les Grecs, au cours des précédentes journées, se repliaient pour combattre dans les parties les plus resserrées. Mais là ils en vinrent aux mains hors des passes étroites.

Les Barbares tombaient en foule car, placés derrière les bataillons, les chefs, le fouet à la main, faisaient pleuvoir des coups sur tous, les poussant toujours en avant. Beaucoup d'entre eux tombaient dans la mer et s'y perdaient : un bien plus grand nombre encore étaient, vivants, foulés aux pieds par les leurs et, de qui périssait, on ne tenait aucun compte. C'est que les Grecs, instruits de la mort qui allait les atteindre du fait de ceux qui contournaient la montagne, déployaient contre les Barbares tout ce qu'ils avaient de force, sans souci du danger, avec la frénésie du désespoir. Dès ce moment, les piques de la plupart d'entre eux étaient brisées, et c'est avec leurs épées qu'ils faisaient un carnage des Perses. Pendant

16. 9 à 10 h du matin.

cette action tomba Léonidas, après s'être conduit avec la plus grande bravoure et, avec lui, d'autres Spartiates réputés. Je me suis informé de leurs noms, comme étant les noms d'hommes dignes de mémoire. Je me suis même informé de ceux de tous les trois cents. Du côté des Perses aussi tombèrent alors nombre d'hommes de distinction. Dans le nombre, deux fils de Darius, Abrocomès et Hypéranthès, qu'avait donnés à Darius la fille d'Artanès, Phratagouna. Artanès était frère du roi Darius, fils d'Hystaspe fils d'Arsamès. En mariant sa fille à Darius, il lui avait donné en dot toute sa fortune car elle était son unique enfant. Deux frères de Xerxès tombèrent donc alors en combattant pour disputer le corps de Léonidas. Il se produisit entre Perses et Lacédémoniens une violente mêlée. Les Grecs, grâce à leur valeur, finirent par retirer ce corps, et, à quatre reprises mirent leurs adversaires en déroute. Cela dura jusqu'au moment où entrèrent en scène ceux qu'accompagnait Éphialtès. Mais, quand les Grecs furent informés de leur arrivée, le combat dès lors changea d'aspect. Les Grecs reculèrent vers la partie étroite de la route, passèrent la muraille, et prirent position, tous réunis à l'exception des Thébains, sur le mamelon qui est à l'entrée du passage, là où s'élève aujourd'hui le lion de marbre en l'honneur de Léonidas. En ce lieu, ils se défendirent avec leurs épées – ceux d'entre eux qui en avaient encore –, avec leurs mains, avec leurs dents et les Barbares les accablèrent de traits, les uns, qui les poursuivaient et avaient abattu la barrière que formait le mur, de front, les autres, qui avaient fait le tour, de tous côtés en cercle.

Telle ayant été la commune conduite des Lacédémoniens et des Thespiens, on raconte cependant qu'un homme les surpassa tous en bravoure : le Spartiate Diénékès, qui prononça, dit-on, cette parole avant qu'on n'en vînt aux mains avec les Perses : ayant entendu dire par un homme de Trachis que, lorsque les Barbares décochaient leurs traits, le soleil

était caché par la multitude de leurs flèches, tant ils étaient
nombreux, lui, sans être ému et ne tenant nul compte du
grand nombre des Perses aurait déclaré que l'étranger de
Trachis ne donnait que de bonnes nouvelles, si, les Perses
cachant le soleil, on devait être, pour les combattre, à l'ombre, à l'abri de ses feux. Outre ce propos, on en rapporte de
Diénékès de Lacédémone d'autres pareils, autant de monuments qu'il a laissés de lui à la postérité. Après lui, le prix de
la valeur revint, à ce qu'on dit, à deux frères lacédémoniens,
Alphéos et Maron, fils d'Orsiphantos. Parmi les Thespiens
se distingua le plus celui qui avait nom Dithyrambos, fils
d'Harmatidès. En l'honneur de ces hommes qui reçurent
la sépulture au lieu même où ils étaient tombés et de ceux
qui avaient péri avant le départ des troupes congédiées par
Léonidas, furent gravées des inscriptions disant :

« Ici combattirent un jour contre trois cents myriades
quatre mille hommes du Péloponnèse »

Cela pour eux tous ; et ceci en particulier pour les
Spartiates :

« Étranger, va dire aux Lacédémoniens que nous gisons
ici par obéissance à leurs lois ».

Cela en l'honneur des Lacédémoniens, et ceci en l'honneur du devin :

« C'est ici le monument de l'illustre Mégistias, que
tuèrent un jour les Perses après avoir franchi le fleuve
Sperchios, du devin qui, pleinement conscient de la mort
alors imminente, ne put prendre sur lui d'abandonner le
roi de Sparte. »

Ce sont les Amphictyons qui ont honoré ces hommes
d'épitaphes en vers et de stèles, exception faite de l'épitaphe
du devin Mégistias ; celle-là, c'est Simonide fils de Léoprépès
qui la fit graver, en raison de leurs relations d'hospitalité.

De deux des Trois Cents, Eurytos et Aristodamos, on
raconte ce qui suit : tous deux pouvaient d'un commun
accord ou bien se retirer ensemble en sûreté à Sparte – car

Léonidas les avait renvoyés du camp et ils étaient couchés
à Alpènes, souffrant d'un très violent mal d'yeux – ou,
s'ils ne voulaient pas retourner à Sparte, mourir avec leurs
compagnons. Ayant le choix entre ces deux partis, ils ne
voulurent pas s'entendre, mais furent divisés d'opinion.
Eurytos, lorsqu'il fut informé de la manœuvre d'encerclement
des Perses, réclama ses armes, les revêtit, et ordonna à son
hilote de le conduire à l'endroit où l'on se battait. Quand on
l'y eut conduit, celui qui l'avait conduit prit la fuite. Lui se
précipita dans la mêlée, et fut tué, tandis qu'Aristodamos,
à qui le cœur manqua, survécut. Si Aristodamos avait été
seul dans le cas de retourner à Sparte pour cause de maladie,
ou si la rentrée au pays s'était effectuée pour tous les deux
ensemble, les Spartiates, je crois, n'auraient conçu contre
eux aucune irritation ; mais, dans la circonstance, alors
que l'un des deux avait péri tandis que l'autre, qui n'avait
pas à faire valoir d'autres excuses que lui n'avait pas voulu
mourir, force était qu'ils soient, à l'égard d'Aristodamos,
grandement irrités. C'est ainsi et sous ce prétexte, au dire
de certains, qu'Aristodamos se sauva en retournant à Sparte.
D'autres racontent qu'il avait été envoyé hors du camp pour
porter un message, qu'il lui était possible d'être de retour
pendant que se livrait la bataille, mais qu'il n'avait pas voulu,
et qu'il avait échappé à la mort en s'attardant en chemin,
alors que son compagnon de mission, arrivé à temps pour
se battre, avait péri. Revenu à Sparte, Aristodamos y trouva
opprobre et déshonneur ; déshonneur dont ceci donne la
mesure : pas un Spartiate ne voulait lui allumer du feu.
Pas un ne lui adressait la parole, et il avait la honte d'être
appelé « Aristodamos le trembleur ». Mais, à la bataille de
Platées, il répara complètement ce dont on l'avait accusé.
On dit qu'un autre aussi de ces Trois Cents, qui avait été
envoyé comme messager en Thessalie, survécut ; il avait
pour nom Pantitès. De retour à Sparte, se voyant déshonoré,
il se pendit.

Quant aux Thébains, que commandait Léontiadès, tant qu'ils étaient avec les Grecs, ils combattaient les troupes du Grand Roi, contraints qu'ils étaient de le faire ; mais, quand ils virent que les Perses prenaient le dessus, tandis que les Grecs qui étaient avec Léonidas se hâtaient de gagner le mamelon, ils se séparèrent d'eux, tendirent les mains et rejoignirent les Barbares, disant – ce qui était la pure vérité – qu'ils étaient pour les Perses et qu'ils auraient été des premiers à accorder au Grand Roi la terre et l'eau et que c'était sous l'emprise de la contrainte qu'ils étaient venus aux Thermopyles et qu'ils n'étaient pas responsables de l'échec que le roi avait subi. Si bien que, grâce à ces assurances, ils eurent la vie sauve. Car, à l'appui de ce qu'ils disaient, ils avaient le témoignage des Thessaliens. Mais ce ne fut pas pour eux tout bénéfice car, lorsqu'ils se furent présentés et furent aux mains des Barbares, certains d'entre eux furent massacrés à mesure qu'ils approchaient. Et la plupart d'entre eux, sur l'ordre de Xerxès, furent marqués des insignes royales, à commencer par leur commandant Léontiadès, dont le fils Eurymachos fut, plus tard, tué par les Platéens, alors qu'à la tête de quatre cents hommes de Thèbes, il s'était emparé de la ville de Platées.

[...] Puis Xerxès passa au milieu des cadavres. Et au cadavre de Léonidas, de qui il avait entendu dire qu'il était roi et commandant des Lacédémoniens, il fit couper la tête, qu'il ordonna de fixer à un pieu. Il y a là, à mon sens, une preuve manifeste entre beaucoup d'autres, et non des moindres, que, de tous les hommes, Léonidas était celui contre qui, pendant qu'il vivait, le roi Xerxès était le plus irrité, autrement, il n'aurait pas outragé de la sorte son cadavre. Car, des hommes que je connais, les Perses sont ceux qui d'ordinaire honorent le plus les guerriers courageux. L'ordre fut donc exécuté par ceux qui l'avaient reçu.

Histoires, VII, 198-239

Version, cinq siècles après, de l'historien grec Diodore de Sicile, où Xerxès échappe de justesse à la mort.

Lorsque parvint au congrès des Grecs la nouvelle que les forces perses étaient proches, on décida d'envoyer rapidement, d'une part les forces navales à l'Artémision en Eubée, car ce lieu leur semblait convenir à un affrontement avec les ennemis et, d'autre part, aux Thermopyles des hoplites en nombre suffisant pour occuper les premiers les passages dans les défilés et empêcher ainsi les Barbares d'envahir la Grèce. Les Grecs, on le voit, déployaient tous leurs efforts pour mettre sous leur protection en deçà des Thermopyles les peuples qui avaient choisi leur parti et, dans la mesure de leurs forces, assurer la sauvegarde de leurs alliés. À la tête de l'ensemble de la flotte était le Lacédémonien Eurybiade et le détachement envoyé aux Thermopyles était commandé par le roi de Sparte Léonidas, homme fier de son courage et de ses qualités de général. Quand il eut pris le commandement, il ordonna à mille hommes seulement de l'accompagner dans cette mission. Aux éphores, qui lui faisaient remarquer qu'il emmenait vraiment peu de soldats pour combattre une armée considérable et qui lui ordonnaient d'en prendre davantage, il répondit en comité secret que, si pour interdire aux Barbares de franchir les défilés ils étaient peu, pour accomplir la tâche vers laquelle ils allaient, alors ils étaient beaucoup. On trouva sa réponse énigmatique et obscure et on lui demanda s'il songeait à conduire ses hommes vers quelque action sans importance. Il répondit qu'il les emmenait en principe afin de garder les défilés, mais qu'en fait c'était afin de mourir pour la liberté commune ; en conséquence, si mille hommes seulement allaient là-bas, Sparte brillerait grâce à leur mort d'une plus grande gloire, tandis que si les Lacédémoniens y partaient en masse, Lacédémone périrait tout entière, car aucun d'eux n'oserait fuir pour sauver sa vie. Les forces envoyées aux Thermopyles se composaient donc de mille Lacédémoniens et avec eux trois cents Spartiates, auxquels se joignirent trois mille soldats fournis par les autres Grecs. Quand Léonidas se dirigea avec ses quatre mille hommes vers les Thermopyles, les Locriens, qui habitaient au voisinage des défilés, se trouvaient avoir donné aux Perses la terre et l'eau et leur avoir promis d'occuper les premiers les défilés. Mais quand ils apprirent que Léonidas était arrivé aux Thermopyles, ils se rétractèrent et passèrent du côté des Grecs. Vinrent également aux Thermopyles mille Locriens, autant de Maliens, un peu moins de mille Phocidiens, et firent de même environ quatre cents Thébains du parti favorable aux Grecs. Les habitants de Thèbes en effet étaient divisés sur la question de l'alliance avec les Perses. C'étaient là tous les Grecs qui, rangés aux côtés de Léonidas, étaient en position dans la région des Thermopyles pour attendre l'arrivée des Perses.

Xerxès, après le dénombrement de ses forces, s'avança avec toute son armée et, tandis qu'il faisait route avec l'armée de terre jusqu'à la ville d'Acanthos, la flotte entière suivait la côte parallèlement, mais à partir de là, c'est par le canal récemment percé qu'elle parvint dans l'autre mer rapidement et sans danger. Quand il arriva au golfe Maliaque, il apprit que les ennemis avaient déjà occupé les défilés. Aussi, après avoir fait se restaurer son armée, il fit venir les alliés qu'il avait en Europe, un peu moins de deux cent mille hommes, si bien qu'il avait en tout un million d'hommes, sans compter les forces navales. Le total des effectifs embarqués tant sur les navires de guerre que sur les vaisseaux qui transportaient les vivres et le reste du matériel n'était pas inférieur à celui des hommes dont je viens de parler, si bien qu'il n'y a pas à s'étonner de ce qu'on dit de l'immense armée sous les ordres de Xerxès : on dit en effet que des cours d'eau permanents furent mis à sec par les multitudes qui se succédaient sans interruption et que les mers disparaissaient sous les voiles des navires. Des forces militaires que nous connaissons par les documents historiques, celles de Xerxès nous sont données comme ayant été les plus grandes. Quand les Perses eurent établi leur camp le long du Sperchios, Xerxès envoya des messagers vers les Thermopyles avec une double mission : d'abord, observer soigneusement dans quel état d'esprit l'ennemi affrontait cette guerre contre lui. Il leur prescrivit d'autre part de faire savoir que le roi Xerxès leur enjoignait à tous de déposer les armes et les assurait qu'ils regagneraient alors leurs patries sans danger et qu'ils seraient les alliés des Perses. Il promettait aux Grecs, s'ils agissaient ainsi, de leur donner un pays plus grand et plus riche que celui qu'ils occupaient actuellement. Léonidas écouta les messagers, puis leur répondit que, s'ils étaient alliés du roi, les Grecs lui seraient plus utiles avec leurs armes, mais que s'ils étaient contraints de lui faire la guerre, ils combattraient avec elles de meilleur cœur pour leur liberté. Pour ce qui est du pays qu'il promettait de leur donner, les Grecs avaient appris de leurs pères à acquérir une terre non par la lâcheté, mais par la vaillance.

Quand le roi eut entendu de la bouche des messagers la réponse des Grecs, il fit venir auprès de lui le Spartiate Démarate qui était exilé et s'était réfugié chez lui, il rit de leur réponse et demanda au Spartiate :

— Les Grecs courront-ils dans leur fuite plus vite que mes chevaux ou bien oseront-ils affronter des forces aussi grandes que les miennes ?

Démarate, dit-on, répondit ceci :

— Même toi, tu n'ignores pas la valeur des Grecs : en effet, quand certains peuples barbares se soulèvent, c'est en employant des forces grecques que tu réprimes leur révolte. Ne pense donc pas que ceux qui se battent mieux que les Perses, quand il s'agit de défendre ton empire, feront moins bien la guerre quand ils défendront contre les Perses leur propre liberté.

La bataille des Thermopyles.

Xerxès se moqua de lui et lui ordonna de le suivre pour qu'il voie s'enfuir les Lacédémoniens. Puis il rassembla ses forces et marcha vers les Grecs postés aux Thermopyles, ayant mis en première ligne, devant tous les autres peuples, les Mèdes, soit qu'il les eût choisis pour leur courage, soit qu'il voulût les faire tous périr ; car les Mèdes tiraient encore une grande fierté de la suprématie qu'avaient exercée leurs ancêtres et qu'ils n'avaient perdue que depuis peu de temps. Or il se trouva qu'il y avait aussi parmi les Mèdes des frères et des fils de ceux qui étaient tombés à Marathon[17]. Xerxès tint à le faire savoir aux Mèdes, car il pensait que ces hommes seraient les plus ardents à tirer vengeance des Grecs. Donc les Mèdes, ainsi rangés en bataille, se jetèrent sur ceux qui gardaient les Thermopyles. Léonidas, qui se tenait tout prêt, regroupa les Grecs à l'endroit où le passage était le plus étroit.

Le combat fut acharné, car les Barbares avaient le roi comme témoin de leur vaillance, les Grecs, de leur côté, songeaient à leur liberté et Léonidas les excitait à combattre. La lutte était prodigieuse. Comme on se battait au corps à corps, que les coups étaient portés de près et que la mêlée était dense, pendant longtemps le combat fut indécis. Mais comme les Grecs l'emportaient par leur valeur et leurs grands boucliers, les Mèdes cédaient peu à peu du terrain : parmi eux, beaucoup tombèrent, beaucoup aussi furent grièvement blessés. Ceux qui étaient rangés derrière les Mèdes, c'est-à-dire les Kissiens et les Saces choisis pour leur vaillance, leur succédèrent au combat et ces troupes fraîches, opposées à des soldats épuisés, tinrent bon pendant quelque temps, mais les soldats de Léonidas leur tuaient beaucoup d'hommes et les forcèrent enfin à se retirer. Les Barbares,

---

17. 12 septembre 490 avant J.-C., victoire des Athéniens contre les Perses qui avaient envahi la Grèce.

armés de boucliers petits et légers, avaient l'avantage dans les espaces dégagés, grâce à leur mobilité, mais dans les lieux resserrés, ils n'arrivaient pas à blesser les ennemis en formation serrée et tout le corps protégé par leurs grands boucliers. Les Barbares donc, mis en état d'infériorité par la légèreté de leurs armes défensives, succombaient couverts de blessures. À la fin, Xerxès, voyant que tout le voisinage des défilés était jonché de cadavres et que les Barbares ne résistaient pas à la valeur des Grecs, fit venir l'élite des Perses, ceux qu'on appelle les Immortels et qui ont la réputation de surpasser en vaillance tous leurs compagnons d'armes. Mais lorsqu'eux aussi, n'ayant tenu qu'un moment, eurent pris la fuite, alors, comme la nuit était tombée, on rompit le combat : les Barbares avaient perdu beaucoup d'hommes, peu de Grecs étaient tombés.

Le lendemain, Xerxès, déçu par la façon dont s'était terminé le combat, choisit parmi tous ses peuples les soldats réputés les plus courageux et les plus hardis. Il leur adressa force exhortations et leur annonça que s'ils forçaient le passage, il leur accorderait de magnifiques récompenses, mais que s'ils fuyaient, la mort serait leur châtiment. Ils s'élancèrent contre les Grecs en masse compacte et avec une extrême violence, mais les soldats de Léonidas resserrèrent leurs rangs au point de constituer par leur formation une sorte de rempart et ils combattaient avec ardeur. Ils furent tellement emportés par leur fougue qu'ils refusèrent de céder leur place à ceux qui habituellement prenaient leur relève au combat et, leur endurance à la souffrance leur ayant donné l'avantage, ils faisaient un grand massacre de soldats d'élite barbares. Ils continuaient à se battre toute la journée, rivalisant entre eux : les aînés s'efforçaient de surpasser la pleine vigueur des jeunes, les jeunes rivalisaient avec les exploits et la gloire de leurs aînés. À la fin, comme les troupes d'élite aussi étaient en déroute, ceux des Barbares qui occupaient la seconde ligne resserrèrent leurs rangs et les empêchaient de fuir : ils étaient donc contraints de retourner au combat. À bout de ressources, le roi pensait que plus personne n'oserait combattre ; c'est alors qu'un habitant du voisinage vint le trouver, un Trachinien qui connaissait cette région de montagne. Arrivé auprès de Xerxès, il promit de guider les Perses par un étroit sentier qui longeait le précipice. Ceux qui l'accompagneraient arriveraient donc derrière les soldats de Léonidas qui, se trouvant ainsi cernés, seraient aisément anéantis. Le roi en conçut une grande joie, il récompensa le Trachinien et le fit partir de nuit avec vingt mille soldats. Mais un homme de chez les Perses, nommé Tyrrhastiadas, d'une famille de Cymé, homme d'honneur et de sentiments nobles, s'échappa de nuit du camp perse et vint révéler à Léonidas qui l'ignorait ce que faisait le Trachinien.

Quand ils l'eurent entendu, les Grecs tinrent conseil vers minuit et délibérèrent sur ces dangers imminents. Certains disaient qu'il fallait quitter sur-le-champ les défilés pour chercher le salut auprès des alliés, car il était impossible, si l'on restait là, d'avoir la vie sauve. Léonidas, roi de Lacédémone, ardemment désireux d'obtenir pour lui-même et pour les Spartiates la couronne d'une grande gloire, ordonna aux autres Grecs de s'en aller tous et de sauver leur vie afin de prendre part à la lutte dans les autres combats avec l'armée grecque, tandis que les Lacédémoniens devaient rester, disait-il, et ne pas abandonner la garde des défilés : il était normal, en effet, que les chefs de la Grèce fussent prêts à mourir en luttant pour le premier prix de bravoure. Aussitôt donc tous les autres se retirèrent et Léonidas resta seul avec ses concitoyens pour accomplir d'héroïques et étonnants exploits. Bien que les Lacédémoniens ne fussent qu'un petit nombre (car il ne restait avec lui que les Thespiens) et qu'il n'eût au total pas plus de cinq cents hommes[18], il se tenait

18. Qui est resté à la fin avec Léonidas ? « Ses concitoyens » et les Thespiens, cinq cents hommes au total, chez Diodore ; Lacédémoniens,

prêt à endurer la mort pour défendre la Grèce. Après cela, les Perses qui, avec le Trachinien, avaient effectué le mouvement tournant en terrain difficile, coupèrent soudain les arrières de Léonidas. Alors les Grecs, qui avaient renoncé à leur salut et choisi la gloire, demandèrent d'une seule voix à leur chef de les mener contre les ennemis avant que le succès de leur manœuvre enveloppante ne parvînt à la connaissance des Perses. Léonidas se félicita d'une telle résolution chez ses soldats et leur ordonna de prendre rapidement leur premier repas avec la pensée qu'ils auraient le temps de dîner chez Hadès. Et lui-même, conformément à cet ordre, prit de la nourriture, car il pourrait ainsi, pensait-il, résister longtemps à la fatigue et supporter l'épreuve du combat. Quand ils eurent rapidement refait leurs forces et qu'ils furent tous prêts, il leur ordonna de tomber sur le camp ennemi, d'y tuer tous ceux qu'ils y rencontreraient et de foncer vers la tente même du roi.

Ils suivirent donc ses ordres, se mirent en formation serrée et dans la nuit, Léonidas en tête, tombèrent sur le camp des Perses. Les Barbares, surpris et ne comprenant pas ce qui se passait, s'élançaient hors de leurs tentes dans le plus grand vacarme et dans la confusion et, croyant que ceux qui étaient partis avec le Trachinien avaient péri et que les Grecs étaient là avec toutes leurs forces, ils furent frappés d'épouvante. Cela explique que beaucoup furent tués par les soldats de Léonidas et qu'un nombre encore plus grand périt sous les coups de leurs propres troupes qui, dans leur ignorance, les prenaient pour des ennemis. C'est que la nuit empêchait de se reconnaître et le trouble qui régnait dans tout le camp facilitait évidemment un grand massacre. Ils s'entretuaient en effet, les circonstances ne leur permettant pas de prendre des dispositions de combat

Thespiens et Thébains chez Hérodote qui ne donne pas de nombre (mille hommes environ, d'après son récit).

précises, faute de recevoir des instructions de leurs chefs et
de se demander le mot d'ordre, en un mot faute de pouvoir
calmer leurs esprits. Dans ces conditions, si le roi était resté
dans sa tente royale, lui aussi aurait péri facilement sous les
coups des Grecs, ce qui eût mis fin rapidement à toute la
guerre. Mais, en fait, le désordre avait fait bondir Xerxès
hors de sa tente et les Grecs, se jetant à l'intérieur, massacrèrent presque tous ceux qui y avaient été abandonnés.
Aussi longtemps qu'il fit nuit, ils errèrent par tout le camp,
naturellement à la recherche de Xerxès. Mais quand vint le
jour qui éclaira toute la situation, les Perses, voyant le petit
nombre des Grecs, méprisèrent l'ennemi, mais au lieu de
les attaquer de front – car ils redoutaient leur valeur – ils
les encerclèrent par les flancs et par-derrière, leur lancèrent
de partout flèches et javelots et les tuèrent tous. Telle fut
donc la fin de Léonidas et des soldats qui gardaient avec lui
les passages des Thermopyles.

Qui n'admirerait leur valeur ? Animés d'un même idéal,
ils n'abandonnèrent pas le poste où les Grecs les avaient
placés, ils donnèrent avec enthousiasme leur vie pour le salut
de tous les Grecs et préférèrent une mort glorieuse à une
vie honteuse. La stupeur qui saisit les Perses, on ne saurait
la mettre en doute. Qui en effet parmi les Barbares aurait
pensé que les choses se passeraient ainsi ? Lequel d'entre
eux eût prévu que cinq cents hommes oseraient s'attaquer
à un million ? Qui donc aussi dans la postérité ne serait pas
jaloux d'imiter la vaillance de ces hommes que seule la force
des circonstances domina, dont les corps furent abattus,
mais dont les âmes restèrent invaincues ? Ainsi donc seuls,
parmi les hommes dont l'histoire garde le souvenir, ils ont
retiré de leur défaite plus de gloire que tous les autres qui
ont remporté les plus belles victoires. En effet, il faut juger
les hommes de cœur non sur le résultat de leurs entreprises,
mais sur l'intention qui les animait, car si la Fortune est
maîtresse du premier, en revanche l'intention, elle, s'apprécie.

Qui pourrait-on placer au-dessus de ces hommes qui, en face d'ennemis plus de mille fois supérieurs en nombre, eurent l'audace de mettre en ligne leur propre valeur contre des multitudes incroyables ? Ils n'espéraient pas venir à bout de tant de myriades, mais ils pensaient qu'ils surpasseraient en vaillance tous leurs prédécesseurs, estimant que si, sur le terrain, ils avaient à combattre les Barbares, la compétition pour l'attribution du prix de vaillance les mettait aux prises avec tous ceux dont on admire la valeur. Seuls parmi ceux dont l'histoire a gardé le souvenir depuis les origines, ils choisirent de sauver les lois de leur cité plutôt que leur propre vie, car loin de s'affliger d'être exposés aux plus grands périls personnels, ils estimaient que les hommes qui cultivent la valeur ne peuvent rien souhaiter de mieux que de participer à de telles compétitions. On serait donc fondé à les considérer comme les véritables auteurs de la liberté de tous les Grecs, de préférence à ceux qui vainquirent Xerxès dans les combats ultérieurs : parce qu'ils gardaient en mémoire les exploits de ces héros, les Barbares furent frappés de terreur, tandis que les Grecs, de leur côté, furent encouragés à montrer une semblable vaillance. Bref, seuls parmi les hommes qui les précédèrent, ils passèrent à l'immortalité à cause de leur exceptionnelle valeur. Aussi ce n'est pas seulement les historiens, mais aussi beaucoup de poètes qui chantèrent leur vaillance ; et, parmi eux, le poète lyrique Simonide, auteur d'un éloge solennel digne de leur valeur, dans lequel il dit[19] :

19. Diodore est le seul écrivain à nous avoir transmis ce poème qui fait allusion à un sanctuaire pour les héros des Thermopyles, avec un autel. Le poème a dû être écrit pour une cérémonie à Sparte, où l'on devait avoir soit rapporté les cendres des morts (qui, auparavant, avaient reçu un tombeau sur place avec l'épigramme fameuse, cf. p. 87), soit érigé un cénotaphe.

De ceux qui sont morts aux Thermopyles, glorieux est le sort, noble le destin.

Leur tombe est un autel, voué à la mémoire des ancêtres, leur trépas est objet de louanges.

Un monument funèbre de tels hommes ne se dégradera pas, il ne donnera pas prise au temps qui règne sur toutes choses.

Le sanctuaire de ces héros, ici, a reçu pour desservant l'honneur de la Grèce.

En témoigne aussi Léonidas, le roi de Sparte : il laisse derrière lui l'éclat de sa vaillance, qui lui vaut une gloire éternelle.

Bibliothèque historique, 11, 1, 2-11

Après la bataille navale d'Artémision, les Grecs vaincront les Perses à Salamine et à Platées. Ce sera la fin de la deuxième guerre médique. Les Perses rentreront chez eux.

Gorgo, l'épouse de Léonidas, lui donnera un fils Pleistarchos. Le successeur de Léonidas, le roi Cléombrote Ier, deviendra son tuteur. Pleistarchos accèdera au pouvoir en 479 et le conservera jusqu'en 459.

SPARTE L'IMPÉRIALISTE

Lysandre
?-395

Ve siècle. Les guerres médiques sont terminées mais pas le vieux conflit entre Sparte et Athènes, qui sort renforcée par ses victoires. Poussée par Égine et Corinthe, Sparte lui interdit de reconstruire ses murailles détruites par les Perses. Athènes quitte la Ligue panhellénique créée pour faire front aux Perses et va fonder la ligue de Délos.

En 431, la guerre du Péloponnèse est déclarée où Sparte et Athènes s'affronteront pendant vingt-six ans, ponctués de trêves plus ou moins longues.

Périclès la commencera et Lysandre la terminera en offrant la victoire à Sparte et en imposant la tyrannie des Trente au vaincu.

L'histoire de Lysandre nous est parvenue grâce à Plutarque qui lui-même a lu Éphore et Théopompe dont les manuscrits ont disparu. Plutarque s'inspire également des Helléniques de Xénophon et de la Bibliothèque historique de Diodore de Sicile.

Nous ne savons rien de sa date de naissance.

On rapporte que le père de Lysandre, Aristocritos, sans être de maison royale, appartenait cependant à la famille des Héraclides. Lysandre fut élevé dans la pauvreté. Il se conforma autant que personne aux coutumes du pays et montra un esprit viril et insensible à toute espèce de plaisir, sauf à celui que les belles actions procurent en apportant succès et honneurs. À cette ambition les jeunes gens de

Sparte peuvent céder sans honte. On veut en effet que dès leur plus jeune âge les enfants soient sensibles à la gloire, affligés des réprimandes et fiers des éloges[1]. Celui qui reste insensible et indifférent sur ce point est méprisé comme un être apathique, étranger à la vertu et à l'honneur. Ainsi donc l'ambition et le désir de vaincre lui furent inculqués par son éducation laconienne, et l'on ne peut pas à ce sujet trop mettre en cause sa nature. En revanche, c'est bien la nature qui semble l'avoir rendu plus disposé qu'il ne convenait pour un Spartiate à courtiser les grands ; il supportait facilement le poids de leur puissance en vue de son intérêt, ce que quelques-uns regardent comme une partie importante de l'habileté politique….

Mais ce qu'il y a de particulier dans le cas de Lysandre, c'est que, tout en supportant noblement la pauvreté, sans jamais se laisser vaincre ni corrompre par l'argent, il remplit sa patrie de richesses et d'amour des richesses ; il fit cesser ainsi l'admiration qu'elle inspirait en refusant d'admirer la richesse, car il introduisit une grande quantité d'or et d'argent, après la guerre avec Athènes, sans d'ailleurs conserver une seule drachme pour lui-même. Denys[2] le tyran lui ayant envoyé pour ses filles de somptueuses robes à la mode sicilienne, il les refusa en disant qu'il craignait que ces atours ne les fassent paraître plus laides. Mais peu de temps après, comme il était délégué par sa cité comme ambassadeur auprès du même tyran, celui-ci lui envoya deux robes en le priant de choisir celle qu'il voudrait pour la porter à sa fille. Il répondit que celle-ci choisirait mieux que lui, et il s'en alla en emportant les deux.

Plutarque, *Lysandre*, 2, 1-8

---

1. Voir p. 34 à 42.
2. Denys l'Ancien (431-367), tyran de la colonie grecque de Syracuse.

Lysandre apparaît lors de la guerre du Péloponnèse opposant les Athéniens aux Spartiates.

La guerre du Péloponnèse traînait en longueur. On pouvait croire que les Athéniens, après leur échec en Sicile, allaient être immédiatement chassés de la mer et ne tarderaient pas à renoncer définitivement à la lutte, lorsque Alcibiade[3], revenu d'exil, prit la tête des affaires. Il y opéra un grand changement et rétablit l'équilibre entre les forces navales des deux camps. Les Spartiates, à nouveau saisis de crainte, se consacrèrent à la guerre avec une ardeur nouvelle, et, sentant qu'elle demandait un chef habile et des préparatifs plus importants, ils envoyèrent Lysandre prendre le commandement de la flotte. Arrivé à Éphèse, il trouva la ville bien disposée pour lui et très zélée pour la cause de Sparte ; mais elle était alors dans un triste état et en danger de devenir complètement barbare et de se laisser contaminer par les mœurs de la Perse, parce qu'elle était entourée par la Lydie et que les généraux du roi[4] y séjournaient la plupart du temps. Il y établit son camp et y fit venir de partout les vaisseaux de transport ; il organisa un arsenal pour construire des trières ; il raviva le trafic des ports, et les affaires du marché et enrichit par le commerce les entreprises et les ateliers. Aussi est-ce à partir de ce temps que, grâce à Lysandre, la cité conçut l'espoir d'atteindre le développement et la grandeur où elle est parvenue aujourd'hui.

Plutarque, *Lysandre*, 3, 1-4

---

3. Voir *La Véritable Histoire d'Alcibiade*, Paris, Les Belles Lettres, 2009.
4. Le Grand Roi perse Darius II.

Lysandre tente de se rapprocher des Perses pour leur soutirer de l'argent.

Informé que Cyrus, fils du roi[5], était arrivé à Sardes, il s'y rendit pour conférer avec lui et pour se plaindre de Tissapherne[6], qui, ayant reçu l'ordre de secourir les Spartiates et de chasser les Athéniens de la mer, semblait, par amitié pour Alcibiade, s'être relâché de son zèle et laissait dépérir la flotte en ne lui octroyant que de maigres subsides. Cyrus fut content d'entendre accuser et incriminer Tissapherne, qui était un méchant homme et son ennemi particulier. Par là et par tout le reste de ses entretiens avec lui, Lysandre gagna l'affection du jeune homme, et, l'ayant conquis surtout par la façon dont il le courtisait, il le fortifia dans ses dispositions en vue de la guerre. Comme il se disposait à prendre congé de Cyrus, qui le recevait à sa table, celui-ci le pria de ne pas repousser les témoignages de son amitié et de lui demander franchement ce qu'il désirait, car on ne lui refuserait absolument rien.

— Eh bien, répliqua Lysandre, puisque tu es si bien disposé, je te demande et te conjure d'ajouter une obole à la solde de mes matelots, de manière qu'ils touchent quatre oboles au lieu de trois.

Charmé de la noblesse des sentiments de Lysandre, Cyrus lui donna dix mille dariques, sur lesquelles Lysandre paya l'obole supplémentaire à ses matelots. Par cette libéralité, il vida en peu de temps les vaisseaux des ennemis ; car la plupart des marins passèrent du côté où ils étaient le mieux payés, et ceux qui restaient, devenant paresseux et voulant se mutiner, causaient tous les jours des ennuis à leurs chefs. Cependant, en dépit de ces défections et des dommages qu'il causait aux ennemis, Lysandre n'osait livrer un combat naval : il craignait

5. Darius II.
6. Général perse et satrape, c'est-à-dire préfet, des provinces de Lydie et de Carie.

Alcibiade, qui était un homme d'action, qui avait plus de vaisseaux que lui et qui jusqu'alors était sorti vainqueur de toutes les batailles qu'il avait livrées sur terre et sur mer.

Plutarque, *Lysandre*, 4, 1-8

Les Athéniens le narguent. Il riposte en battant leur flotte.

Cependant Alcibiade, ayant passé de Samos à Phocée, avait laissé à la tête de la flotte son pilote Antiochos. Celui-ci, comme pour narguer Lysandre et faire montre de son audace, entra dans le port d'Éphèse avec deux trières et passa avec insolence devant les vaisseaux au mouillage en riant et en menant grand tapage. Lysandre, indigné, détacha d'abord quelques-uns de ses vaisseaux pour le poursuivre, puis, voyant les Athéniens venir à la rescousse, il équipa d'autres vaisseaux, et finalement les deux flottes engagèrent la bataille. Lysandre fut vainqueur, s'empara de quinze trières et éleva un trophée. Là-dessus, le peuple d'Athènes en colère destitua Alcibiade, qui, mal vu et décrié par les soldats de Samos, abandonna son camp et prit la mer en direction de la Chersonèse. Cette bataille, bien qu'effectivement peu importante, devint fameuse par la disgrâce d'Alcibiade.

Plutarque, *Lysandre*, 5, 1-4

Lysandre s'entoure de personnalités haut placées.

Quant à Lysandre, il fit venir de leurs cités à Éphèse les hommes qu'il voyait les plus élevés au-dessus de la foule par leur audace et leur fierté, et il semait les germes des décadarchies[7] et des révolutions qui se firent plus tard à son instigation. Il les engagea et les encouragea à former entre eux des ligues politiques et à s'appliquer aux affaires publiques ; il les assurait que lorsque la ruine d'Athènes serait consommée, ils

---

7. Gouvernement de dix membres.

pourraient se débarrasser de leurs gouvernements démocratiques et prendre le pouvoir dans leur pays. Il amenait chacun d'eux à croire en ses promesses par des actes, élevant ceux qui étaient déjà devenus ses amis et ses hôtes aux grandes affaires, aux honneurs, aux commandements ; il se faisait même le complice de leurs injustices et de leurs méfaits, accomplis dans l'intérêt de leurs ambitions. Ainsi tous s'attachaient à lui, le courtisaient, l'aimaient, espérant réaliser entièrement leurs plus hautes aspirations, s'il devenait le maître.

Plutarque, *Lysandre*, 5, 5-6

Lysandre est remplacé à la tête de la flotte spartiate par Callicratidas. Les amis de Lysandre sont mécontents. Lysandre renvoie à Sardes ce qui restait de l'argent que Cyrus lui avait donné pour sa flotte. Callicratidas doit alors en demander à Cyrus qui l'éconduit en se moquant de lui.

Callicratidas avait des visées dignes de Sparte et pouvait rivaliser pour la justice, la grandeur d'âme et le courage avec les plus grands hommes de la Grèce ; mais, peu de temps après, il fut battu et disparut au combat naval des Arginuses. Alors les alliés, voyant la situation se dégrader, envoyèrent une ambassade à Sparte pour demander que Lysandre fût mis à la tête de la flotte ; ils assuraient qu'ils reprendraient la lutte avec beaucoup plus d'ardeur, s'ils l'avaient pour chef. Cyrus de son côté fit une démarche analogue. Mais, comme il y avait une loi interdisant que le même homme fût deux fois navarque, les Spartiates, voulant tout de même faire plaisir à leurs alliés, conférèrent le titre de navarque à un certain Aracos, et envoyèrent Lysandre comme commandant en second, en réalité avec l'autorité suprême. La plupart des hommes politiques influents dans les cités désiraient depuis longtemps son retour, car ils espéraient devenir encore plus puissants quand, grâce à lui, les gouvernements démocratiques auraient été entièrement détruits. Mais aux yeux de ceux qui aimaient dans leurs chefs un caractère simple et généreux, Lysandre, comparé à Callicratidas, faisait figure d'intrigant et de fourbe : il introduisait sans cesse des ruses dans la conduite de la guerre ; il vantait la justice quand il y trouvait avantage, mais, autrement, considérait son intérêt comme la règle du bien ; il pensait que, par nature, la vérité ne vaut pas mieux que le mensonge et n'estimait l'une et l'autre que d'après leur utilité. Si l'on prétendait que les descendants d'Héraclès ne devaient pas employer de tromperie à la guerre, il tenait ce propos pour ridicule :

— Partout, disait-il, où la peau du lion ne suffit pas, il faut y coudre celle du renard.

Plutarque, *Lysandre*, 7, 1-6

Un exemple de sa fourberie.

Tel est le genre de procédé qu'il employa, dit-on, à l'égard de Milet. Ses amis et ses hôtes, à qui il avait promis son aide pour renverser le gouvernement démocratique et chasser leurs adversaires, ayant changé de sentiments et s'étant réconciliés avec leurs ennemis, il feignit en public de s'en réjouir et de s'associer à cet accord ; mais en secret il leur faisait de vifs et durs reproches et les excitait à attaquer le parti populaire. Puis, quand il apprit que le soulèvement commençait, il accourut en hâte, entra dans la ville, réprimanda tout haut les premiers insurgés qu'il rencontra et les traita rudement comme s'il allait les punir. Et cependant il engageait les autres à avoir confiance et à ne plus rien craindre de fâcheux, à présent qu'il était là. Il n'y avait là qu'hypocrisie et comédie : il voulait empêcher de fuir les plus ardents et les meilleurs démocrates et les retenir dans la ville pour qu'ils périssent. C'est ce qui arriva : ceux qui le crurent furent tous égorgés.

Plutarque, *Lysandre*, 8, 1-3

Vient alors le jour de gloire de Lysandre, la bataille d'Aegos Potamoi qui donnera la victoire suprême aux Spartiates sur les Athéniens et mettra fin à la guerre du Péloponnèse en 405, après vingt-six ans de guerre sporadique dans le bassin méditerranéen.

Alors Cyrus fit venir Lysandre à Sardes, lui donna de l'argent, lui en promit d'autre et, dans son désir de lui plaire, protesta avec toute la fougue de la jeunesse que, même si son père ne lui donnait rien, il lui procurerait des ressources sur ses propres biens et que, si tout cela ne suffisait pas, il mettrait en pièces le trône sur lequel il siégeait pour donner ses audiences et qui était d'or et d'argent. Enfin, au moment de monter en Médie pour aller voir son père[8], il désigna Lysandre pour recevoir les tributs des villes et lui confia son propre pouvoir, puis il l'embrassa et le pria de ne pas engager de combat naval contre les Athéniens avant son retour, car il amènerait avec lui beaucoup de vaisseaux de Phénicie et de Cilicie ; après quoi il monta vers le roi.

Lysandre, ne pouvant ni combattre avec des forces un peu inégales, ni rester inactif avec tant de vaisseaux, s'embarqua et soumit quelques îles, puis il alla faire des incursions à Égine et à Salamine. Ayant débarqué en Attique et salué Agis[9], qui était lui-même descendu de Décélie pour le rencontrer, il fit voir aux troupes de terre qui se trouvaient là la force de la flotte, qui lui permettait de naviguer où il voulait et lui

---

8. « Ce fut cette année que Cyrus mit à mort Autoboisakès et Mitraios, qui étaient les fils de la sœur de Darius [la fille de Xerxès, père de Darius] parce qu'en venant à sa rencontre, ils n'avaient pas rentré leurs mains dans leur *coré*, geste qu'on ne fait que pour le roi [la *coré* est une manche plus longue que la *cheiris* ; quand on y a la main, on ne peut rien faire]. Hiéramènès et sa femme dirent à Darius que ce serait inadmissible s'il tolérait cette insolence excessive. Darius alors rappelle Cyrus, en lui faisant dire qu'il est malade, par les messagers qu'il lui envoie » (Xénophon, *Helléniques*, 2, 1, 8-9).

9. Agis II, roi de Sparte régnant avec Pausanias Ier (voir tableau chronologique p. 313).

assurait la maîtrise de la mer. Cependant, informé que les Athéniens le poursuivaient, il modifia sa route et s'enfuit en Asie à travers les îles. Trouvant l'Hellespont vide, il attaqua lui-même Lampsaque du côté de la mer avec ses vaisseaux, tandis que Thorax, appuyant son action avec l'armée de terre, attaquait les remparts. Il prit la ville de vive force et la donna à piller à ses soldats. Cependant la flotte athénienne, forte de cent quatre-vingts trières, se trouvait depuis peu au mouillage à Élaious en Chersonèse. En apprenant la chute de Lampsaque, elle se porte aussitôt sur Sestos, où elle se ravitaille, puis, longeant la côte, elle s'arrête à Aegos-Potamoi[10], en face des ennemis encore installés près de Lampsaque. Les Athéniens étaient commandés par plusieurs stratèges, entre autres par Philoclès, qui avait récemment fait décréter par le peuple qu'on couperait le pouce droit aux prisonniers de guerre, pour les rendre incapables de tenir une lance, mais non pas de manier la rame.

Plutarque, Lysandre, 9, 1-7

Lysandre ruse.

Pour le moment, ils se reposaient tous, attendant le combat naval pour le lendemain. Mais Lysandre avait d'autres desseins. Il ordonna aux matelots et aux pilotes de s'embarquer sur leurs trières de bon matin, comme si l'on devait combattre au point du jour, de prendre leurs places en ordre et en silence et d'attendre ses instructions. Il prescrivit de même à l'armée de terre de rester tranquillement en ordre de bataille au bord de la mer.

Au lever du soleil, les Athéniens s'avancent de front avec tous leurs vaisseaux et provoquent l'ennemi au combat ; mais, bien que ses vaisseaux eussent la proue tournée vers

---

10. Les « Ruisseaux de la Chèvre », torrent et bourgade sur la côte orientale de la Chersonèse.

l'adversaire et qu'il les eût remplis d'hommes avant le jour, Lysandre n'avança pas, et envoya des embarcations légères porter aux vaisseaux rangés en première ligne l'ordre de ne pas bouger et de garder leurs rangs sans confusion et sans se porter à la rencontre de l'ennemi.

Lorsque, vers le soir, les Athéniens regagnèrent leur base, il ne laissa pas débarquer ses soldats avant que deux ou trois trières, qu'il avait envoyées en reconnaissance, fussent revenues, après avoir vu les ennemis descendus à terre.

La même manœuvre se répéta le lendemain, puis le troisième et même le quatrième jour. Elle eut pour effet d'inspirer aux Athéniens beaucoup d'audace et de mépris pour des ennemis qui semblaient effrayés et abattus.

Plutarque, *Lysandre*, 10, 1-4

Alcibiade intervient. En vain.

À ce moment, Alcibiade, qui vivait alors en Chersonèse dans l'une de ses places fortes, vint à cheval au camp des Athéniens. Il blâma d'abord les stratèges de s'être installés sur une plage découverte et sans abri, endroit mal choisi et peu sûr ; il déclara ensuite qu'ils avaient tort d'aller se ravitailler trop loin, à Sestos, qu'ils devraient, en remontant un peu la côte, gagner le port et la ville de Sestos et se tenir plus éloignés des ennemis, qui les guettaient avec une armée commandée par un seul chef et prête à exécuter rapidement, au signal convenu, tous les ordres de ce chef redouté. Telles furent les remontrances d'Alcibiade ; elles ne furent pas écoutées. Tydée même lui répondit insolemment que ce n'était pas lui Alcibiade, mais d'autres qui commandaient.

Alors Alcibiade, soupçonnant qu'il se tramait parmi eux quelque trahison, se retira.

Plutarque, *Lysandre*, 10, 5-7 ; 11, 1

La ruse de Lysandre fonctionne. Les Athéniens sont surpris.

Le cinquième jour, les Athéniens s'avancèrent contre l'ennemi, et s'en retournèrent, comme d'habitude, avec une extrême négligence et un grand mépris de leurs adversaires. À ce moment, Lysandre fit sortir ses navires de reconnaissance, en ordonnant aux triérarques[11], quand ils auraient vu les Athéniens débarquer, de revenir à toute vitesse et, arrivés au milieu du détroit, d'élever de la proue un bouclier d'airain, comme signal de l'attaque. Lui-même, naviguant le long de sa flotte, appelait les pilotes et les triérarques et les exhortait à tenir chacun son équipage, matelots et soldats, en ordre de combat, puis, quand le signal serait donné, de courir sus à l'ennemi de toute leur ardeur et de toutes leurs forces.

Lorsque le bouclier fut élevé sur les vaisseaux et que la trompette du vaisseau amiral eut donné le signal de l'attaque, la flotte s'ébranla et les troupes de terre, rivalisant de zèle, s'élancèrent le long du rivage vers le promontoire. La distance entre les deux continents est, à cet endroit, de quinze stades ; elle fut rapidement franchie, grâce au zèle et à l'ardeur des rameurs.

Le stratège athénien Conon fut le premier qui, de la terre, vit arriver la flotte. Il crie aussitôt l'ordre de s'embarquer et, consterné du désastre imminent, il appelle les uns, en implore d'autres, et oblige certains à monter à bord. Mais c'était peine perdue, car les hommes étaient dispersés ; en effet, à peine débarqués, comme ils ne s'attendaient à rien, ils s'étaient mis à faire des achats, à se promener dans la campagne, à dormir sous leurs tentes, à préparer leur repas, bien loin de songer à ce qui allait arriver par suite de l'incompétence de leurs chefs.

---

11. Commandants de trières, vaisseaux à trois rangées de rameurs.

Comme on entendait déjà les cris et le bruit des rames des ennemis qui approchaient, Conon s'échappe avec huit vaisseaux et peut se réfugier sain et sauf à Chypre auprès d'Évagoras. Mais les Péloponnésiens[12], fondant sur les autres navires, capturent ceux qui étaient entièrement vides et brisent les autres où les ennemis étaient encore en train d'embarquer. Les hommes qui arrivaient dispersés et sans armes sont tués près des vaisseaux, et ceux qui fuyaient sur terre sont massacrés par les ennemis débarqués.

Lysandre fit trois mille prisonniers avec leurs généraux et s'empara de toute la flotte, à la seule exception de la Paralienne[13] et des trières qui s'étaient échappées avec Conon.

Après avoir pris les vaisseaux en remorque et saccagé le camp, Lysandre retourna à Lampsaque au son de la flûte et des péans. Il avait accompli avec très peu de peine une œuvre d'une immense importance et terminé en une heure une guerre plus longue et plus féconde en incidents de toute sorte et en vicissitudes incroyables que toutes les guerres antérieures, une guerre où les combats et les situations avaient passé par mille formes différentes et qui avait causé la perte d'armées plus nombreuses que toutes les guerres précédentes de la Grèce réunies ensemble ; cette guerre était maintenant finie par l'habileté et le génie d'un seul homme. Aussi certains estimèrent-ils que cet événement était l'œuvre des dieux[14].

Plutarque, *Lysandre*, 11, 2-13

12. Alliés de Sparte.

13. Vaisseau amiral.

14. « On disait que les astres des Dioscures étaient apparus de chaque côté du vaisseau de Lysandre, et brillaient au-dessus du gouvernail au moment où il sortait du port pour attaquer l'ennemi. D'autres prétendent que la chute de la pierre fut un présage de cet événement : on croit communément, en effet, qu'une pierre énorme

Lysandre dicte sa loi et impose ses fidèles pour renverser les pouvoirs démocratiques.

La peine de mort ayant été prononcée par le Conseil des alliés contre les trois mille Athéniens qui avaient été faits prisonniers, Lysandre appela leur stratège Philoclès, et lui demanda de quelle peine il se jugeait digne pour avoir donné de tels conseils à ses concitoyens au sujet des Grecs[15]. Philoclès, que son malheur n'avait nullement abattu, lui répondit :

– Tu n'as pas à jouer le rôle d'accusateur dans une affaire où il n'y a pas de juge, mais à traiter les vaincus comme ils t'auraient traité s'ils étaient vainqueurs.

Puis, après s'être baigné et avoir revêtu un manteau d'apparat, il marcha en tête de ses concitoyens pour aller se faire égorger[16].

Ensuite Lysandre visita les villes avec sa flotte, et ordonna à tous les Athéniens qu'il trouvait de rentrer à Athènes, car il n'épargnerait personne et ferait mettre à mort tous ceux qu'il prendrait hors de la ville. Il agissait ainsi et les poussait tous vers Athènes, pour la voir bientôt réduite à une disette et une famine extrêmes et empêcher les Athéniens de lui causer des difficultés en soutenant un long siège grâce à l'abondance de leurs provisions.

était tombée du ciel à Aegos-Potamoi. On la montre encore aujourd'hui, et elle est un objet de vénération pour les habitants de la Chersonèse » (Plutarque, *Lysandre*, 12, 1-2).

15. En droit athénien, l'accusé, une fois déclaré coupable, était invité à proposer lui-même une estimation de la peine.

16. « Lysandre, après avoir demandé à Philoclès le premier, [celui qui avait fait pendre les gens pris sur les trières d'Andros et de Corinthe], quelle peine il méritait pour s'être mis à traiter des Grecs contrairement aux droits des gens, l'égorgea de sa main » (Xénophon, *Helléniques*, 2, 1, 32).

Il abolissait les démocraties et les autres formes de gouvernement, et laissait partout un harmoste[17] spartiate, avec dix archontes[18] pris au sein des ligues qu'il avait formées dans chaque ville. Il établit ces institutions aussi bien dans les villes qui étaient devenues ses alliées que dans les villes ennemies, accomplissant son périple à loisir et organisant en quelque sorte son hégémonie personnelle sur la Grèce. Car il n'avait égard ni à la noblesse ni à la richesse pour nommer les archontes ; il faisait cadeau du pouvoir aux membres de ses ligues et à ses hôtes et les laissait maîtres absolus des récompenses et des sanctions.

Il assista lui-même à de nombreux massacres et aidait ses amis à bannir leurs ennemis. Il présenta ainsi aux Grecs sous un fâcheux aspect la domination des Spartiates, et il semble bien que le comique Théopompe parle à la légère quand il compare les Spartiates à des cabaretières, parce qu'ils auraient fait goûter aux Grecs le doux breuvage de la liberté avant d'y verser du vinaigre ; car c'est tout de suite que ce vin eut un goût désagréable et amer, puisque Lysandre ne permettait à aucun peuple de rester maître de ses affaires, mais livrait les villes aux oligarques les plus audacieux et les plus acharnés.

Plutarque, *Lysandre*, 13, 1-9

Il passe en Asie et impose son hégémonie.

Il n'avait consacré à ces opérations qu'un temps assez court, et il avait envoyé des messagers à Sparte pour annoncer qu'il revenait avec deux cents vaisseaux. Il rejoignit en Attique les rois Agis et Pausanias[19], dans l'espoir qu'agissant de concert ils prendraient rapidement la ville. Mais

17. Magistrat chargé de gouverner une cité.
18. Gouverneurs.
19. Agis II et Pausanias Ier. Voir p. 313.

voyant que les Athéniens tenaient bon, il repartit avec sa flotte et passa en Asie. Là, il abolit indistinctement les institutions politiques de toutes les cités, les remplaça par des décadarchies, et fit égorger ou bannir dans chaque ville un grand nombre de citoyens. Il chassa tous les Samiens et livra leurs cités aux exilés. Sestos appartenait encore aux Athéniens ; il la leur enleva et ne permit pas aux habitants d'y demeurer, mais il remit leur ville et leur territoire aux mains des pilotes et des chefs de rameurs qui avaient servi sous ses ordres. C'est à cette occasion et pour la première fois qu'il fut désavoué par les Spartiates, qui rétablirent les Sestiens dans leur pays. Mais il y eut des actes de Lysandre que tous les Grecs virent avec plaisir : il rendit leur ville aux Éginètes qui en étaient dépossédés depuis longtemps et il fit rentrer dans leur pays les citoyens de Mélos et de Scioné, quand les Athéniens furent chassés de ces cités et durent les restituer.

Plutarque, *Lysandre*, 14, 1-4

À Athènes, c'est le désarroi.

À Athènes où la Paralienne était arrivée de nuit, la nouvelle de la catastrophe circulait, et un gémissement parti du Pirée se répandit par les Longs Murs dans la ville, chacun l'annonçant à son voisin. Aussi cette nuit-là personne ne dormit, car les gens ne pleuraient pas seulement sur le sort des disparus, mais bien plutôt sur leur propre destin : ils auraient à subir, pensaient-ils, les traitements qu'ils avaient infligés aux gens de Mélos, colonie spartiate qu'ils avaient réduite après un siège, à ceux d'Histiée, de Skioné, de Toroné, d'Égine[20], et à beaucoup d'autres Grecs. Le lendemain, l'Assemblée fut réunie et on décida de fermer

20. Thucydide, *Guerre du Péloponnèse*, 5, 116 ; 1, 114 ; 5, 3 ; 32 ; 2, 27.

les ports par une digue, sauf un[21], de mettre les murs en
état, d'y établir des sentinelles et de faire dans la ville tous
les préparatifs nécessaires en cas d'attaque.

Xénophon, *Helléniques*, 2, 2, 3-4

Lysandre asservit la cité.

Quand il apprit que le peuple d'Athènes souffrait de
la famine, il cingla vers le Pirée et réduisit la ville, qui fut
forcée de traiter aux conditions qu'il imposa. On entend
parfois dire à des Spartiates que Lysandre écrivit aux éphores en ces termes : « Athènes est prise », et que les éphores
répondirent à Lysandre : « Elle est prise, cela suffit. » Mais
c'est là un conte forgé pour le prestige. Le vrai décret des
éphores était ainsi conçu : « Voici ce que les autorités de
Sparte ont décidé : démolissez les fortifications du Pirée
et les Longs Murs, évacuez toutes les villes, contentez-
vous de votre territoire, rappelez les exilés ; en faisant cela,
vous aurez la paix, si vous la désirez. Quant au nombre des
vaisseaux, faites ce qui sera décidé là-bas. » Les Athéniens
acceptèrent cette scytale sur le conseil de Théramène[22], fils
d'Hagnon. C'est alors, dit-on, qu'interrogé par un des jeunes orateurs, Cléomène, qui lui demanda s'il oserait dire et
faire le contraire de Thémistocle[23], en livrant aux Spartiates
les murs que celui-ci avait élevés en dépit des Spartiates,
Théramène répondit :

---

21. Le port du Pirée.
22. D'après Xénophon, c'est lui qui négocia la paix auprès de
Lysandre (*Helléniques*, 2, 2, 11-15).
23. C'est ce stratège athénien qui, à partir de 483, fit construire
les Longs Murs reliant Athènes au port du Pirée en dépit de l'opposition de Sparte. Le 29 septembre 480, il fut le vainqueur des Perses
à Salamine, ce qui mit fin à la deuxième guerre médique.

– Mais, jeune homme, je ne fais rien de contraire à Thémistocle ; car ces mêmes murs qu'il a élevés pour le salut des citoyens, c'est aussi pour le salut des citoyens que nous allons les abattre. Si les murs rendaient les villes heureuses, Sparte devrait être la plus malheureuse de toutes, puisqu'elle n'en a pas.

Plutarque, *Lysandre*, 14, 5-10

En avril 404, Athènes risque de disparaître.

Quand les Athéniens eurent remis à Lysandre tous leurs vaisseaux, à l'exception de douze, et livré leurs murailles, le seize du mois de Mounychion, jour où ils avaient battu la flotte des Barbares à Salamine[24], il entreprit immédiatement de changer aussi la constitution. Devant la rude opposition qu'il rencontra, il fit dire au peuple qu'il prenait la ville en flagrant délit de violation du traité, car leurs murailles restaient debout, bien que le délai fixé pour la démolition fût passé ; en conséquence, il allait remettre leur cas en délibération, puisqu'ils avaient rompu les accords. Certains rapportent qu'on proposa réellement au Conseil des alliés de vendre les Athéniens comme esclaves et que le Thébain Érianthès émit l'avis qu'il fallait raser la ville et transformer son territoire en pâturage pour les moutons. Mais il y eut ensuite une réunion des chefs et, pendant qu'ils buvaient, […] ils se rendirent compte qu'il serait trop affreux de détruire et de faire disparaître une ville si glorieuse, mère de si grands hommes.

Plutarque, *Lysandre*, 15, 1-4

24. Voir note ci-dessus.

Les Athéniens sont durement châtiés au son de la flûte.

Les Athéniens ayant cédé sur tous les points, Lysandre fit venir d'Athènes un grand nombre de joueuses de flûte, rassembla toutes celles qui étaient dans son camp, et c'est au son de la flûte qu'il fit abattre les remparts et brûler les trières, tandis que les alliés manifestaient leur joie, couronne en tête, comme si ce jour marquait le début de leur liberté. Aussitôt après, il changea la constitution : il établit trente chefs dans la ville et dix au Pirée, et mit une garnison à l'acropole, sous les ordres d'un harmoste spartiate, Callibios.

Plutarque, *Lysandre*, 14, 5-6

Lysandre fait entrer l'or à Sparte et avec lui la cupidité.

Ces affaires une fois réglées, Lysandre s'embarqua pour la Thrace. Tout ce qui lui restait d'argent, avec tous les dons et les couronnes qu'il avait reçus personnellement (car beaucoup de gens naturellement lui faisaient des présents, comme à l'homme le plus puissant et, pour ainsi dire, au maître absolu de la Grèce), il l'envoya à Sparte par Gylippe, celui qui avait commandé en Sicile. […]

Les plus sages des Spartiates, craignant plus que jamais le pouvoir de l'argent, qui s'attaquait à des citoyens éminents, blâmèrent Lysandre et conjurèrent les éphores de purifier la cité de tout cet argent et de tout cet or, comme de fléaux importés. Les éphores mirent l'affaire en délibération. Ce fut Sciraphidas, au dire de Théopompe, Phlogidas, suivant Éphore, qui émit l'avis qu'il ne fallait pas recevoir de monnaies d'or ou d'argent dans la ville, mais ne se servir que de la monnaie traditionnelle[25]. […] Mais les

25. « Or cette monnaie était de fer : on trempait ce métal dans le vinaigre dès qu'on le retirait du feu, afin qu'on ne pût le forger, la trempe interdisant de lui donner du tranchant et de la solidité. En outre cette monnaie était lourde et difficile à transporter et elle n'avait,

amis de Lysandre étaient d'un avis opposé et conseillaient avec insistance de garder cet argent dans la ville. Alors on décida de laisser entrer de telles monnaies pour l'usage de l'État, mais de punir de mort tout particulier qui serait convaincu d'en détenir chez lui. Comme si Lycurgue[26] avait craint la monnaie elle-même, et non pas la cupidité qu'elle fait naître ! Or on éteignait bien moins cette passion de l'argent en interdisant au particulier d'en posséder qu'on ne l'enflammait en y autorisant l'État. Car l'usage le faisait apprécier et convoiter. [...] Les Spartiates, il est vrai, employèrent la crainte de la loi à garder les maisons des citoyens et à empêcher l'argent monnayé d'y entrer ; mais les âmes elles-mêmes, ils ne purent les maintenir indifférentes et insensibles à la passion de l'argent, et ils inspirèrent à tous le désir de la richesse, regardée comme un bien auguste et considérable. [...]

Plutarque, *Lysandre*, 16, 1 ; 17, 2-3, 6, 10

Le maître de la Grèce est adoré comme un dieu.

Lysandre fit élever à Delphes, sur le produit du butin, sa statue en bronze, et celles de chacun de ses navarques, ainsi que les étoiles d'or des Dioscures, qui disparurent avant la bataille de Leuctres. Dans le trésor de Brasidas et des Acanthiens se trouvait une trière d'or et d'ivoire, de deux coudées, que Cyrus lui avait envoyée pour commémorer sa victoire. Anaxandridas de Delphes rapporte que

même en grande quantité et pour un volume considérable, qu'une faible valeur. Il se peut que dans les temps très anciens on n'ait pas connu d'autre monnaie ; les pièces en usage étaient des brochettes de fer, quelquefois de bronze : de là viendrait qu'aujourd'hui encore toutes les petites pièces gardent le nom d'*oboles* (broches) et que six oboles font une *drachme* (poignée), car c'est tout ce que la main pouvait empoigner » (Plutarque, *Lysandre*, 17, 4-5).

26. Voir p. 22.

Lysandre y avait aussi placé en dépôt un talent, cinquante-deux mines et onze statères d'argent, affirmation qui ne s'accorde pas avec la pauvreté, généralement reconnue, de ce grand homme. Ce qu'il y a de certain, c'est que Lysandre, devenu plus puissant qu'aucun Grec avant lui, semblait alors d'une fierté et d'un orgueil plus grands encore que sa puissance. Il fut, en effet, à ce que rapporte Douris, le premier Grec à qui les villes dressèrent des autels et offrirent des sacrifices comme à un dieu, le premier aussi en l'honneur de qui on chanta des péans, dont l'un commençait, dit-on, par ces vers :

> Le chef de la Grèce divine,
> Envoyé de la vaste Sparte,
> C'est lui que nous allons chanter !

Les Samiens décrétèrent qu'on appellerait *Lysandries* les fêtes qu'ils célébraient en l'honneur d'Héra. Parmi les poètes, il avait toujours près de lui Choerilos pour célébrer en vers ses hauts faits. Antilochos, ayant composé pour lui un poème assez médiocre, il en fut si content qu'il remplit son chapeau d'argent et le lui donna. Antimaque de Colophon et un certain Nicératos d'Héraclée concoururent ensemble aux Lysandries avec des poèmes en son honneur : il couronna Nicératos. Antimaque, par dépit, détruisit son poème. Platon, qui était jeune alors et qui admirait le talent poétique d'Antimaque, le voyant affligé de sa défaite, releva son courage et le consola en lui disant :

– L'ignorance est pour les ignorants un mal comparable à la cécité pour les aveugles.

Enfin, lorsque le chanteur cithariste Aristonoos, six fois vainqueur aux jeux Pythiques, voulant faire sa cour à Lysandre, lui promit que, s'il était encore une fois vainqueur, il se ferait proclamer en ajoutant à son nom celui de Lysandre :

— Tu veux dire comme esclave de Lysandre ? répliqua celui-ci.

Lysandre, ivre d'ambition, se croit tout permis.

L'ambition de Lysandre n'offusquait d'abord que les premiers citoyens et les Égaux, mais lorsqu'à cette ambition se joignirent, sous l'influence de ses flatteurs, une morgue et une arrogance extrêmes, il ne mit plus ni mesure ni libéralisme dans les honneurs qu'il accordait et dans les punitions qu'il infligeait. Il récompensait ses amis et ses hôtes en leur conférant dans les villes des souverainetés absolues et des tyrannies sans contrôle ; et sa seule manière d'assouvir sa rancune, c'était de faire périr celui qu'il haïssait ; il ne lui permettait même pas de s'exiler. Plus tard, à Milet, craignant que les chefs du parti démocratique ne s'enfuissent, et voulant faire sortir de leurs abris ceux qui étaient cachés, il jura qu'il ne leur ferait pas de mal ; mais lorsque, confiants en sa parole, ils sortirent, il les livra aux oligarques pour être égorgés. Le nombre total des victimes ne fut pas inférieur à huit cents. Il fit massacrer de même un nombre incalculable de démocrates dans les autres villes ; car il ne se contentait pas de faire périr les gens pour des griefs personnels ; il servait encore les nombreuses haines et les nombreuses ambitions des amis qu'il avait dans chaque ville et il les aidait à s'assouvir. Aussi fit-on un sort au mot du Spartiate Étéoclès, disant que la Grèce n'aurait pas supporté deux Lysandres. Suivant Théophraste, le même propos avait été tenu par Archestratos à propos d'Alcibiade. Mais, chez Alcibiade, c'était l'arrogance et la suffisance méprisantes qui choquaient le plus, tandis que pour Lysandre, la dureté du caractère rendait sa puissance effrayante et insupportable.

Lysandre est rappelé à Sparte. Tel est pris qui croyait prendre.

Les Spartiates ne prêtaient pas grande attention d'abord aux plaintes portées contre lui ; mais lorsque Pharnabaze[27], injustement traité par Lysandre, qui pillait et saccageait sa province, envoya des émissaires à Sparte pour l'accuser, des éphores indignés arrêtèrent un de ses amis et lieutenants, Thorax, pour détention d'argent à titre privé, et le firent exécuter, puis ils adressèrent à Lysandre une scytale qui lui enjoignait de revenir. […]

Quand la scytale l'atteignit dans l'Hellespont, Lysandre fut bouleversé. Comme il redoutait particulièrement les accusations de Pharnabaze, il se hâta d'aller conférer avec lui pour régler leur différend. Au cours de cet entretien, il le pria d'écrire à son sujet une autre lettre aux éphores et de leur dire qu'il n'avait pas été lésé par Lysandre et n'avait aucun grief contre lui. Mais il faisait, comme on dit, le Crétois en face d'un Crétois, et c'était mal connaître Pharnabaze. Celui-ci promit tout, et, sous les yeux de Lysandre, il écrivit une lettre telle que celui-ci la lui demandait, mais il en avait sous la main une autre qu'il avait écrite en cachette, et, en mettant les sceaux, il la substitua à l'autre, les deux ayant exactement le même aspect, puis il lui donna celle qu'il avait écrite en secret. Arrivé à Sparte, Lysandre se rendit, suivant l'usage, à la résidence des magistrats et remit aux éphores la lettre de Pharnabaze, persuadé que le plus grand des griefs qu'on avait contre lui était réduit à néant. Pharnabaze, en effet, était aimé des Spartiates, parce que, entre tous les satrapes du roi, il avait été dans la guerre le plus dévoué à leur cause. Mais lorsqu'après avoir lu la lettre, les éphores la lui montrèrent, il reconnut « qu'Ulysse n'est pas seul à pratiquer la ruse » et il se retira, profondément troublé.

Plutarque, *Lysandre*, 19, 7 ; 20, 1-5

---

27. Satrape de Phrygie et de l'Hellespont.

Lysandre s'échappe…

Quelques jours après, il revint trouver les magistrats et leur dit qu'il devait se rendre au temple d'Ammon pour offrir au dieu les sacrifices qu'il lui avait promis avant ses campagnes. Certains disent que c'était la vérité et que, lorsqu'il assiégeait la ville des Aphytéens, en Thrace, Ammon lui était apparu en songe ; il avait alors levé le siège, parce que le dieu le lui ordonnait, et il avait recommandé aux Aphytéens de sacrifier à Ammon ; c'était donc pour gagner la faveur de ce dieu qu'il voulait partir pour la Libye. Mais, pour la plupart des historiens, le dieu ne lui fut qu'un prétexte ; en réalité c'est parce qu'il craignait les éphores et ne pouvait supporter le joug qu'on lui imposait dans sa patrie ni souffrir d'être commandé, qu'il aspirait à voyager et à errer à l'aventure, comme un cheval qui revient du pâturage et des prés où il était en liberté pour retrouver sa mangeoire et ses tâches habituelles. [...]

Après avoir obtenu des éphores à grand-peine et après beaucoup de difficultés la permission de partir, Lysandre s'embarqua.

Plutarque, *Lysandre*, 20, 6-8 ; 21, 1

… mais pas pour longtemps.

Quand il fut parti, les rois s'étant rendu compte que, par les ligues qu'il avait formées, il tenait les villes à sa merci et qu'il était absolument maître et seigneur de la Grèce, s'employèrent à chasser ses amis et à remettre le pouvoir aux démocrates. Un mouvement se produisait d'ailleurs en ce sens et, les premiers, les Athéniens de Phylé attaquèrent les Trente et les battirent. Lysandre revint en toute hâte et persuada les Spartiates de prêter main-forte aux oligarques et de châtier les démocrates. On commença par envoyer aux Trente pour soutenir la guerre cent talents, et Lysandre lui-même comme général. Mais les rois, qui le jalousaient et qui craignaient qu'il ne prît une seconde fois Athènes, décidèrent que l'un d'eux partirait avec lui. En conséquence, Pausanias se mit en campagne, en apparence pour soutenir les tyrans contre le peuple, en réalité pour mettre fin à la guerre et empêcher Lysandre de devenir encore une fois, grâce à ses amis, le maître d'Athènes. Il vint facilement à bout de ce dessein et, en réconciliant les Athéniens et en terminant leurs discordes, il enleva à Lysandre ses ambitieuses espérances. Peu de temps après, les Athéniens ayant de nouveau fait défection, Pausanias fut blâmé d'avoir ôté au peuple le frein de l'oligarchie et de l'avoir laissé de nouveau se livrer à son insolence et à son audace. Lysandre, au contraire, y gagna la réputation d'un homme qui, sans aucun souci de faire plaisir à d'autres, ni de gagner des applaudissements, servait dans ses campagnes avec intransigeance le seul intérêt de Sparte.

Plutarque, *Lysandre*, 20, 2-7

Les bons mots de Lysandre.

Il parlait avec audace et foudroyait ses contradicteurs. En voici des exemples.

Les Argiens discutaient sur une question de frontière et croyaient leur thèse plus juste que celle des Spartiates. Lysandre alors montra son épée en disant :

– Quand on tient ceci en main, on possède les meilleurs arguments sur les questions de frontière.

Un Mégarien lui ayant parlé hardiment dans une réunion :

– Tes propos, lui dit-il, étranger, auraient besoin d'une ville.

Comme les Béotiens hésitaient entre les deux partis, il leur demanda s'il devait traverser leur territoire avec les lances droites ou baissées.

Après la défection des Corinthiens, en s'approchant de leurs murs, il vit que les Spartiates hésitaient à attaquer. À ce moment, on aperçut un lièvre qui sautait par-dessus le fossé :

— Ne rougissez-vous pas, s'écria-t-il, de craindre des ennemis si indolents que les lièvres dorment au pied de leurs murailles ?

Plutarque, *Lysandre*, 22, 1-5

Puis Lysandre pousse son amant sur le trône.

Lorsque le roi Agis mourut, laissant un frère, Agésilas[28], et un fils putatif, Léotychidas, Lysandre, qui avait été amant d'Agésilas, le persuada de réclamer la royauté, comme légitime descendant d'Héraclès. En effet, le bruit courait que Léotychidas était fils d'Alcibiade, qui avait eu une liaison clandestine avec la femme d'Agis, Timaïa, au temps où il vivait en exil à Sparte. On dit qu'Agis avait calculé, d'après la date de la naissance, que cet enfant ne pouvait être le sien ; aussi négligeait-il Léotychidas, qu'il tenait visiblement pour un bâtard, jusqu'au moment où il fut transporté malade à Héraïa ; alors, sur le point de mourir, il céda aux supplications du jeune homme et de ses amis, et déclara devant une nombreuse assistance que Léotychidas était bien son fils, et il pria ceux qui étaient présents d'attester le fait aux Spartiates, puis il mourut. Ils témoignèrent, en effet, en faveur de Léotychidas. En outre, Agésilas, bien qu'il fût d'ailleurs un homme éminent et qu'il eût l'appui de Lysandre, vit sa candidature combattue par Diopeithès ; ce connaisseur en matière de prophéties mettait en avant un oracle ainsi conçu sur la claudication d'Agésilas :

---

28. Voir p. 135 et suivantes.

Prends bien garde, malgré ton orgueil, Sparte ingambe,
Qu'un jour ta royauté ne devienne boiteuse :
Longtemps t'accableraient des maux inattendus
Et l'ouragan de la guerre, tueuse d'hommes.

Un grand nombre de Lacédémoniens s'inclinaient devant
cette prédiction et se tournaient vers Léotychidas. Mais
Lysandre déclara que Diopeithès n'interprétait pas correc-
tement l'oracle : celui-ci ne voulait pas dire que le dieu se
fâcherait si un boiteux commandait aux Spartiates, mais
que la royauté serait boiteuse si des bâtards et des gens mal
nés régnaient au lieu des Héraclides. Par de telles paroles et
grâce à son immense influence, il persuada ses concitoyens,
et Agésilas devint roi.

Plutarque, *Lysandre*, 22, 6-13

Lysandre entre en conflit avec le roi Agésilas.

Aussitôt, Lysandre l'engagea et le poussa à faire une
expédition en Asie ; il faisait briller à ses yeux l'espoir
d'abattre la Perse et de devenir ainsi très illustre. En même
temps il écrivit à ses amis d'Asie pour les prier de demander aux Spartiates Agésilas comme général en vue de la
guerre contre les Barbares. Ils l'écoutèrent et envoyèrent
des députés à Sparte pour faire cette demande. Il semble
bien qu'en cette circonstance Agésilas reçut de Lysandre
un présent qui n'était pas moins beau que la royauté. Mais
chez les hommes de caractère ambitieux, qui par ailleurs
sont doués pour le commandement, la jalousie que leur
cause la réputation de leurs semblables n'est pas un mince
obstacle aux belles actions ; car ils considèrent comme des
rivaux de leur valeur des gens qui pourraient les aider dans
leurs entreprises. Agésilas, il est vrai, prit avec lui Lysandre
parmi ses trente conseillers, dans l'intention d'avoir surtout
recours à lui et de le traiter comme le premier de ses amis.

Mais, quand ils furent arrivés en Asie, les gens du pays, qui
ne le connaissaient pas, n'avaient avec lui que de rares et
brèves entrevues, tandis que Lysandre, qui avait entretenu
précédemment beaucoup de relations avec eux, avait souvent
à sa porte et à sa suite, soit des amis qui le courtisaient, soit
des suspects qui le craignaient. De même que dans les tragé-
dies il arrive assez fréquemment qu'un acteur tenant un rôle
de messager et de serviteur se fasse applaudir et devienne
le protagoniste, alors que celui qui porte le diadème et le
sceptre, lorsqu'il parle, n'est même pas écouté, de même ici
tout le prestige de l'autorité allait au conseiller, tandis qu'il
ne restait au roi qu'un titre vide et sans puissance. Peut-
être aurait-il fallu trouver une manière de modérer cette
ambition déplacée pour réduire Lysandre au second rang,
mais rejeter entièrement et bafouer, par rivalité de gloire,
un homme qui était son bienfaiteur et son ami, comme le
fit Agésilas, était un procédé indigne de lui. Il commença
donc par ne lui donner aucune occasion d'agir, et il ne lui
confia aucun commandement ; puis, s'il s'apercevait que
Lysandre avait à cœur de favoriser les intérêts de tels ou
tels, il renvoyait toujours ceux-ci sans leur rien accorder
et les traitait moins bien que les premiers venus ; ainsi il
minait et ruinait insensiblement son influence. Lorsque
Lysandre, voyant échouer toutes ses démarches, eut reconnu
que son zèle en faveur de ses amis les desservait, il cessa lui-
même de plaider leur cause et les pria de ne plus s'adresser
à lui et de ne plus l'entourer de leurs hommages, mais de
parler au roi et à ceux qui pouvaient mieux que lui, dans
le moment présent, répondre aux marques d'honneur par
une aide efficace. Ainsi avertis, la plupart s'abstinrent de
l'importuner de leurs affaires, mais ne cessèrent pas de lui
témoigner leur déférence et, en l'accompagnant quotidien-
nement dans ses promenades et au gymnase, ils attristaient
plus que jamais Agésilas, jaloux de ces honneurs. Ce fut au
point que, donnant à la plupart des Spartiates de grands

commandements et des villes à gouverner, il chargea Lysandre de la distribution des vivres. Puis, comme pour l'insulter, il dit devant les Ioniens :

– Qu'ils aillent maintenant faire leur cour à mon intendant !

Lysandre, alors, résolut d'avoir un entretien avec lui. Leur dialogue fut bref et laconique :

– Tu t'entends vraiment bien, Agésilas, à abaisser tes amis.

– Oui, répliqua le roi, s'ils veulent être plus grands que moi ; quant à ceux qui augmentent ma puissance, il est juste qu'ils en aient leur part.

– Il se peut, Agésilas, que tes paroles soient plus belles que mes actes. Mais, je t'en prie, ne fût-ce qu'à cause des étrangers qui ont les yeux fixés sur nous, assigne-moi dans la région que tu gouvernes un poste où tu penses qu'une fois nommé, je te serai le moins à charge et te servirai le mieux.

Plutarque, *Lysandre*, 23, 1-13

Lysandre rentre à Sparte furieux et décide d'accomplir un grand projet, digne de son ambition.

À la suite de cet entretien, Lysandre fut envoyé en ambassade dans l'Hellespont, et, bien qu'il fût irrité contre Agésilas, il ne négligea rien de ce qu'il avait à faire. Comme le Perse Spithridatès, homme de valeur et qui avait une armée sous ses ordres, s'était brouillé avec Pharnabaze, il lui fit quitter le parti de ce satrape et l'amena à Agésilas. Mais le roi ne l'employa pas davantage dans la guerre. Alors Lysandre, son temps de service étant expiré, fit à Sparte un retour sans gloire ; furieux contre Agésilas et haïssant plus que jamais tout le régime de son pays, il résolut d'entreprendre sans délai les changements révolutionnaires qu'il avait conçus et tramés depuis longtemps. Voici quel était son plan.

Quand les Héraclides mêlés aux Doriens furent revenus dans le Péloponnèse, ils eurent à Sparte une nombreuse postérité, glorieuse et florissante, mais leurs descendants ne participaient pas tous à la succession royale : on prenait les rois dans deux maisons seulement, qui portaient les noms d'Eurypontides et d'Agiades. Malgré leur noblesse, les autres n'avaient aucun privilège politique, mais les honneurs attachés au mérite étaient proposés à tous ceux qui pouvaient y atteindre. Or Lysandre était dans ce cas ; comme ses exploits l'avaient élevé à une haute renommée, et qu'il possédait beaucoup d'amis et une grande influence, il s'indigna en voyant la ville dont il avait accru la puissance gouvernée par d'autres, dont la naissance n'était pas supérieure à la sienne. Dès lors il projeta d'ôter la royauté aux deux maisons régnantes pour la rendre commune à tous les Héraclides, quelques-uns disent même à tous les Spartiates et non pas seulement aux Héraclides afin qu'elle ne fût plus le privilège de ceux qui descendaient d'Héraclès, mais de ceux qui, au jugement du peuple, ressemblaient à Héraclès par la vertu, qui avait élevé ce héros aux honneurs divins. Il espérait que, lorsque la royauté serait conférée suivant ce principe aucun Spartiate ne serait choisi de préférence à lui.

Plutarque, *Lysandre*, 24, 1-6

Il demande à sa façon l'aide des dieux.

Tout d'abord il entreprit et se mit en devoir de persuader par lui-même ses concitoyens, et il apprit par cœur un discours composé dans ce dessein par Cléon d'Halicarnasse. Ensuite, considérant que la nouveauté et la grandeur de son innovation exigeaient des moyens plus hardis, il eut recours à une machine qu'il éleva, comme dans la tragédie, au-dessus de la tête de ses concitoyens ; il composa ou arrangea des prédictions et des oracles pythiques, car il était persuadé que l'éloquence de Cléon ne lui servirait à rien, s'il ne frappait d'abord les citoyens par la crainte du dieu et par la superstition, de façon à les subjuguer et à les amener insensiblement à admettre son projet. Éphore dit qu'il essaya de corrompre la Pythie, puis de gagner, par l'entremise de Phéréclès, les prophétesses de Dodone, et qu'ayant échoué, il se rendit au temple d'Ammon et eut une entrevue avec les prophètes, à qui il offrit une grande quantité d'or, mais que ceux-ci, indignés, envoyèrent des émissaires à Sparte pour accuser Lysandre. [...]

Plutarque, *Lysandre*, 25, 1-3

Il va même très loin dans la manipulation.

Il y avait dans le Pont une femme quelconque qui se disait enceinte des œuvres d'Apollon. Naturellement beaucoup de gens ne la croyaient pas, mais beaucoup aussi la prenaient au sérieux, si bien que, lorsqu'elle eut accouché d'un enfant mâle, plusieurs notables du pays s'occupèrent de son éducation et veillèrent sur lui. L'enfant reçut, je ne sais pourquoi, le nom de Silène. C'est à partir de là que Lysandre machina et ourdit lui-même le reste en s'adjoignant, pour jouer sa comédie, un assez grand nombre d'acteurs, qui n'étaient pas les premiers venus. Ceux-ci firent croire, sans éveiller de soupçons, à l'histoire de la naissance de l'enfant et répandirent dans Sparte une autre information qu'ils avaient rapportée de Delphes : les prêtres, disaient-ils, y conservaient dans des archives secrètes des oracles très anciens, qu'il n'était pas possible de se faire communiquer ni permis de lire, à moins qu'un fils d'Apollon ne vînt après beaucoup de temps et ne donnât aux dépositaires un signe certain de sa naissance ; il pourrait alors emporter les tablettes sur lesquelles étaient écrits les oracles. Les voies étant ainsi préparées, Silène devait se présenter et réclamer les oracles, comme fils d'Apollon, et ceux des prêtres qui étaient complices procéderaient à un examen minutieux et se renseigneraient à fond sur sa naissance, et finalement, leur conviction une fois faite, lui montreraient les écrits, puisqu'il était fils d'Apollon. Alors Silène devait, en présence de nombreux témoins, lire les oracles et spécialement celui qui concernait la royauté et en vue duquel tout avait été manigancé : « Il est préférable et plus avantageux pour les Spartiates de choisir leurs rois parmi les meilleurs citoyens. » Mais lorsque Silène, parvenu à l'adolescence, arriva pour jouer son rôle, Lysandre vit tomber sa comédie par la timidité d'un de ses acteurs et complices, qui, juste au moment d'agir, fut pris de peur et se déroba. Au reste, rien ne fut découvert du vivant de Lysandre ; on ne sut tout cela qu'après sa mort.

Plutarque, *Lysandre*, 26, 1-6

Mais il ne peut atteindre son but et meurt en 395 à la bataille d'Haliarte.

Lysandre, qui était déjà d'un tempérament très irritable, était devenu plus bilieux encore avec la vieillesse. Il excita les éphores et les persuada de décréter la mobilisation contre les Béotiens. Il prit le commandement de l'armée et se mit en campagne. Plus tard, les éphores envoyèrent aussi le roi Pausanias avec une armée. Pausanias devait envahir la Béotie en contournant le Cithéron, tandis que Lysandre marcherait à sa rencontre à travers la Phocide avec des troupes nombreuses. Lysandre reçut la reddition d'Orchomène, qui passa volontairement à son parti, puis attaqua et pilla Lébadée. Il envoya une lettre à Pausanias, lui demandant de venir de Platées le rejoindre à Haliarte, lui-même devant se trouver sous les murs de cette ville au point du jour. Cette lettre fut portée à Thèbes, le messager étant tombé sur des éclaireurs. En conséquence, les Thébains confièrent leur ville aux Athéniens qui étaient venus à leur secours et, s'étant mis eux-mêmes en route à la première veille, ils arrivèrent à Haliarte un peu avant Lysandre et firent entrer dans la ville une partie de leurs troupes. Lysandre avait d'abord résolu d'établir son camp sur une colline et d'attendre Pausanias. Puis, comme le jour s'avançait, incapable de rester inactif, il prit ses armes, et, après avoir harangué les alliés, il fit amener ses troupes en colonne le long de la route vers les remparts. Ceux des Thébains qui étaient restés dehors, laissant la ville à leur gauche, marchèrent vers l'arrière-garde des ennemis, à la hauteur de la source appelée Kissoussa, où la légende veut que les nourrices de Dionysos aient lavé l'enfant qui venait de naître. L'eau y a la couleur brillante du vin, elle est limpide et très agréable à boire. [...]

Cependant, les Thébains qui étaient dans la ville, rangés aux côtés des Haliartiens, d'abord ne bougèrent pas ; mais lorsqu'ils aperçurent Lysandre qui s'approchait du rempart avec son avant-garde, ils ouvrirent soudain la porte, se jetèrent sur lui et le tuèrent, ainsi que son devin et un petit nombre des autres, car la plupart s'enfuirent en hâte pour rejoindre le gros de la colonne. Mais les Thébains ne les laissèrent pas tranquilles ; ils les poursuivirent, et toute l'armée se mit à fuir vers les collines ; elle eut un millier de tués. Les Thébains, de leur côté, perdirent trois cents hommes, qui s'étaient attaqués à des ennemis retranchés sur une position forte et escarpée ; c'étaient des gens accusés de collusion avec Sparte qui, voulant se laver de ce soupçon devant leurs concitoyens, ne se ménagèrent pas et périrent dans la poursuite.

Plutarque, *Lysandre*, 28, 1-12

Une trêve est décrétée pour récupérer son corps.

Pausanias reçut la nouvelle de la défaite sur le chemin de Platées à Thespies. Il mena ses troupes en bon ordre jusqu'à Haliarte. Thrasybule y arriva aussi de Thèbes, à la tête des Athéniens. Pausanias songeait à demander une trêve pour enlever les morts ; mais les plus vieux des Spartiates, ne pouvant s'y résoudre ni contenir leur indignation, vinrent trouver le roi et protestèrent qu'il fallait enlever le corps de Lysandre, non pas à la faveur d'une trêve, mais par les armes et en combattant pour son cadavre : vainqueurs, ils enseveliraient leur général ; vaincus, ils auraient la gloire d'être couchés là avec lui. Voilà ce que disaient les anciens. Mais Pausanias, voyant que c'était une rude entreprise de battre les Thébains aussitôt après leur victoire, et que le corps de Lysandre était tombé si près du rempart qu'il serait difficile, même en cas de victoire, de l'enlever sans accord avec l'ennemi, envoya un héraut, conclut une trêve et se retira avec son armée. Quant au corps de Lysandre, aussitôt qu'ils l'eurent transporté au delà des frontières de la Béotie, ils l'enterrèrent dans le pays ami et allié des Panopéens, où l'on voit aujourd'hui son tombeau, près de la route qui mène de Delphes à Chéronée.

Plutarque, *Lysandre*, 29, 1-4

L'après-Lysandre.

Telle ayant été la fin de Lysandre, les Spartiates en furent si vivement affectés qu'ils intentèrent sur-le-champ au roi Pausanias un procès capital. Il n'osa pas le soutenir et s'enfuit à Tégée, où il passa le reste de sa vie comme suppliant dans le sanctuaire d'Athéna. En effet, la pauvreté de Lysandre, qui fut révélée après sa mort, mit d'autant plus en valeur son mérite qu'après avoir disposé de tant de richesses et de puissance et reçu tant d'hommages des villes et du grand roi, il n'avait pas, si peu que ce fût, agrandi et enrichi sa maison. [...]

Éphore rapporte que plus tard une contestation s'étant élevée à Sparte avec les alliés, on jugea nécessaire de consulter les écrits que Lysandre avait gardés par-devers lui. Agésilas se rendit dans sa maison. Il y trouva le manuscrit où était écrit le discours sur la constitution, dans lequel Lysandre soutenait qu'il fallait ôter la royauté aux Eurypontides et aux Agiades[29] pour la rendre accessible à tous et choisir le roi parmi les meilleurs citoyens. Il fut tenté de montrer le discours aux Spartiates pour leur faire voir quel citoyen Lysandre avait été à leur insu. Mais Lacratidas, un homme sensé, qui était alors le premier des éphores, retint Agésilas et lui dit qu'au lieu d'exhumer Lysandre, il convenait d'enterrer avec lui un discours si persuasif et si perfide. Cependant on rendit toutes sortes d'honneurs à Lysandre après sa mort.

Plutarque, *Lysandre*, 30, 1-6

---

29. Les deux dynasties spartiates. Voir p. 313.

SPARTE LA STRATÉGIQUE

Agésilas II
Vers 440-356

En 413, l'historien grec Thucydide décrit Sparte comme la puissance qui « exerce seule désormais son hégémonie sur toute la Grèce » (VIII, 2, 4).

La cité guerrière se tourne contre les Perses et, en 401, l'expédition des Dix Mille racontée par Xénophon dans l'Anabase échoue.

En 396, le roi spartiate Agésilas II est envoyé contre Tissapherne, le satrape de Carie, mais doit rentrer précipitamment pour défendre sa patrie contre Athènes, Thèbes, Argos et d'autres cités. C'est la guerre de Corinthe qui verra la victoire de Sparte à Coronée et à Némée en 394.

En 386, grâce à Sparte, une paix est signée entre tous les Grecs et les Perses.

En 378, le conflit reprend entre Sparte et Athènes et une paix est signée en 371.

Sparte s'attaque alors à Thèbes. Le 6 juillet 371, la défaite de Leuctres signe la fin de l'hégémonie spartiate.

La source principale est l'œuvre de Plutarque qui s'inspire de l'éloge au roi spartiate écrit par Xénophon, la Vie d'Agésilas.

Celui-ci était l'ami du roi qu'il suivit en Asie et dans l'armée duquel il servit à Coronée contre ses compatriotes athéniens. Ce fut le seul témoin oculaire qui nous ait laissé son témoignage. Pour les événements auxquels il n'assista pas en personne, il est probable qu'il reçut des confidences d'Agésilas. Il vénérait Agésilas et aimait Sparte où ses deux fils avaient été élevés, ce qui fausse parfois son *jugement. De même dans les* Helléniques *transparaît sa haine de Thèbes, grande ennemie de Sparte.*

Plutarque lut également L'Histoire grecque *de Théopompe, qui, comme les* Helléniques, *commençait là où s'arrêtait l'ouvrage de Thucydide, en 410. Par rapport à Agésilas, Théopompe avait plus de recul que Xénophon.*

Malgré ses origines royales, Agésilas suit la rude éducation des jeunes Spartiates.

Archidamos[1], fils de Zeuxidamos, régna glorieusement sur Sparte et laissa des fils : l'un de Lampido, femme d'un grand renom, Agis[2] ; l'autre d'Eupolia, fille de Mélésippidas, et qui était beaucoup plus jeune, Agésilas. Comme la royauté revenait à Agis selon la loi, Agésilas paraissait devoir vivre en simple particulier. Aussi reçut-il l'éducation ordinaire à Sparte, éducation comportant un régime dur et pénible, mais qui apprenait aux jeunes l'obéissance[3]. C'est pour cette raison, dit-on, que Simonide appelle Sparte « dompteuse de mortels », comme étant la ville qui, par ses coutumes, s'entend le mieux à rendre les citoyens soumis aux lois et bien dressés, comme les chevaux domptés dès le début. La loi dispense de cette contrainte les enfants élevés pour être rois. Mais le cas d'Agésilas a ceci de spécial, qu'il ne parvint au commandement qu'après avoir appris à obéir. C'est pourquoi entre tous les rois il se montra de beaucoup le mieux accordé à ses sujets, car il joignait à ses dons naturels de roi et de chef la simplicité et l'affabilité qu'il tenait de son éducation.

Plutarque, *Agésilas*, 1, 1-5

---

1. Archidamos II (469-427).
2. Agis II (427-399).
3. Voir p. 34 à 42.

C'est un boiteux séduisant.

Quand il faisait partie de ce qu'on appelle les troupes d'enfants élevés ensemble, il fut aimé de Lysandre[4], qu'avait surtout frappé son honnête nature. En effet, s'il était plein d'émulation et d'ardeur parmi les jeunes, s'il voulait être le premier en tout et s'il avait une fougue et une impétuosité irrésistibles et indomptables, il montrait aussi en revanche une telle docilité, une telle douceur que ce n'était jamais la crainte, mais le respect qui lui faisait exécuter les ordres reçus et que les reproches l'affectaient plus que les efforts ne lui coûtaient de peine. Il boitait, mais la beauté de son corps, à la fleur de l'âge, dissimulait cette infirmité. De plus, la facilité et la bonne humeur avec lesquelles il la supportait, étant le premier à en plaisanter et à se moquer de lui-même, atténuaient beaucoup cette imperfection et rendaient son zèle plus manifeste, car sa claudication ne le fit jamais reculer devant aucune fatigue ni aucune entreprise.

Nous n'avons aucun portrait de lui (il n'en voulait pas et défendait même en mourant que son aspect physique fût représenté par la sculpture ou par tout autre procédé), mais l'on dit qu'il était petit et de physionomie médiocre. Cependant sa gaieté, son entrain en toute circonstance, son enjouement, l'absence de toute humeur chagrine et de toute rudesse transparaissant dans sa voix ou sur son visage le rendirent plus séduisant, jusque dans sa vieillesse, que les jeunes gens d'une remarquable beauté.

Plutarque, *Agésilas*, 2, 1-5

4. Voir p. 125.

En 401, Agésilas accède au pouvoir.

Sous le règne d'Agis, Alcibiade[5] fugitif était venu de Sicile à Sparte, et il ne séjournait pas encore depuis longtemps dans cette ville lorsqu'il fut accusé d'avoir séduit la femme du roi, Timaïa. Elle eut un fils, qu'Agis, disant qu'il était d'Alcibiade, refusa de reconnaître. Timaïa n'en fut pas trop fâchée ; au contraire, à la maison, devant les femmes hilotes qui la servaient, elle appelait l'enfant à voix basse Alcibiade, et non Léotychidas. Alcibiade lui-même disait :

– Si je m'approche de Timaïa, ce n'est point par passion, mais parce que j'ai l'ambition de voir des rois de Sparte issus de mon sang.

C'est justement pour cette raison qu'il s'échappa de Sparte, par crainte de la vengeance d'Agis. Quant à l'enfant, il resta toujours suspect aux yeux d'Agis, qui le garda chez lui, mais sans lui donner le rang de fils légitime. C'est seulement lorsqu'Agis fut tombé malade que le jeune homme, se jetant en larmes à ses pieds, le décida à le reconnaître pour son fils en présence de nombreux témoins. Cependant, Agis étant mort, Lysandre, déjà vainqueur sur mer des Athéniens et devenu très puissant à Sparte, porta Agésilas à la royauté ; il disait que Léotychidas, étant bâtard, n'y avait aucun droit[6]. [...] Agésilas, de son côté, affirmait que Poséidon lui-même avait témoigné de la bâtardise de Léotychidas en chassant Alcibiade de sa chambre par un tremblement de terre, car Léotychidas était né plus de dix mois après.

5. Voir *La Véritable Histoire d'Alcibiade*, Paris, Les Belles Lettres, 2009 et p. 125.

En 415, après que la trière salaminienne, le vaisseau officiel athénien, fut venue le chercher en Sicile, Alcibiade s'était enfui à Thourioi et réfugié d'abord à Argos, puis il avait demandé asile à Sparte. Voir Plutarque, *Alcibiade*, 23, 1-2.

6. Voir p. 126.

Voilà comment et pour quels motifs Agésilas fut proclamé roi et recueillit aussitôt la fortune d'Agis, Léotychidas étant exclu comme bâtard. Mais, voyant que les parents maternels du jeune homme étaient de braves gens extrêmement pauvres, il leur attribua la moitié des biens, s'acquérant ainsi de la bienveillance et de la popularité au lieu de la jalousie et de l'hostilité que pouvait provoquer cet héritage.

Plutarque, Agésilas, 3, 1-4, 9 ; 4, 1

Son affabilité lui permet de gouverner sans heurts.

C'étaient alors les éphores et les sénateurs qui avaient le pouvoir le plus grand dans l'État. La charge des premiers ne durait qu'une année, mais les sénateurs gardaient à vie leur dignité. Ils avaient été institués pour empêcher les rois de pouvoir tout se permettre[7]. Il en était résulté que les rois, de bonne heure, dès l'époque la plus ancienne, n'avaient cessé de leur vouer une malveillance et une hostilité héréditaires. Agésilas prit la voie contraire : il renonça à les heurter et à les combattre, et leur prodigua des égards ; il n'entreprenait jamais rien sans leur avau ; quand ils le convoquaient, il se rendait auprès d'eux en pressant le pas ; lorsqu'il était assis sur le trône royal et donnait audience, si les éphores entraient, il se levait ; à chaque citoyen promu au rang de sénateur il envoyait comme marques d'honneur un manteau et un bœuf. Il semblait ainsi respecter et accroître la dignité de ces magistratures, et l'on ne s'apercevait pas qu'il augmentait sa propre puissance et qu'il ajoutait à la royauté une grandeur qui lui venait de l'affection qu'on avait pour lui.

Plutarque, Agésilas, 4, 3-6

---

7. Voir p. 20.

Il gagne les cœurs de ses citoyens en aidant ses amis.

Dans ses relations avec les autres citoyens, il était plus irréprochable comme ennemi que comme ami, car il ne nuisait jamais injustement à ses ennemis, mais il aidait ses amis jusque dans leurs entreprises injustes, et il aurait rougi de ne pas honorer ses ennemis, quand ils avaient bien agi, mais il ne pouvait se résoudre à blâmer des amis en faute ; il se glorifiait même de leur venir en aide et de partager la responsabilité de leur faute. En effet, il pensait qu'il n'y a jamais rien de honteux dans les services que se rendent les amis. Si ses adversaires essuyaient quelque échec, il était le premier à s'en affliger avec eux, et, s'ils l'en priaient, à les aider avec empressement. Il se rendait ainsi populaire et gagnait tous les cœurs. Voyant cela et craignant sa puissance, les éphores lui infligèrent une amende en donnant pour motif qu'il s'appropriait les citoyens qui appartenaient à l'État.

Plutarque, *Agésilas*, 5, 1-4

Au printemps de 396, Lysandre et Agésilas partent en campagne contre les Perses.

Un certain Hérodas de Syracuse, qui se trouvait en compagnie d'un armateur, constate la présence de trières phéniciennes, les unes arrivant d'ailleurs, d'autres déjà pourvues d'équipages recrutés sur place, d'autres enfin en cours d'armement ; il apprend en outre ceci, c'est que leur nombre doit être porté à trois cents : il monte sur le premier navire en partance pour la Grèce et vient faire son rapport à Lacédémone : à son avis, c'était le roi et Tissapherne qui préparaient cette expédition : quant au but, il l'ignorait. Dans un état de grande excitation les Spartiates réunissent les alliés, et délibèrent sur la conduite à tenir.

Xénophon, *Helléniques*, 3, 4, 1

Lysandre, qui désirait être envoyé de nouveau en Asie pour secourir les amis qu'il y avait laissés comme gouverneurs et maîtres des villes, mais qui avaient mal géré les affaires, avec une violence qui les avait fait chasser ou tuer par leurs concitoyens, conseilla à Agésilas de se charger de l'expédition, de franchir la mer et d'aller combattre pour la Grèce très loin d'elle en devançant les préparatifs du Barbare. En même temps il écrivit à ses amis d'Asie d'envoyer des ambassades à Sparte pour réclamer Agésilas comme général. Agésilas se présenta donc devant le peuple et accepta de diriger la guerre, à condition qu'on lui donnerait trente Spartiates pour officiers et conseillers, deux mille néodamodes[8] d'élite et un corps de six mille alliés. Lysandre appuya toutes ces demandes ; les Spartiates s'empressèrent de les voter et envoyèrent en expédition Agésilas avec les trente Spartiates, dont Lysandre était le premier, non seulement en raison de sa gloire et de son crédit, mais encore à cause de l'amitié d'Agésilas, qui était convaincu que Lysandre avait fait plus pour lui en lui procurant ce commandement qu'en lui faisant obtenir la royauté elle-même.

Plutarque, *Agésilas*, 6, 2-5

[...] Après avoir fait tous les sacrifices rituels, et en particulier ceux qui assurent une bonne traversée, Agésilas se mit en route, après avoir envoyé des députés auprès des villes pour leur fixer le contingent que chacune devait envoyer et le lieu de rendez-vous, tandis qu'il comptait bien lui-même aller sacrifier à Aulis, à l'endroit précisément où Agamemnon, sur le point de s'embarquer pour Troie, avait sacrifié. Quand il y fut arrivé, les béotarques[9], apprenant qu'il était en train

8. Hilotes affranchis, citoyens de rang inférieur aux Égaux, les citoyens de plein droit de Sparte.
9. Magistrats thébains de la Confédération béotienne. Aulis était en Béotie.

de sacrifier, envoyèrent des cavaliers qui lui enjoignirent de ne pas continuer son sacrifice, arrachant de l'autel et dispersant les victimes déjà consacrées. Lui cependant, après avoir protesté en prenant les dieux à témoin, et plein de ressentiment, monte sur sa trière et part. Arrivé à Gérastos, il rassembla un corps expéditionnaire aussi nombreux que possible et mit la voile sur Éphèse.

Xénophon, *Helléniques*, 3, 4, 3-4

Mais très vite, l'attitude orgueilleuse de Lysandre exaspère Agésilas.

Dès qu'il fut arrivé à Éphèse, la grande considération dont jouissait Lysandre et son influence lui furent aussitôt pénibles et insupportables. La foule se pressait constamment à la porte de Lysandre ; tout le monde lui faisait cortège et lui rendait hommage ; on eût dit qu'Agésilas n'avait que le titre et l'apparence du commandement en vertu de la loi, tandis que Lysandre, en fait, était le maître de tout, pouvait et faisait tout. De tous les généraux envoyés en Asie, aucun n'avait été plus glorieux ni plus redoutable que Lysandre, et personne au monde n'avait rendu de plus grands services à ses amis ni fait autant de mal à ses ennemis. Ces événements étaient récents et les gens s'en souvenaient. D'autre part, ils voyaient qu'Agésilas était un homme simple, d'abord facile et de plain-pied avec tous, alors qu'ils retrouvaient chez Lysandre la même violence, la même rudesse, la même sécheresse de langage que naguère ; c'est pourquoi tous pliaient devant lui et ne prêtaient attention qu'à lui. En premier lieu, ce furent les autres Spartiates qui trouvèrent mauvais d'être les serviteurs de Lysandre plutôt que les conseillers du roi. Puis Agésilas lui-même, bien qu'il ne fût pas envieux ni mécontent de voir honorer autrui, craignit, étant plein d'ambition et d'amour de la gloire, que, s'il accomplissait quelque action d'éclat, elle ne fût attribuée à

Lysandre dont la renommée était si grande. Voici donc ce qu'il fit. Il commença par rejeter les conseils que donnait Lysandre ; les entreprises auxquelles Lysandre s'intéressait le plus étaient celles qu'il écartait ou négligeait, et il en exécutait d'autres au lieu de celles-là. Ensuite, s'il s'apercevait que ceux qui s'adressaient à lui pour demander une faveur étaient surtout dévoués à Lysandre, il les renvoyait sans leur rien accorder. De même, dans les jugements qu'il rendait, les justiciables à qui Lysandre cherchait à nuire devaient avoir gain de cause ; en revanche, ceux que Lysandre avait visiblement à cœur de servir échappaient difficilement à la condamnation. Comme tout cela n'était pas l'effet du hasard, mais d'un dessein prémédité et suivi, Lysandre en devinait la raison ; il ne la cachait pas à ses amis et leur disait que c'était à cause de lui qu'ils étaient maltraités et leur conseillait d'aller faire la cour au roi et à ceux qui avaient plus de crédit que lui-même.

Cette attitude et ces propos de Lysandre paraissaient calculés en vue de susciter l'animosité contre le roi. Aussi Agésilas, voulant le blesser encore davantage, le nomma-t-il son intendant[10]. [...] Néanmoins Lysandre ne cessa pas d'en vouloir à Agésilas, et, toujours mortifié de l'affront qu'il avait reçu, il complota pour enlever la royauté aux deux maisons régnantes et la remettre à la disposition de tous les citoyens. Et l'on peut croire que ce différend l'aurait amené à susciter une grande révolution, s'il n'était mort auparavant en faisant campagne en Béotie[11].

Plutarque, Agésilas, 7, 1 – 8, 1 et 4

Aussi, lorsque Lysandre commença à introduire quelques personnes auprès d'Agésilas, celui-ci se mit à renvoyer, sans

---

10. Voir p. 126 à 128.
11. Voir p. 131.

leur donner satisfaction, tous ceux qu'il savait soutenus par l'autre. Comme Lysandre voyait toujours tout tourner contre ses désirs, il comprit, bien ce qui se passait : il défendit aux gens de le suivre en foule et fit comprendre clairement à ceux qui voulaient entreprendre quelque chose avec lui qu'ils obtiendraient moins s'il s'en mêlait. Mais, gravement atteint par cette injure, il vint trouver le roi et lui dit :

— Agésilas, pour rabaisser tes amis tu as trouvé, toi, un bon moyen.

— Pardieu oui, quand il s'agit de gens qui veulent paraître plus grands que moi : car pour ceux qui travaillent à ma grandeur, si je ne savais leur marquer en retour mon estime, j'en rougirais.

Lysandre reprit :

— Allons, peut-être que tu agis plus convenablement que je ne faisais moi-même. Voici donc la faveur que désormais je te demande, afin que je n'aie pas la honte de rester inactif auprès de toi, et que je ne te gêne pas. Donne-moi quelque mission. N'importe où je serai, je tâcherai que tu y trouves ton compte.

Ces paroles décidèrent Agésilas à agir dans ce sens : il l'envoie donc dans la région de l'Hellespont. Là Lysandre apprend que le Perse Spithridatès vient de recevoir un affront de Pharnabaze[12] : il se met en rapport avec lui, le persuade de passer de leur côté avec ses enfants, ses possessions et ses cavaliers, au nombre de deux cents environ. Il laissa le tout à Cyzique, sauf Spithridatès et son fils qu'il embarqua et amena à Agésilas. À leur vue, Agésilas fut très satisfait de cette opération, et il se mit aussitôt à leur demander des renseignements sur le pays soumis à l'autorité de Pharnabaze.

Xénophon, *Helléniques*, 3, 4, 8-10

12. « Le Perse Spithridatès, sachant que Pharnabaze agissait de façon à épouser la fille du roi tout en voulant prendre sa fille, estima que c'était là un acte de violence » (Xénophon, *Agésilas*, 3, 3).

Tissapherne lui déclare la guerre. Il y répond par la ruse.

Quand Agésilas fut arrivé à Éphèse, Tissapherne commença par lui faire demander ce qu'il venait réclamer.

Il répondit :

— L'autonomie des cités d'Asie, comme nous l'avons, chez nous, pour celles de Grèce.

Sur quoi Tissapherne répondit :

— Eh bien ! si tu acceptes de faire une convention pour me donner le temps d'envoyer ta requête auprès du roi, j'espère que tu pourras t'en aller après avoir obtenu satisfaction, si c'est là ce que tu veux.

— Je le voudrais bien, en effet, si je ne pensais pas que tu es en train de me tromper.

— Alors tu peux sur ce point recevoir ma parole que j'agirai sans ruse.

— Et toi, tu peux recevoir ma parole que si tu exécutes ta promesse sans ruse nous n'attaquerons pas ta province pendant la trêve.

Après cet échange de propos, Tissapherne prêta serment, devant ceux qui lui avaient été députés, Hérippidas, Dercylidas, Mégillos, en jurant qu'il travaillerait sans ruse à la paix : eux, à leur tour, prêtèrent serment, au nom d'Agésilas, devant Tissapherne, en jurant que, s'il agissait ainsi, ils observeraient scrupuleusement la trêve. Pour Tissapherne, malgré son serment, il eut vite fait de se parjurer : au lieu de maintenir la paix il obtint du roi l'envoi d'une grande armée en renfort de celle qu'il possédait déjà. Agésilas cependant, quoique informé de ces faits, respectait néanmoins la trêve.

Xénophon, *Helléniques*, 3, 4, 5-6

Il obtint donc un premier beau résultat : en laissant voir clairement que Tissapherne était parjure, il lui ôta tout crédit et, en se montrant, lui, d'abord attaché aux serments, puis respectueux des conventions, il rendit les Grecs et les Barbares confiants pour traiter avec lui, s'il le voulait. Puis, comme Tissapherne, enhardi par l'armée qui était descendue auprès de lui, avait déclaré la guerre à Agésilas, sauf si celui-ci quittait l'Asie, tous les alliés et les Spartiates présents étaient furieux, pensant que la force dont disposait Agésilas était inférieure aux effectifs préparés par le roi ; mais Agésilas, la mine rayonnante, fit annoncer par des délégués à Tissapherne qu'il lui avait beaucoup de reconnaissance parce que, en trahissant ses serments, il s'était attiré l'hostilité des dieux et en avait fait les alliés des Grecs. Et, à la suite de cela, il ordonna aussitôt à ses soldats de se préparer pour une expédition ; et aux cités où il lui fallait venir en faisant campagne contre la Carie, il enjoignit de lui préparer des provisions. Il prescrivit aussi par lettres adressées aux Ioniens, aux Éoliens et aux Hellespontins de lui envoyer à Éphèse des troupes qui combattraient à ses côtés. Tissapherne donc, parce qu'Agésilas n'avait pas de cavalerie et que la Carie était un mauvais terrain pour les chevaux, et parce qu'il savait qu'Agésilas était furieux contre lui à cause de sa tromperie, crut réellement qu'il allait se ruer en Carie pour attaquer sa maison ; il y fit passer toute son infanterie et emmena avec lui la cavalerie dans la plaine du Méandre, pensant être capable d'écraser les Grecs avec ses cavaliers avant qu'ils ne parviennent en des lieux impraticables à cheval. Mais Agésilas, au lieu d'aller en Carie, fit volte-face aussitôt et se mit en marche en direction de la Phrygie ; il rassembla les forces qu'il rencontrait dans sa marche et les emmena. Il soumit les villes, et par des incursions inopinées, il recueillit d'énormes richesses.

Xénophon, *Agésilas*, 1, 12-16

Agésilas dupe même le Perse en enrichissant ses amis.

Il paraît aussi qu'il accomplit encore un acte qui convenait à un stratège : quand la guerre fut déclarée et qu'à la suite de cela tromper devint autorisé par les dieux et les hommes, il démontra que Tissapherne n'était qu'un gamin en matière de tromperie, et parut alors aussi enrichir ses amis intelligemment. Comme, grâce à la prise de nombreuses richesses, tout était revendu à prix presque nul, il prévint ses amis d'acheter, en leur disant qu'il allait vite descendre vers la mer avec son armée ; et il ordonna aux préposés à la vente du butin de livrer les richesses en inscrivant le prix auquel chacun achetait un objet. Aussi ses amis, sans rien payer d'avance et sans nuire au trésor public, reçurent-ils tous d'énormes richesses. En outre, quand des transfuges venus auprès du roi voulaient, comme il est naturel, lui signaler des richesses à prendre, il veillait à ce qu'elles fussent saisies aussi par l'entremise de ses amis, de façon qu'ils s'enrichissent et qu'ils fussent en même temps plus célèbres. Grâce à quoi il se fit beaucoup d'amis ! Reconnaissant qu'un territoire ravagé et réduit à l'état de désert ne pourrait longtemps supporter une armée, tandis qu'un territoire habité et cultivé fournirait de la nourriture inépuisable, il s'occupait non seulement de soumettre de vive force l'adversaire mais aussi de se le concilier par la douceur. Souvent, il prescrivait aux soldats de ne pas punir les prisonniers comme s'ils étaient en tort et au contraire de les surveiller comme des hommes ; souvent aussi, lors d'un changement de camp, s'il s'apercevait qu'on avait laissé sur place des petits esclaves de marchands, que beaucoup vendaient parce qu'ils pensaient ne pouvoir les emmener et les nourrir, il veillait à ce qu'ils fussent amenés avec le reste. Et aussi, s'agissant des prisonniers qu'on laissait sur place à cause de leur vieillesse, il donnait l'ordre qu'on s'en occupât pour qu'ils ne fussent pas mis en pièces par les chiens ou les loups. Aussi bien non seulement ceux qui apprenaient cela mais aussi les prisonniers eux-mêmes étaient bien disposés à son égard. À toutes les villes qu'il se conciliait, en les exemptant de tous les services que les esclaves doivent aux maîtres, il prescrivait de suivre tous les ordres que des hommes libres doivent à des chefs ;

et il soumit par son humanité les places fortes imprenables
par la force.

Xénophon, *Agésilas*, 1, 17-22

Agésilas se constitue une cavalerie.

Pourtant, comme il ne pouvait faire campagne dans
les plaines même en Phrygie, à cause de la cavalerie de
Pharnabaze, il décida qu'il lui fallait organiser une cavalerie, pour qu'il ne dût pas faire la guerre en s'enfuyant.
Il enrôla donc les plus riches dans toutes les villes du pays
pour entretenir des chevaux. Et il proclama que quiconque
fournirait un cheval, des armes et un homme estimé aurait
permission de ne pas faire campagne ; et il obtint que chacun
fît cela avec la même ardeur que si chacun avait cherché un
homme qui dût mourir à sa place. Il désigna aussi des villes
où il devrait se procurer des cavaliers, pensant que ce serait
surtout dans les villes où l'on nourrirait des chevaux qu'il
y aurait aussitôt des hommes qui s'enorgueilliraient de leur
science équestre. Et il parut donc avoir agi admirablement
en ayant réussi à s'organiser une cavalerie qui fut aussitôt
robuste et opérationnelle.

Xénophon, *Agésilas*, 1, 23-24

*En 395, il s'installe à Éphèse où, très vite, la ville s'active
dans l'attente du grand combat.*

Quand apparut le printemps, il emmena toute l'armée
à Éphèse ; voulant l'exercer, il proposa des récompenses
à l'escadron de cavalerie qui pratiquerait le mieux l'art
équestre, et au bataillon de fantassins qui aurait la meilleure
tenue physique ; aux peltastes[13] et aux archers, il proposa

13. Membres de l'infanterie légère. Ils portent un bouclier d'osier,
le *peltè*, et sont armés d'un javelot et d'une épée.

des récompenses pour ceux qui apparaîtraient les meilleurs dans leur spécialité. On pouvait voir les gymnases pleins d'hommes qui s'exerçaient, l'hippodrome plein de cavaliers montant à cheval, les lanceurs de javelot et les archers tirant au but. Il rendit la ville entière où il se trouvait digne d'être vue ! En effet, l'agora était pleine de toutes sortes d'armes et de chevaux à vendre ; les bronziers, les charpentiers, les forgerons, les cordonniers, les graveurs, tous préparaient des armes, si bien que la cité avait réellement l'aspect d'un atelier de guerre. On fut réconforté en voyant aussi ceci : Agésilas d'abord, puis les autres soldats, couronnés quand ils sortaient des gymnases et consacrant leurs couronnes à Artémis. Quand en effet des hommes vénéraient les dieux, s'exerçaient aux travaux guerriers, s'entraînaient à la discipline, comment n'aurait-il pas été naturel que tout fût plein de bonnes espérances ?

Estimant aussi que mépriser l'ennemi insuffle de la force pour se battre, Agésilas enjoignit aux crieurs de mettre en vente nus les Barbares pris par les corsaires Les soldats, qui leur voyaient la peau blanche parce qu'ils ne se déshabillaient jamais, le corps mou et flasque parce qu'ils étaient toujours sur leurs chariots, se dirent que la guerre ne serait pas différente s'il leur fallait se battre contre des femmes.

Xénophon, *Agésilas*, 1, 25-28

Il continue à tromper Tissapherne pour enfin en venir à bout.

Agésilas fit aussi cette annonce aux soldats : il allait les conduire tout de suite par la route la plus courte aux meilleures parties du pays, de façon qu'ils s'y préparent là, physiquement et mentalement, à combattre. Tissapherne crut cependant qu'il disait cela parce qu'il voulait encore le tromper et, en réalité, envahir à présent la Carie. Il fit donc passer son infanterie en Carie, comme auparavant, et installa sa cavalerie dans la plaine du Méandre. Mais Agésilas n'avait pas menti et, comme il l'avait annoncé, il se porta aussitôt dans la région de Sardes ; tant qu'il marchait, trois jours durant, à travers un territoire vide d'ennemis, il procurait à sa troupe des provisions en abondance, mais, le quatrième jour, les cavaliers ennemis étaient arrivés. Leur chef dit au commandant du train des équipages de traverser le Pactole et d'établir ensuite le camp ; les cavaliers, quant à eux, voyant les valets des Grecs vaquant, dispersés, au pillage, en tuèrent un grand nombre. Quand il s'en aperçut, Agésilas ordonna à ses cavaliers de se porter à leur secours. Mais, dès qu'ils virent arriver le secours, les Perses se réunirent et reformèrent leurs rangs pour faire face avec tous leurs escadrons de cavalerie. Alors Agésilas, comprenant que les ennemis ne disposaient pas encore de la présence de l'infanterie tandis qu'à lui rien de ce qu'il avait préparé ne manquait, jugea que c'était le moment d'engager la bataille, s'il le pouvait. Il fit un sacrifice et mena aussitôt sa phalange contre les cavaliers dont les rangs lui faisaient face, ordonna aux hoplites qui avaient accompli dix ans de service de courir à leur contact et dit aux peltastes de prendre la tête au pas de course ; il commanda aussi aux cavaliers de se jeter sur l'ennemi, assurant que lui-même suivait avec toute l'armée. Ce furent les braves d'entre les Perses qui soutinrent le choc des cavaliers ; mais, quand toutes les forces terribles furent présentes contre eux, ils plièrent et les uns tombèrent aussitôt dans le fleuve tandis que les autres prenaient la fuite. Les Grecs qui les poursuivent s'emparent aussi de leur camp. Les peltastes, comme il est naturel, se consacraient au pillage, et Agésilas établit son camp en encerclant les forces ennemies et amies.

Quand il entendit que l'ennemi était troublé parce que chacun rendait l'autre responsable de l'événement, il marcha aussitôt contre Sardes. Là, il brûlait et ravageait les abords de la ville, et en même temps il fit savoir par proclamation que ceux qui demandaient la liberté devaient se présenter à lui comme à un allié ; si certains tenaient l'Asie pour leur possession, ils devaient se présenter en armes aux libérateurs pour trancher la question. Et comme nul ne sortait pour s'opposer, à partir de là Agésilas fit campagne sans rien craindre, voyant les Grecs, auparavant forcés de se prosterner, honorés par ceux dont ils subissaient les violences ; et ceux qui prétendaient jouir même des honneurs des dieux, il avait obtenu qu'ils ne puissent même plus regarder les Grecs en face. Épargnant le territoire de ses amis des destructions, il jouissait assez de celui des ennemis pour que, en deux années, il eût consacré au dieu de Delphes une dîme de plus de cent talents.

Cependant le roi des Perses, estimant que Tissapherne était responsable du mauvais état de ses affaires, envoya Tithraustès sur place et fit décapiter Tissapherne. Après cela, le camp des Barbares fut encore plus démoralisé, celui d'Agésilas fut encore plus fort : de tous les peuples venaient des délégués pour conclure une amitié, beaucoup aussi se détachèrent pour se ranger à ses côtés, parce qu'ils aspiraient à la liberté, tant et si bien qu'Agésilas fut chef non plus seulement de Grecs mais aussi de nombreux Barbares.

Xénophon, *Agésilas*, 1, 28-35

La paix est conclue.

Tithraustès demanda à Agésilas de conclure un accord, puis de retourner chez lui, et il lui fit offrir de l'argent. Agésilas répondit que, pour la paix, c'était Sparte qui en était maîtresse, que, quant à lui, il avait plus de plaisir à enrichir ses soldats qu'à être riche lui-même, et que, d'ailleurs, les Grecs trouvaient beau, non pas de recevoir des présents des ennemis, mais de conquérir leurs dépouilles. Cependant, voulant complaire à Tithraustès, qui avait puni Tissapherne, cet ennemi de tous les Grecs, il emmena son armée en Phrygie et accepta de Tithraustès, comme provision de route, trente talents.

Plutarque, Agésilas, 10, 6-8

Il commet une grave erreur en déléguant le commandement de sa flotte[14].

Comme il était en chemin, il reçut des autorités de Sparte une scytale qui lui ordonnait de prendre aussi le commandement de la flotte, honneur qui n'échut qu'au seul Agésilas. C'est qu'il était reconnu par tous comme le plus grand et le plus illustre des hommes de son époque, comme le dit quelque part Théopompe. Mais lui-même tirait plus de fierté de son mérite que des commandements qui lui étaient conférés. Il mit alors Pisandre à la tête de la flotte, en quoi il semble avoir commis une faute, car, ayant avec lui des hommes plus âgés et plus avisés, au lieu de considérer l'intérêt de la patrie, il voulut honorer sa parenté et faire plaisir à sa femme, dont Pisandre était le frère, en lui confiant le commandement de la flotte.

Plutarque, Agésilas, 10, 9-11

Il s'attaque à Pharnabaze, entouré de ses alliés.

Quant à lui, il établit son armée dans le pays soumis à l'autorité de Pharnabaze ; non seulement il y trouvait de tout en abondance, mais il amassait encore de grandes richesses. Puis, s'avançant jusqu'à la Paphlagonie, il gagna l'appui de Cotys, le roi des Paphlagoniens, à qui le mérite et la loyauté d'Agésilas avaient fait désirer son amitié. Spithridatès, depuis qu'il avait fait défection à Pharnabaze pour se rallier à Agésilas, l'accompagnait toujours dans ses déplacements et ses expéditions. Il avait un fils, Mégabatès,

14. Voir p. 161.

d'une grande beauté, qui était encore un enfant et qui inspira une violente passion à Agésilas ; il avait aussi une fille, également belle, en âge d'être mariée. Agésilas persuada Cotys de l'épouser, puis, ayant reçu de lui mille cavaliers et deux mille peltastes, il retourna en Phrygie et dévasta le pays de Pharnabaze. Celui-ci, sans l'attendre ni se fier à ses places fortes, se retirait en emportant toujours ce qu'il avait de plus précieux et de plus cher, et se dérobait en passant sans cesse d'un lieu à un autre, jusqu'à ce que Spithridatès, qui l'épiait, emmenant avec lui le Spartiate Hérippidas, prit son camp et s'empara de toutes ses richesses. Mais alors Hérippidas, en enquêtant sur les objets volés et en forçant les Barbares à les rendre, en contrôlant tout et en fouillant partout, exaspéra Spithridatès au point que celui-ci partit aussitôt pour Sardes avec les Paphlagoniens. On dit qu'Agésilas ressentit de ce départ le chagrin le plus cuisant. Il s'affligeait d'avoir perdu un homme aussi brave que Spithridatès, et, avec lui, un corps d'armée qui n'était pas négligeable. Il rougissait aussi d'être accusé de mesquinerie, grief qu'il mettait son point d'honneur à écarter de lui-même et de sa patrie.

Plutarque, *Agésilas*, 11, 1-5

Il tombe éperdument amoureux.

Enfin, outre ces motifs manifestes de regrets, il était tourmenté par l'amour du jeune garçon, amour qui s'était insensiblement insinué en lui, bien qu'en sa présence il mît un point d'honneur à combattre énergiquement sa passion.

Un jour même que Mégabatès s'approchait de lui pour le saluer en lui donnant un baiser, il se détourna. L'enfant rougit et s'arrêta ; désormais il ne le salua plus qu'en restant à distance. De son côté, Agésilas était contrarié et regrettait d'avoir évité le baiser. Il feignit l'étonnement et demanda à ses familiers :

– Qu'est-ce qui a retenu Mégabatès de me saluer en m'embrassant ?

– C'est ta faute, lui répondirent-ils : au lieu d'accepter le baiser de ce bel enfant, tu l'as fui comme si tu avais peur ; on peut le persuader de venir t'embrasser, mais ne va pas t'effaroucher de nouveau.

Agésilas resta un moment pensif et silencieux, puis il reprit :

– Non, il ne faut pas que vous le persuadiez, car il me semble que j'aurais plus de plaisir à engager de nouveau cette lutte au sujet du baiser qu'à voir tout ce que j'ai sous les yeux se changer en or.

Tel était Agésilas tant que Mégabatès fut là, mais, quand il fut parti, sa passion devint à ce point brûlante qu'il est difficile d'affirmer que, si Mégabatès était revenu et avait paru devant lui, il aurait persisté à refuser ses baisers.

Plutarque, *Agésilas*, 11, 6-10

Il rencontre Pharnabaze.

Il y avait un certain Apollophanès de Cyzique, qui se trouvait être depuis longtemps l'hôte de Pharnabaze, et qui avait également à cette époque contracté des liens d'hospitalité avec Agésilas. Cet homme donc dit à Agésilas qu'il pensait pouvoir lui amener, pour négocier une convention d'amitié, Pharnabaze en personne. Comme il avait su persuader Agésilas, après un échange de serments et de poignées de main, on le vit arriver qui amenait Pharnabaze vers un lieu convenu. C'est là qu'Agésilas et les Trente qui étaient avec lui, étendus à terre dans un pré, l'attendaient ; Pharnabaze cependant était venu en coûteux équipage. Comme ses serviteurs étalaient à ses pieds de ces tapis sur lesquels les Perses aiment à s'asseoir mollement, il rougit de son luxe en voyant le chétif appareil d'Agésilas ; il s'étendit donc, lui aussi, comme il était, par terre. Ils commencèrent par se saluer réciproquement, puis Pharnabaze tendit sa main droite, et Agésilas, en retour, tendit la sienne. Ensuite Pharnabaze entama la conversation – car il était l'aîné :

– Agésilas, et vous tous, Lacédémoniens ici présents, moi, j'ai été pour vous, quand vous faisiez la guerre aux Athéniens, un ami et un allié ; votre flotte a dû sa puissance à mes subsides, et, à terre, on m'a vu, sur mon cheval, combattre avec vous jusque dans la mer pour poursuivre l'ennemi. De la duplicité, comme chez Tissapherne, vous n'en trouverez ni dans mes actes ni dans mes paroles à votre égard, pour avoir à m'en accuser. Voilà donc comme je me suis montré ; et maintenant, me voici dans une situation telle, par votre fait, qu'il n'y a pas même un repas pour moi dans ma propre province, à moins que je ne ramasse de vos restes, comme les bêtes sauvages. Et tout ce que m'avait laissé mon père, beaux palais, parcs pleins d'arbres et de gibier, qui faisaient mes délices, tout cela, je le vois rasé ou brûlé jusqu'au sol. Si moi, je ne connais ni la justice divine ni la justice humaine, c'est à vous à m'apprendre comment de pareils actes sont le fait de gens qui savent montrer de la reconnaissance.

Telles furent ses paroles : tous les Trente en rougirent et gardèrent le silence ; et Agésilas, après un peu de temps, répondit :

– Quand même, je pense que tu sais bien, Pharnabaze, qu'il y a aussi dans les cités grecques des hommes qui contractent entre eux des liens d'amitié. Or ces gens-là, quand leurs villes deviennent ennemies, se battent avec leur patrie contre ceux-là même qui sont leurs hôtes, et le hasard a pu faire quelquefois qu'ils se sont entre-tués. Eh bien, nous qui, pour l'instant, faisons la guerre à votre roi, nous nous trouvons obligés de considérer comme ennemi tout ce qui lui appartient : cependant, ton amitié à toi, nous la mettrions au-dessus de tout. Et s'il s'agissait d'échanger l'autorité du roi contre la nôtre, ce n'est pas moi qui te le conseillerais ; mais, en fait, tu peux, en passant de notre côté, sans plus adorer personne ni même avoir de maître, vivre en jouissant de ce qui est à toi. D'ailleurs la liberté me paraît, à moi, valoir tous les biens. Et cependant, ce que nous te demandons, ce n'est pas d'acheter par la pauvreté la liberté ; c'est, en utilisant notre alliance, de renforcer, non plus la puissance du roi, mais bien la tienne, en soumettant tes compagnons d'esclavage d'aujourd'hui pour en faire tes vassaux. Et alors, si tu étais libre tout en devenant riche, qu'est-ce qui te manquerait pour être tout à fait heureux ?

– Faut-il donc, dit Pharnabaze, que je vous réponde en vous disant en toute simplicité ce que j'ai l'intention de faire.

– C'est bien ce que j'attends de toi.

– Eh bien ! si le roi en envoie un autre comme général et me place sous ses ordres, je déciderai d'être votre ami et allié. Mais si c'est à moi qu'il confie le commandement – telle est, je pense, la force du sentiment de l'honneur –, il faut bien vous rendre compte que je vous ferai la guerre du mieux que je pourrai.

En entendant ces mots, Agésilas lui prit la main et lui dit :

– Pourvu, mon très cher, qu'avec de pareils sentiments tu puisses devenir notre ami ! En tout cas, ajouta-t-il, sache une chose : c'est que je vais quitter, aussi vite que je pourrai, ta province, et qu'à l'avenir, même si nous nous faisons la guerre, tant que nous aurons d'autres adversaires sur qui marcher, nous t'épargnerons, toi et ce qui t'appartient.

Xénophon, *Helléniques*, 4, 1, 29-38

Foncièrement bon, il n'a de cesse d'aider ceux qu'il aime.

Comme Pharnabaze repartait avec ses amis, son fils, resté en arrière, courut vers Agésilas et lui dit en souriant :

– Agésilas, je fais de toi mon hôte, et il lui offrit le javelot qu'il tenait à la main.

Agésilas l'accepta, et, charmé de la figure et de la bonne grâce de l'enfant, il jeta les yeux sur les personnes présentes pour voir si l'une d'elles n'aurait pas un objet qu'il pût donner en retour au beau et généreux garçon. Apercevant le cheval de son secrétaire Idaeos paré de phalères[15], il s'empressa de les arracher pour les lui donner. Dans la suite il se souvint toujours de lui, et lorsque, plus tard, le jeune homme, chassé par ses frères de la maison paternelle, se fut réfugié à Sparte, il prit grand soin de lui et le servit même dans ses amours : il s'était épris d'un jeune athlète d'Athènes ; comme cet athlète était grand et fort, il risquait d'être exclu du concours olympique ; le Perse recourut à Agésilas et l'implora en faveur du jeune homme, et Agésilas, voulant lui faire aussi ce plaisir, se donna beaucoup de peine et parvint, après mainte démarche, à arranger l'affaire. En effet, si d'ordinaire il observait strictement les règles, il pensait qu'en amitié le respect d'une justice rigoureuse n'était que prétexte à dérobade. On cite à ce propos un billet qu'il écrivit à Hidrieus le Carien et qui était ainsi conçu : « Si Nicias n'est pas coupable, relâche-le. S'il est coupable, relâche-le pour l'amour de moi. De toute façon, relâche-le. » Ainsi se comportait d'ordinaire Agésilas en faveur de ses amis. Pourtant, en certaines circonstances, il se souciait davantage de l'intérêt commun, comme il le montra un jour, au cours d'une retraite précipitée, où il abandonna malade un jeune homme qu'il aimait. Celui-ci l'appelait et le suppliait alors qu'il partait ; Agésilas se détourna en disant qu'il était difficile d'être à la fois compatissant et sage.

Plutarque, *Agésilas*, 13, 1-7

15. Pièce ronde en métal ornant les harnachements des chevaux.

Il montre l'image d'un homme humble.

Son expédition entrait déjà dans sa deuxième année, et l'on parlait beaucoup d'Agésilas dans la Haute-Asie, où l'on admirait et vantait sa continence, sa simplicité, sa modération. En voyage, il plaçait sa tente personnelle dans les sanctuaires les plus vénérés, et de cette intimité que nous laissons peu voir aux autres hommes, il rendait les dieux spectateurs et témoins. Parmi tant de milliers de soldats on n'aurait pas aisément trouvé un grabat plus médiocre que celui d'Agésilas. À l'égard du chaud et du froid on eût pu croire qu'il était le seul dont la nature fût capable de supporter les saisons réglées par la divinité. Mais le spectacle le plus agréable pour les Grecs établis en Asie, c'était de voir ces gouverneurs et ces généraux qui leur pesaient depuis longtemps, ces gens insupportables, pourris par la richesse et le luxe, redouter et courtiser un homme allant et venant vêtu d'un manteau simple et grossier, et se régler et changer d'attitude sur un mot bref et laconique qu'il leur adressait.

Plutarque, *Agésilas*, 14, 1-4

Il veut défier le Grand Roi lui-même quand Sparte est soudain menacée.

Tandis que l'Asie bougeait et, en beaucoup d'endroits, inclinait vers la défection, Agésilas, après avoir réglé la situation des villes de la région et avoir rétabli un ordre convenable dans les affaires politiques sans faire périr ni bannir personne, avait résolu de pousser plus avant et de transporter la guerre loin de la mer grecque ; il voulait forcer le roi à combattre en personne et pour la félicité dont il jouissait à Ecbatane et à Suse, en commençant par l'arracher à son oisiveté, pour qu'on ne le vît plus, tranquillement assis sur son trône arbitrer les guerres entre Grecs et corrompre les chefs politiques. À ce moment arrive auprès de lui le Spartiate Épicydidas, qui lui annonce qu'une grande guerre a éclaté en Grèce contre Sparte et que les éphores le rappellent et lui ordonnent de venir au secours de sa patrie. [...]

Agésilas n'a rien fait de mieux ni de plus grand que ce départ, et il n'existe pas de plus bel exemple de discipline et de loyauté. [...] Il n'eut pas plus tôt reçu la scytale qu'il abandonna la réussite et la puissance extraordinaires qu'il avait en main et renonça aux vastes espérances qui guidaient son chemin pour s'embarquer aussitôt, laissant « son œuvre inachevée » et de vifs regrets aux alliés. [...] Comme la monnaie perse était à l'effigie d'un archer, il dit en partant que le roi le chassait d'Asie avec trente mille archers : c'était le nombre des dariques[16] apportées à Athènes et à Thèbes et distribuées aux chefs politiques pour décider les peuples à entrer en guerre contre Sparte.

Plutarque, *Agésilas*, 15, 1-8

Sur le chemin du retour, il rencontre amis et ennemis.

Quand il eut franchi l'Hellespont, il traversa la Thrace, sans solliciter aucun des peuples barbares, en envoyant seulement demander à chacun d'eux s'il devait traverser leur pays en ami ou en ennemi. Presque tous l'accueillirent amicalement et lui fournirent une escorte, chacun selon ses forces ; seuls, ceux qu'on appelle Tralles et auxquels Xerxès lui-même, dit-on, avait fait des présents, réclamèrent d'Agésilas, en paiement de son passage, cent talents d'argent et cent femmes. Il se moqua d'eux et dit :

– Pourquoi donc ne sont-ils pas venus les prendre tout de suite ?

En poursuivant son chemin, il les rencontra rangés en ordre de bataille ; il les mit en déroute et en tua beaucoup.

16. Monnaie perse.

Il envoya poser la même question au roi de Macédoine, qui répondit qu'il en délibérerait.

– Eh bien ! dit-il, qu'il en délibère, lui ; quant à nous, maintenant, continuons notre route. Étonné de son audace et prenant peur, le roi le pria de passer en ami. Comme les Thessaliens étaient alliés aux ennemis de Sparte, il ravagea leur pays. Cependant il envoya Xénoclès et Scythès à Larissa, avec des offres d'amitié. Ses deux émissaires furent appréhendés et emprisonnés. Ses conseillers étaient d'avis qu'Agésilas devait aller camper devant Larissa et en faire le siège, mais il déclara :

– Même s'il s'agissait de la conquête de la Thessalie entière, je ne voudrais pas la payer de la perte de l'un de ces deux hommes, et il se les fit rendre en vertu d'une convention.

Sans doute ne faut-il pas s'étonner de ces paroles d'Agésilas, lui qui, apprenant qu'une grande bataille avait eu lieu à Corinthe, que beaucoup d'hommes d'un grand renom y étaient tombés en un temps extrêmement court et que, si les Spartiates avaient eu des pertes minimes, les ennemis en avaient eu d'importantes, n'en manifesta ni joie ni enthousiasme, mais poussa un profond soupir et s'écria :

– Hélas ! malheureuse Grèce, combien d'hommes tu as perdus par ta faute, qui, s'ils vivaient, pourraient vaincre le monde barbare tout entier !

Comme les Pharsaliens harcelaient et maltraitaient son armée, il donna l'ordre à cinq cents cavaliers de charger avec lui ; il mit ainsi l'ennemi en fuite et dressa un trophée au pied du Narthakion. Il était particulièrement heureux de cette victoire parce qu'ayant constitué sa cavalerie par ses propres moyens, il avait battu avec elle seule des gens qui mettaient tout leur orgueil dans la pratique de l'art équestre.

Plutarque, *Agésilas*, 16, 1-8

Il apprend la défaite de sa flotte.

En Thessalie il trouva l'éphore Diphridas, qui était venu de Sparte au-devant de lui, et qui lui ordonna d'envahir sur le champ la Béotie. Agésilas avait l'intention de ne le faire que plus tard, avec de plus grands moyens d'action, mais il ne crut pas devoir désobéir en rien aux magistrats ; il dit à ceux qui l'entouraient que le jour était proche en vue duquel ils étaient rentrés d'Asie, et il fit venir deux bataillons des troupes campées devant Corinthe. De plus, à Sparte, les citoyens, qui le tenaient en grand honneur, invitèrent par une proclamation publique à s'inscrire les jeunes gens qui voulaient aller en renfort auprès du roi. Tous s'empressèrent de donner leurs noms. Les magistrats choisirent parmi eux les meilleurs et les plus robustes, au nombre de cinquante, et les lui envoyèrent.

Agésilas, après avoir franchi les Thermopyles et traversé la Phocide, pays ami, entra en Béotie et campa près de Chéronée. Là, il vit le soleil s'éclipser et prendre la forme d'un croissant, et en même temps il apprit que Pisandre[17] avait été vaincu et tué dans un combat naval près de Cnide par Pharnabaze et Conon. Il en fut naturellement affligé, et pour l'homme et pour la cité, mais, voulant éviter que les soldats ne fussent saisis, au moment où ils marchaient au combat, de découragement et de crainte, il ordonna aux messagers venus de la mer d'annoncer, au contraire, qu'ils étaient vainqueurs dans la bataille navale, et lui-même, s'avançant avec une couronne sur la tête, offrit un sacrifice d'actions de grâce et envoya à ses amis des portions des victimes.

Plutarque, *Agésilas*, 17, 1-5

17. Le choix d'Agésilas de le mettre à la tête de la flotte n'était pas bon. Voir p. 152.

La même année, en 394, il affronte les Thébains, les Athéniens, les Argiens, les Corinthiens, les Ainianes, les Eubéens et les Locriens. Au péril de sa vie…

Xénophon était là.

Mais je vais aussi raconter la bataille ; il n'y en eut aucune autre pareille parmi celles de notre temps. Se rencontrèrent dans la plaine de Coronée, d'un côté, Agésilas et sa troupe qui venaient du Céphise, de l'autre, les Thébains avec leurs troupes qui venaient de l'Hélicon. Ils voyaient que leurs phalanges respectives s'équilibraient tout à fait et que les effectifs des cavaleries étaient à peu près identiques. Agésilas tenait l'aile droite de son armée, les Orchoméniens étaient à l'extrémité de son aile gauche. Les Thébains, eux, étaient aussi à droite, les Argiens tenaient leur aile gauche.

Tant qu'ils marchaient à la rencontre les uns des autres, c'était un grand silence de part et d'autre ; mais, quand ils ne furent plus distants que d'un stade[18], les Thébains poussèrent le cri de guerre et se portèrent au pas de course à l'attaque. Quand il n'y eut plus que trois plèthres[19] entre eux, sortirent des rangs de la phalange d'Agésilas, pour courir affronter l'ennemi, les mercenaires commandés par Hérippidas (c'étaient ceux qui faisaient campagne avec lui depuis Sparte, ainsi que certains de la troupe de Cyrus), Ioniens, Éoliens et Hellespontins qui en étaient voisins. Et tous furent de ceux qui sortirent des rangs pour courir affronter l'ennemi et, parvenus au contact, ils mirent en déroute leurs adversaires. Cependant les Argiens ne soutinrent pas l'assaut des soldats entourant Agésilas et prirent la fuite vers l'Hélicon. Alors quelques troupes étrangères entreprenaient déjà de couronner Agésilas, mais on lui annonce que les Thébains avaient taillé en pièces les Orchoméniens et se trouvaient parmi les bagages. Aussitôt, il fait faire demi-tour

18. 180 m.
19. 90 m.

à sa phalange et les conduit contre les Thébains, tandis que ceux-ci, à leur tour, quand ils virent que leurs alliés s'étaient enfuis pour atteindre l'Hélicon, voulaient se précipiter vers les leurs et essayaient de passer énergiquement.

On peut dire sans conteste qu'Agésilas fut courageux alors, mais il ne fit pourtant pas le choix le plus sûr : alors qu'il lui était possible de laisser passer ceux qui se précipitaient, de suivre et de soumettre ceux qui étaient les derniers, il ne le fit pas et, front contre front, il s'abattit sur les Thébains. Et, entremêlant les boucliers, ils se heurtaient, se battaient, tuaient et mouraient. Il n'y avait aucun cri mais ce n'était pas non plus le silence, il y avait juste un son comme peuvent en produire la colère et la bataille. Finalement, une partie des Thébains se précipitèrent vers l'Hélicon et beaucoup moururent dans la retraite.

Une fois que la victoire fut avec Agésilas, et que lui-même, blessé[20], eut été transporté vers sa phalange, quelques cavaliers se portent près de lui pour lui dire que quatre-vingts ennemis en armes se trouvent au pied du temple et demander ce qu'il faut faire. Lui, bien qu'il fût criblé de blessures partout faites par toutes sortes d'armes, n'oublia pas la divinité et ordonna de les laisser partir où ils voudraient et interdit de leur faire du mal ; et il enjoignit aux cavaliers de son entourage de les escorter jusqu'à ce qu'ils fussent en sécurité.

---

20. « Le combat devint dès lors acharné sur toute la ligne, et spécialement à l'endroit où Agésilas lui-même se tenait avec les cinquante, qui paraissent avoir heureusement rivalisé de bravoure pour sauver le roi. Ils combattaient et s'exposaient au danger avec fougue ; ils ne purent le préserver des blessures, et il reçut à travers sa cuirasse plusieurs coups de lance et d'épée, mais leurs durs efforts parvinrent à l'arracher vivant à la mêlée ; en lui faisant un rempart de leurs corps, ils tuèrent nombre d'ennemis et perdirent beaucoup des leurs » (Plutarque, *Agésilas*, 18, 5-6).

Quand le combat eut pris fin, on put voir là où ils s'étaient heurtés les uns contre les autres la terre inondée de sang, les morts gisant, amis et ennemis entremêlés, des boucliers brisés, des lances fracassées, des poignards sans leur fourreau, les uns par terre, d'autres dans le corps, d'autres encore dans les mains. À ce moment (il était déjà tard), les troupes d'Agésilas tirèrent les cadavres des ennemis pour les réunir à l'intérieur de leurs lignes, puis elles dînèrent et se couchèrent ; le matin suivant, il ordonna au polémarque Gylis de former les rangs, d'élever un trophée, à tous de se couronner en l'honneur du dieu et aux aulètes de tous jouer.

Tandis qu'ils vaquaient à ces tâches, les Thébains envoyèrent un héraut demander une convention pour enterrer leurs morts. Une convention fut ainsi passée et Agésilas commençait à s'en retourner chez lui, car il avait choisi, plutôt que d'être le plus grand en Asie, de commander chez lui aux lois et obéir aux lois.

Xénophon, *Agésilas*, 2, 9-16

Agésilas conclut une trêve et s'approprie la victoire.

Bien qu'Agésilas souffrît cruellement de ses nombreuses blessures, il ne rentra pas sous sa tente avant de s'être fait porter sur un brancard auprès de la phalange[21] et d'avoir vu les morts transportés à l'intérieur du camp. Des ennemis s'étant réfugiés dans le sanctuaire, il ordonna de les laisser tous partir. [...]

Au point du jour, Agésilas, voulant se rendre compte si les Béotiens allaient reprendre le combat, ordonna aux soldats de se couronner et aux musiciens de jouer de la flûte, taudis que l'on dresserait et ornerait un trophée, comme il convenait à des vainqueurs. Les ennemis ayant envoyé

---

21. Colonne de lanciers lourdement armés conçue pour anéantir l'infanterie ennemie lors du choc.

demander l'autorisation de relever leurs morts, Agésilas conclut avec eux une trêve et, ayant ainsi confirmé sa victoire, il se rendit à Delphes, au moment où l'on y célébrait la fête pythique. Il organisa la procession en l'honneur du dieu, et lui consacra la dîme des dépouilles rapportées d'Asie, qui se monta à cent talents.

Plutarque, *Agésilas*, 19, 1-4

Sur le chemin du retour, il s'attaque aux Argiens.

Par la suite, comme il avait remarqué que les Argiens s'occupaient des récoltes chez eux, qu'ils s'étaient concilié Corinthe et qu'ils prenaient plaisir à la guerre, il fit campagne contre eux ; il ravagea tout leur territoire puis, de là il franchit aussitôt les défilés qui conduisent à Corinthe et s'empare des murs qui s'étendent jusqu'à Léchaion. Et, après avoir ouvert ainsi les portes du Péloponnèse, il s'en retourna chez lui pour la fête des Hyacinthies[22] et il exécuta le péan pour le dieu, à la place où il avait été mis par le chef de chœur.

Xénophon, *Agésilas*, 2, 17

Il parvient enfin dans sa patrie.

Il fut aussitôt l'objet de l'affection de ses concitoyens et attira sur lui tous les regards par sa conduite et sa manière de vivre. En effet, il ne revenait pas de l'étranger, comme la plupart des généraux, avec un esprit nouveau, fasciné par les mœurs des autres peuples, maugréant contre celles de son pays et, refusant d'en subir le joug, mais, autant que ceux qui n'avaient jamais traversé l'Eurotas[23], il respectait

22. Célébrées en l'honneur d'Hyacinthe, qu'Apollon avait tué accidentellement, ces fêtes annuelles avaient lieu à Amyclées.
23. Fleuve principal de la Laconie qui baigne Sparte.

et chérissait les usages de sa patrie, ne changeant rien à ses repas, à ses bains, à la toilette de sa femme, à la décoration de ses armes et à l'aménagement de sa maison, dont il laissa la porte dans un tel état de vétusté qu'on la prenait pour celle qu'y avait mise Aristodamos[24]. Xénophon dit que le cannathre[25] de la fille[26] d'Agésilas n'avait rien de plus imposant que les autres[27].

Voyant que quelques-uns de ses concitoyens se prenaient pour des personnages importants et se montraient très fiers parce qu'ils avaient une écurie de course, il persuada sa sœur Kynisca de lancer un char à Olympie pour prendre part au concours, afin de montrer aux Grecs que ce genre de victoire n'est nullement affaire de mérite, mais de richesse et de dépense[28].

Plutarque, *Agésilas*, 19, 5-7 ; 20, 1

24. Aristodamos, descendant d'Héraclès, est le grand-père d'Agis et d'Eurypon, éponymes des deux familles royales de Sparte. Il remonte donc à l'époque légendaire.

25. « On appelle *cannathres* des sièges de bois en forme de griffons ou de boucs-cerfs dans lesquels on porte les jeunes filles dans les processions » (Plutarque, *Agésilas*, 19, 8).

26. Ses filles s'appelaient Eupolia et Proauga et son épouse, Cléora.

27. « Si on n'y croit pas, qu'on voie la maison qui lui suffisait, qu'on en regarde la porte ; on pourrait conjecturer que c'est celle-là même qu'Aristodamos, descendant d'Héraclès, avait reçue et qu'il plaça à son retour ; qu'on essaie d'en considérer l'aménagement intérieur, qu'on remarque comment il festoyait dans les sacrifices, qu'on entende comment sa fille descendait à Amyclées dans une voiture à couverture d'osier » (Xénophon, *Agésilas*, 8, 7).

28. « Il décora sa maison des œuvres et des acquisitions d'un homme, élevant de nombreux chiens de chasse et des chevaux pour la guerre, il persuada sa sœur Kynisca [en fait sa fille] d'entretenir une écurie de course et il démontra, quand elle triompha, que cet élevage était un exemple non de qualités, mais de richesse » (Xénophon, *Agésilas*, 9, 6).

C'est de cette époque que date l'admiration que lui porte Xénophon qui écrira un éloge en son honneur.

Il avait auprès de lui le philosophe Xénophon, à qui il s'intéressait beaucoup ; il le décida à faire venir ses fils pour les élever à Sparte, où on leur dispenserait le plus beau des enseignements : l'art d'obéir et de commander.

Plutarque, *Agésilas*, 20, 2

Agésilas évite une révolution.

Après la mort de Lysandre, il découvrit une vaste conjuration que Lysandre, dès son retour d'Asie, avait formée contre lui. Son premier mouvement fut de faire connaître quel genre de citoyen avait été Lysandre de son vivant, et, après avoir lu dans un libelle laissé par lui un discours qu'avait composé Cléon d'Halicarnasse et que Lysandre devait apprendre par cœur et prononcer devant l'assemblée du peuple pour provoquer une révolution et un changement de régime politique, Agésilas voulait le publier. Mais un sénateur, qui l'avait lu aussi et en redoutait la dangereuse habileté, lui conseilla de ne pas déterrer Lysandre, mais d'enterrer plutôt son discours avec lui. Agésilas suivit cet avis et se tint tranquille[29].

Plutarque, *Agésilas*, 20, 3-5

Il sait museler ses opposants et apprivoise facilement son collègue.

Quant à ceux qui s'opposaient à sa politique, il ne leur nuisait pas ouvertement, mais il s'arrangeait pour faire envoyer successivement quelques-uns d'entre eux comme généraux ou gouverneurs, et il mettait ainsi en évidence

29. Voir p. 152 et 161.

leur médiocrité ou leur cupidité dans l'exercice de leurs fonctions ; puis, quand ils passaient en jugement, il changeait d'attitude, leur venait en aide et prenait leur défense ; d'ennemis qu'ils étaient, il s'en faisait ainsi des amis et se les attachait, si bien que personne ne pouvait contrebalancer sa puissance.

L'autre roi, Agésipolis[30], étant fils d'un banni et, d'ailleurs, très jeune et de caractère doux et modéré, se mêlait peu des affaires politiques. Il sut du reste l'apprivoiser lui aussi. Les rois, quand ils séjournent dans la ville, prennent leurs repas ensemble dans le même réfectoire. Sachant donc qu'Agésipolis était, comme lui-même, porté à l'amour, il amenait toujours la conversation sur les beaux garçons, engageait le jeune homme à faire comme lui, partageait et favorisait ses amour. L'amour spartiate, on le sait, n'a rien de honteux et comporte beaucoup de décence, de noble ambition et de zèle pour la vertu, comme je l'ai écrit dans la biographie de Lycurgue[31].

Plutarque, Agésilas, 20, 6-9

Comme tout bon Spartiate, il avait la répartie facile et cinglante.

Il donnait de l'éclat aux chœurs et aux concours de Sparte ; il y assistait toujours avec beaucoup d'empressement et d'intérêt, et il ne manquait pas de regarder les compétitions entre les garçons et entre les jeunes filles. Mais il semblait ne pas même connaître certains spectacles dont il voyait les autres épris. Ainsi, un jour, Callippidès, l'acteur tragique connu et renommé en Grèce, dont tout le monde faisait grand cas, le rencontrant, commença par le saluer, puis il se mêla effrontément à ceux qui se promenaient avec

---

30. Agésipolis Ier (395-380).
31. Voir p. 15 et suivantes.

le roi ; il plastronnait et espérait qu'Agésilas aurait pour lui
un mot aimable. Il finit par dire :

– Roi, tu ne me reconnais donc pas ?

À quoi Agésilas répondit en le regardant :

– N'es-tu pas Callippidès le dikélicte[32] ?

Une autre fois, invité à entendre un homme qui imitait
le chant du rossignol, il refusa en disant :

– J'ai entendu le rossignol lui-même.

Le médecin Ménécratès, ayant guéri certains malades
dont les cas étaient désespérés, avait reçu le surnom de
Zeus, dont il se parait lui-même avec une vanité grossière ;
c'est ainsi qu'il osa écrire à Agésilas avec, cette suscription :
« Ménécratès-Zeus au roi Agésilas, salut. » Agésilas lui écrivit
en retour : « Le roi Agésilas à Ménécratès, santé. »

Plutarque, *Agésilas*, 21, 7-10

*Il part en guerre contre Corinthe et en 389 il envahit
l'Arcananie.*

Alors qu'il se trouvait en Corinthie et qu'après s'être
emparé du sanctuaire d'Héra, il regardait ses soldats emmener les prisonniers et emporter le butin, des ambassadeurs
arrivèrent de Thèbes pour demander son amitié. Mais lui,
qui haïssait cette ville depuis toujours, crut alors qu'il était
de son intérêt de les traiter avec hauteur ; il fit semblant de
ne pas les voir et, quand ils parlèrent, de ne pas les entendre. Mais il subit la vengeance de Némésis : les Thébains
n'étaient pas encore partis qu'on vint lui annoncer que son
bataillon avait été taillé en pièces par Iphicrate. Un tel
désastre n'était pas arrivé depuis longtemps aux Spartiates :
ils perdaient là beaucoup de braves ; en outre leurs hoplites
avaient été battus par des peltastes, et des Spartiates par

---

32. C'est ainsi que les Spartiates appellent les mimes (précision
de Plutarque).

des mercenaires. Il bondit aussitôt pour aller au secours des vaincus, mais, apprenant que c'en était fait d'eux, il revint au sanctuaire d'Héra, fit dire aux Béotiens de s'approcher et leur donna audience. Alors eux, lui rendant affront pour affront, ne firent plus aucune mention de la paix et se bornèrent à demander qu'il leur permît d'aller à Corinthe. Pris de colère, Agésilas leur répondit :

– Si vous voulez voir vos amis fiers de leur succès, vous pourrez le faire demain tout à votre aise.

Le lendemain, il les emmena avec lui, ravagea le territoire de Corinthe et s'approcha de la ville elle-même. Ayant ainsi prouvé que les Corinthiens n'osaient pas se défendre, il congédia l'ambassade. Puis il recueillit les survivants du bataillon et les ramena à Sparte ; il se mettait en marche avant le jour et ne faisait halte qu'à la nuit tombée, afin de ne pas donner lieu de se réjouir à ceux des Arcadiens qui haïssaient et jalousaient Sparte.

Peu de temps après, pour complaire aux Achéens, il passa avec eux en Acarnanie à la tête d'une armée. Il fit beaucoup de butin et vainquit les Acarnaniens en bataille rangée. Comme les Achéens le priaient de rester là pendant l'hiver afin d'empêcher les ennemis d'ensemencer leurs terres, il déclara qu'il ferait le contraire, car ils craindraient davantage la guerre, si leur pays était ensemencé en vue de la belle saison ; et c'est ce qui arriva : à l'annonce d'une nouvelle invasion, ils se réconcilièrent avec les Achéens.

Plutarque, *Agésilas*, 22, 1-11

Puis il traite avec les Perses.

Comme Conon et Pharnabaze, maîtres de la mer avec la flotte du roi[33], ravageaient les côtes de Laconie, et que la

---

33. Le roi de Perse.

ville d'Athènes avait reconstruit ses remparts[34] avec l'argent
fourni par Pharnabaze, les Spartiates résolurent de faire la
paix avec le roi. Ils envoyèrent donc Antalcidas auprès de
Tiribaze, et commirent l'acte le plus déloyal et le plus honteux en abandonnant au roi les Grecs d'Asie, pour lesquels
Agésilas avait fait la guerre. Il s'ensuivit qu'Agésilas ne
participa en rien à cette infamie, car Antalcidas était son
ennemi et travaillait à établir la paix à tout prix, dans la
pensée que la guerre accroissait l'influence d'Agésilas et le
rendait très illustre et très puissant. Cependant, quelqu'un
disant à Agésilas que les Spartiates prenaient le parti des
Perses, il répondit :

— Ce sont plutôt les Perses qui prennent le parti des
Spartiates.

Et, comme certains peuples ne voulaient pas accepter
cette paix, il les menaça de la guerre et la leur déclara, les
contraignant ainsi à s'en tenir à ce que le Perse avait trouvé
juste. Il le fit surtout à cause des Thébains, afin de les affaiblir
en les obligeant à laisser la Béotie indépendante.

Plutarque, Agésilas, 23, 1-5

Il a réponse à tout.

Même les alliés des Lacédémoniens supportaient mal
Agésilas, parce qu'il cherchait à anéantir les Thébains
non pas pour un grief d'ordre public, mais par rancune et
animosité.

— Qu'avons-nous besoin, disaient-ils, d'aller chaque année
nous faire tuer de côté et d'autre, en suivant une poignée de
Spartiates, nous qui sommes si nombreux ?

On rapporte qu'alors Agésilas, pour leur montrer ce qu'il
en était de leur nombre, imagina le moyen que voici : il fit

---

34. De longs murs protégeaient la ville et la route qui menait
au port du Pirée.

asseoir d'un côté tous les alliés mêlés ensemble, et de l'autre, à part, les Spartiates, puis il ordonna par la voix d'un héraut aux potiers de se lever d'abord ; quand ils se furent levés, il fit appeler de même les forgerons, puis successivement les charpentiers, les maçons et tous les autres corps de métiers. Tous les alliés, ou peu s'en faut, se levèrent donc, mais aucun des Spartiates n'eut à le faire, puisqu'il leur était défendu d'apprendre et d'exercer aucun art manuel. Et Agésilas de conclure en riant :

— Vous voyez, bonnes gens, que nous envoyons à la guerre beaucoup plus de soldats que vous.

Plutarque, Agésilas, 26, 6-9

Il tombe gravement malade.

À Mégare, alors qu'il ramenait de Thèbes son armée, Agésilas, en montant à l'acropole pour se rendre à la résidence des magistrats, éprouva dans sa bonne jambe une convulsion et une forte douleur. La jambe enfla, parut pleine de sang et présenta une inflammation extraordinaire. Un médecin syracusain lui ouvrit une veine sous la cheville et la souffrance cessa, mais le sang se mit à jaillir et à couler en abondance sans qu'on pût l'arrêter, de sorte qu'Agésilas fut pris d'une grande défaillance et courut un grave danger. Cependant l'évanouissement fit cesser l'hémorragie, et l'on transporta le roi à Sparte, où il resta longtemps malade et hors d'état de faire campagne.

Plutarque, Agésilas, 27, 1-3

En 376, les Spartiates sont vaincus pour la première fois par les Thébains à Tégyres. Cinq ans plus tard une paix est conclue.

De l'avis général, il fallait conclure la paix entre toutes les cités, et des ambassadeurs venus de toute la Grèce se réunirent à Sparte pour en fixer les conditions. Parmi eux se trouvait Épaminondas[35], homme illustre par sa culture et sa philosophie, mais qui n'avait pas encore donné sa mesure dans le commandement des armées. Celui-ci, voyant tous les autres s'incliner devant Agésilas, osa seul parler avec une fierté pleine de franchise, et prononça un discours où il plaida, non pas la cause des Thébains, mais la cause commune de toute la Grèce, en montrant que, si la guerre faisait la grandeur de Sparte, c'était aux dépens et pour le malheur de tous les autres Grecs, et en demandant qu'on établît une paix fondée sur l'égalité et la justice, car cette paix ne pouvait durer que si tous les États étaient égaux.

Plutarque, *Agésilas*, 27, 5-7

Mais la paix est vite rompue par Agésilas qui hait les Thébains.

Le 6 juillet 371, à Leuctres, six mille hoplites et mille cinq cents cavaliers thébains s'opposent à dix mille fantassins et mille cavaliers lacédémoniens.

Alors Agésilas, voyant que les paroles d'Épaminondas persuadaient les Grecs et les remplissaient d'une extraordinaire admiration, lui demanda s'il ne pensait pas que l'autonomie de la Béotie était juste et conforme à l'égalité. Épaminondas aussitôt répliqua hardiment en lui demandant si, de son côté, il ne croyait pas juste que la Laconie[36] fût indépendante. Agésilas bondit de colère et le somma de déclarer nettement s'il laisserait la Béotie indépendante. À quoi Épaminondas riposta comme la première fois :

– Oui, si tu laisses la Laconie indépendante.

Agésilas le prit si mal, et fut d'ailleurs si heureux du prétexte ainsi fourni qu'il effaça immédiatement du traité de paix le nom des Thébains et leur déclara la guerre. Quant

35. Grand général thébain.
36. Le pays des Spartiates.

aux autres Grecs, il les invita à se retirer après s'être réconciliés, en confiant à la paix les maux guérissables et les maux
incurables à la guerre, puisqu'il était bien difficile d'apaiser
et de résoudre tous les conflits.

À ce moment Cléombrote[37] se trouvait en Phocide avec
une armée. Les éphores lui envoyèrent sur-le-champ l'ordre
de conduire cette armée contre les Thébains, et ils dépê-
chèrent partout des émissaires pour rassembler leurs alliés ;
ceux-ci manquaient de zèle et étaient las de la guerre, mais
ils n'osaient pas encore résister et désobéir aux Spartiates.
Des présages sinistres se manifestaient en grand nombre
et le Laconien Prothoos s'opposait à l'expédition. Mais
Agésilas ne relâcha rien de son intransigeance et s'obstina à
faire la guerre, espérant, puisque la Grèce entière était avec
Sparte et que les Thébains se trouvaient exclus du traité,
que c'était le moment de se venger d'eux. Ce qui montre
que cette expédition fut inspirée par la colère plutôt que
par la réflexion, c'est la date à laquelle elle eut lieu, car les
accords avaient été conclus à Sparte vingt jours avant que
les Spartiates fussent vaincus à Leuctres. Il périt là mille
Spartiates, parmi lesquels le roi Cléombrote et, autour de
lui, les plus braves des Spartiates ; de ce nombre fut le beau
Cléonymos, fils de Sphodrias, qui, dit-on, tomba trois fois
devant le roi, se releva trois fois, et enfin expira en combattant contre les Thébains.

Plutarque, *Agésilas*, 28, 1-8

Comme c'était un terrain plat qui étaient entre les deux
armées, les Lacédémoniens avaient disposé devant leur phalange leurs cavaliers, en face desquels les Thébains avaient
rangé les leurs. Or la cavalerie thébaine se trouvait bien

---

37. Cléombrote II, le nouveau roi spartiate (381-371) qui rem-
plaçait son père Agésipolis Iᵉʳ.

exercée, grâce à la guerre soutenue contre Orchomène et contre Thespies, tandis que les Lacédémoniens avaient alors une cavalerie détestable. C'est que l'entretien des chevaux était bien l'affaire des plus riches ; mais une fois que la mobilisation était déclarée, alors arrivait l'homme désigné pour monter le cheval ; il en prenait possession avec des armes qu'on lui donnait telles quelles, et il partait aussitôt en campagne. D'autre part c'étaient, parmi les soldats, les plus débiles, et ceux qui étaient les moins courageux, qui montaient.

Pour le dispositif d'infanterie, les Lacédémoniens allaient au combat avec trois files par section, ce qui ne leur donnait pas plus de douze hommes en profondeur. Les Thébains au contraire avaient une formation serrée d'au moins cinquante boucliers en profondeur, comptant qu'une fois qu'ils auraient enfoncé l'aile qui était avec le roi, ils seraient facilement maîtres de tout le reste.

Une fois que Cléombrote commença à marcher à l'ennemi, tout d'abord et avant même que ses troupes se fussent aperçues qu'il avait pris le commandement, voici que les cavaliers entrèrent en contact et il fallut peu de temps pour que ceux de Sparte fussent vaincus ; dans leur fuite ils tombèrent sur leur propre infanterie, pendant que les compagnies thébaines attaquaient. Cependant l'aile où était Cléombrote fut d'abord victorieuse. En voici la preuve : c'est qu'il aurait été impossible de le ramasser et de le ramener vivant, si ceux qui combattaient devant lui n'avaient pas eu à ce moment l'avantage. Mais quand furent tués Deinon le polémarque et Sphodrias de la tente royale, avec son fils Cléonymos et l'état-major, alors les autres, bousculés par le nombre, furent repoussés, et l'aile gauche des Lacédémoniens, en voyant l'aile droite reculer, céda ; malgré le nombre de leurs morts et leur défaite, une fois passé le fossé naturel qu'ils avaient devant leur camp, ils mirent l'arme au pied à l'endroit d'où ils s'étaient ébranlés. Il y eut quelques Lacédémoniens qui, trouvant ce désastre intolérable, déclarèrent qu'il fallait empêcher les ennemis d'élever leur trophée, et essayer aussi de reprendre les morts, non par convention, mais par les armes[38]. Mais les polémarques[39] voyaient que sur l'ensemble des Lacédémoniens, il y avait près de mille morts et que sur les Spartiates proprement dits, qui avaient été présents au nombre de sept cents environ, près de quatre cents étaient tués. Ils se rendaient compte que chez les alliés personne n'avait de cœur à combattre et qu'il y en avait même qui n'étaient pas mécontents de ce qui s'était passé. Alors ils réunirent les principaux chefs pour délibérer sur ce qu'il y avait à faire. Comme tout le monde fut d'avis de signer une convention pour ramasser les morts, ils envoyèrent un héraut pour établir une trêve. Pour les Thébains, c'est ce qu'ils attendaient pour élever un trophée, et aussi pour rendre les morts par convention.

Xénophon, *Helléniques*, 6, 4, 10-15

Réaction étonnante à Sparte après la terrible nouvelle.

Ce fut pour les Spartiates un échec inattendu et pour les Thébains un succès inespéré, tel que jamais n'en avaient connu des Grecs combattant d'autres Grecs. Cependant on ne saurait louer ni admirer le courage de la ville vaincue moins que celui de la ville victorieuse. [...]

Il se trouva que Sparte était en fête et pleine d'étrangers, car c'étaient les Gymnopédies[40], et des chœurs étaient en train de concourir au théâtre, quand arrivèrent de Leuctres

---

38. Car, selon la tradition, qui des deux adversaires demande une trêve pour récupérer ses morts accepte implicitement sa défaite et permet au vainqueur d'élever son trophée.

39. Brigadiers.

40. Festivités religieuses tenues à Sparte en juillet, en l'honneur d'Apollon, et en hommage aux guerriers morts à la bataille des Champions, voir p. 71 et suivantes.

ceux qui venaient annoncer la nouvelle du désastre. Les éphores comprirent aussitôt que c'en était fait et que leur hégémonie était perdue, mais ils ne permirent pas au chœur de se retirer ni à la ville de rien changer à son air de fête. Ils firent porter aux parents dans leurs maisons les noms des morts, puis ils continuèrent à s'occuper du spectacle et du concours des chœurs. Le lendemain matin, quand la liste des survivants et celle des morts furent bien connues de tout le monde, les pères, les alliés, les parents des morts descendirent à l'agora, où ils se saluaient, le visage radieux, pleins de fierté et de joie, tandis que les proches des survivants, comme s'ils étaient en deuil, restaient au logis avec leurs femmes, et, si l'un d'eux était forcé de sortir, on voyait à son attitude, à sa voix, à son regard qu'il était abattu et humilié. Mais c'étaient surtout les femmes qu'il fallait voir et entendre : celle qui attendait son fils vivant au retour du combat était consternée et muette, tandis que celles dont on avait appris que les fils avaient succombé couraient sur-le-champ dans les sanctuaires, où elles s'abordaient joyeusement en se félicitant les unes les autres.

Plutarque, *Agésilas*, 29, 1-7

L'heure est grave et Sparte a besoin d'hommes pour la défendre.

Cependant les alliés faisaient défection, et la plupart des citoyens de Sparte pensaient qu'Épaminondas, fier de sa victoire, allait envahir le Péloponnèse. Alors le souvenir des oracles relatifs à la claudication d'Agésilas revint à l'esprit de beaucoup, qui furent pris d'un profond découragement, épouvantés d'avoir négligé l'avertissement des dieux ; on pensait que, si les affaires de la ville allaient si mal, c'est parce qu'on avait écarté du trône celui qui était ingambe pour choisir un boiteux, un estropié, ce dont la divinité leur avait recommandé de se préoccuper et de se garder avant tout. Et pourtant, à cause du crédit dont Agésilas jouissait par ailleurs, à cause aussi de sa valeur et de sa gloire, Sparte l'employait non seulement comme roi et général à la guerre, mais encore comme arbitre et médecin dans les difficultés politiques. Ainsi, ceux qui s'étaient montrés lâches au combat et que les Spartiates appellent des « trembleurs » étaient nombreux et influents, et l'on hésitait à les frapper de la dégradation civique, comme l'ordonnaient les lois, de peur qu'ils ne fassent une révolution. En effet, non seulement les gens de cette sorte sont exclus de toute magistrature, mais l'on considère comme honteux de donner à l'un d'eux ou d'en recevoir une épouse. Qui les rencontre peut les frapper à volonté. Ils doivent se résigner à sortir dans une tenue indigne et sale, à porter des manteaux rapiécés et de couleur sombre, à ne se raser qu'une partie de la barbe en laissant pousser le reste. Il était donc grave de laisser dans la ville un si grand nombre de ces gens-là, et cela alors qu'on avait besoin de beaucoup de soldats. On choisit Agésilas comme interprète des lois. Et lui, sans rien ajouter ni retrancher, sans rien changer aux dispositions légales, se présenta devant l'assemblée des Spartiates et déclara :

– Il faut aujourd'hui laisser dormir les lois, mais à partir de demain elles reprendront tout leur pouvoir à jamais.

C'est ainsi qu'il conserva à la cité ses lois et aux citoyens leur honneur. Puis, voulant arracher les jeunes gens à leur découragement et à leur abattement, il envahit l'Arcadie, mais se garda très soigneusement d'engager la bataille avec les ennemis. Il prit aux Mantinéens une bourgade, et, par cette incursion sur leur territoire, il allégea les soucis de la ville et lui rendit l'espérance et la joie en donnant à penser que sa situation n'était pas tout à fait désespérée.

Plutarque, *Agésilas*, 30, 1-7

Et au cours de l'hiver 370-369, Sparte, dénuée de remparts, est attaquée.

Après quoi Épaminondas entra en Laconie avec ses alliés. Il n'avait pas moins de quarante mille hoplites ; et beaucoup de soldats d'infanterie légère, et même de gens sans armes qui le suivaient pour piller, faisaient monter ses effectifs à soixante-dix mille hommes au total, qui s'abattirent et déferlèrent sur la Laconie. Il y avait au moins six cents ans que les Doriens occupaient la Laconie, et depuis tout ce temps, c'était la première fois que l'on voyait des ennemis dans le pays ; jusque-là personne ne s'était risqué à y pénétrer. Les envahisseurs foulèrent cette terre inviolée et intacte ; ils allumèrent des incendies et pillèrent jusqu'au fleuve, personne ne sortant de la ville contre eux. Agésilas en effet ne permit pas aux Spartiates d'aller combattre un pareil flot, un pareil ouragan de guerre, selon l'expression de Théopompe. Il avait dispersé ses hoplites dans les positions centrales et les plus importantes de la ville, et il supportait avec sang-froid les menaces et les vantardises des Thébains, qui le défiaient nommément et le pressaient de combattre pour son pays, dont il avait causé les maux en suscitant la guerre. Agésilas n'était pas moins inquiet de l'agitation de la ville, des cris, des allées et venues des vieillards, épouvantés de ce qui se passait, et des femmes, qui ne pouvaient se tenir tranquilles et qui perdaient la tête devant les clameurs des ennemis et les feux qu'ils allumaient. Ce qui le chagrinait aussi, c'était l'opinion qu'on avait de lui : il avait reçu la ville au comble de la grandeur et de la puissance, et il la voyait déchue de son rang, en même temps que se trouvait rabaissée la fierté qu'il avait souvent montrée lui-même en disant que jamais femme spartiate n'avait aperçu de fumée ennemie. [...]

On rapporte qu'alors Antalcidas, qui était éphore, fit passer secrètement ses enfants à Cythère pour les mettre en sûreté, tellement il avait peur !

Plutarque, *Agésilas*, 31, 1-8 ; 32, 1

Les deux grands chefs s'affrontent.

Agésilas, voyant les ennemis[41] essayer de franchir le fleuve pour foncer sur la ville, abandonna toutes ses positions, sauf celles du centre et des hauteurs, en avant desquelles il rangea ses troupes en ordre de bataille. À ce moment, l'Eurotas, grossi par des chutes de neige, était à son plus haut niveau, et la température de l'eau, plus encore que la violence du courant, rendait la traversée pénible et difficile pour les Thébains. Comme Épaminondas marchait en tête de sa phalange, on le montra à Agésilas. Celui-ci, dit-on, le regarda longuement et, après l'avoir suivi des yeux, il ne prononça que cette seule parole :

– Voilà donc l'homme des grandes entreprises !

Épaminondas brûlait du désir de livrer bataille dans la ville et d'y dresser un trophée, mais, ne pouvant décider Agésilas à sortir pour accepter son défi, il revint sur ses pas et recommença à ravager le pays.

Plutarque, *Agésilas* 32, 2-5

Mais dans les rangs spartiates, la sédition gronde.

Cependant il y avait à Sparte des gens qui depuis longtemps couvaient de mauvais desseins. Ils se rassemblèrent alors au nombre d'environ deux cents et s'emparèrent de

---

41. Les Arcadiens, les Argiens, les Éléens, les Béotiens, les Phocidiens, les gens des deux Locrides, les Thessaliens, les Ainianes, les Acarnaniens et les Eubéens. À cela s'ajoutait la révolte des esclaves et de nombreuses villes voisines soumises à Sparte, d'après Xénophon, *Agésilas*, 24.

l'Issorion, où se trouve le sanctuaire d'Artémis, position bien close et difficile à forcer. Les Spartiates voulaient aller les en déloger sur-le-champ, mais Agésilas, craignant la révolution, leur ordonna de rester tranquilles, et lui-même, en simple manteau, avec un seul serviteur, s'approche d'eux en criant :

– Vous avez mal compris mon ordre ; ce n'est pas là que je vous ai dit de vous réunir, ni tous ensemble, mais les uns devaient aller là-bas (et, du doigt, il leur montrait où), et les autres à un autre endroit de la ville.

Ces gens se réjouirent de l'entendre parler ainsi, pensant qu'il ne savait rien de leur complot ; ils se dispersèrent et gagnèrent les postes qu'il leur avait indiqués. Quant à lui, il fit venir aussitôt d'autres troupes pour occuper l'Issorion, puis il ordonna d'arrêter une quinzaine de conjurés, qui furent mis à mort pendant la nuit.

On lui dénonça, ensuite une conspiration plus importante, celle d'un groupe de Spartiates qui tenait des réunions clandestines dans une maison pour préparer une révolution. Au milieu d'une telle agitation, il était aussi difficile de les juger que de négliger leurs menées. Après en avoir délibéré avec les éphores, Agésilas les fit mettre à mort, eux aussi, sans jugement, bien que jusque-là aucun Spartiate n'eût été exécuté sans avoir comparu en justice. Voyant, d'autre part, qu'un grand nombre des périèques et des hilotes enrôlés dans les rangs de l'armée désertaient pour passer à l'ennemi, ce qui causait un grand découragement, il prescrivit à ses serviteurs de se rendre au point du jour là où dormaient ces transfuges, et de prendre leurs armes pour les cacher, afin qu'on ne pût connaître leur nombre.

Plutarque, *Agésilas*, 32, 6-12

Sparte est sauvée grâce à Agésilas.

Certains historiens disent que les Thébains évacuèrent la Laconie quand survint le mauvais temps et que les Arcadiens commencèrent à partir en désordre et à se disperser, après que les envahisseurs furent restés trois mois entiers pendant lesquels ils avaient ravagé la plus grande partie du pays. [...]

Mais, si Sparte fut alors sauvée, tous conviennent que le mérite en revient à Agésilas, qui renonça à ses passions innées, l'amour des querelles et l'ambition, pour ne songer qu'à la sauvegarde de l'État. Cependant il ne put relever après la défaite la puissance et la gloire de la cité. Comme il arrive dans un corps sain, mais constamment soumis à un régime trop sévère et trop rigoureux, une seule faute, un seul écart suffit pour faire déchoir la ville de toute sa prospérité, et ce ne fut pas sans raison : l'État spartiate avait été parfaitement réglé pour la vertu, la paix et la concorde ; en y ajoutant des dominations et un empire acquis par la force, et dont Lycurgue pensait qu'une cité n'a aucun besoin pour vivre heureuse, les Spartiates s'égarèrent.

Plutarque, *Agésilas*, 32, 13 ; 33, 2-4

En 369, à 75 ans, Agésilas s'assagit et délègue.

Agésilas lui-même avait alors renoncé aux expéditions en raison de son grand âge. Mais son fils Archidamos, ayant reçu de Sicile des secours envoyés par le tyran[42], remporta sur les Arcadiens la victoire dite sans larmes, parce qu'il ne perdit aucun des siens et tua un grand nombre d'ennemis.

Plutarque, *Agésilas*, 33, 5

42. Denys l'Ancien. D'après Xénophon (*Helléniques*, 7, 1, 20) plus de 20 trières amenant des Celtes et des Ibères et une cinquantaine de cavaliers.

Mais le découragement est extrême.

Cependant cette victoire prouva au plus haut point l'état de faiblesse de la ville : jusque-là ils considéraient comme si ordinaire et si naturel de vaincre les ennemis qu'ils immolaient seulement aux dieux, dans la ville, en reconnaissance de la victoire, un coq, que les combattants ne prenaient pas de grands airs et que ceux qui apprenaient la nouvelle n'exultaient point de joie ; même après la bataille de Mantinée[43], que Thucydide a racontée, les magistrats se contentèrent de faire porter à celui qui annonça la victoire une portion de viande du repas commun pour sa bonne nouvelle, et rien d'autre. Cette fois, au contraire, quand on apprit l'issue de la bataille et qu'Archidamos arriva près de la ville, personne ne sut se contenir : son père, le premier, alla au-devant de lui, pleurant de joie, et, derrière lui, les magistrats ; les vieillards et les femmes descendirent en foule jusqu'au fleuve, en levant les bras et en remerciant les dieux, comme si Sparte avait effacé les indignes affronts subis par elle, comme si elle revoyait briller l'éclat de son antique prestige. Car, avant cette journée, les hommes, dit-on, n'osaient même plus regarder en face leurs femmes, tant ils avaient honte de leurs défaites !

Plutarque, *Agésilas*, 33, 6-8

C'est alors que les Thébains menacent de nouveau Sparte en 362.

Comme Épaminondas rebâtissait Messène et que, de tous côtés, les anciens habitants y affluaient, les Spartiates n'osèrent pas prendre les armes et ne purent s'y opposer. Mais ils étaient mécontents et fâchés contre Agésilas, parce qu'ils avaient perdu sous son règne un pays aussi peuplé que la

---

43. En 418, *La Guerre du Péloponnèse*, 5, 64-74.

Laconie et le premier de la Grèce pour la qualité de la terre, après tant d'années de possession et d'exploitation. C'est pourquoi, lorsque les Thébains offrirent la paix, Agésilas la refusa. Il ne voulait pas leur céder, par sa parole, un territoire qu'ils occupaient en fait. Pourtant, son obstination ne lui fit pas recouvrer la Messénie, et même il faillit perdre en outre Sparte en se laissant tromper par une manœuvre de l'ennemi. En effet, les Mantinéens s'étaient à nouveau séparés des Thébains et avaient appelé à eux les Spartiates ; Épaminondas, informé qu'Agésilas avait quitté Sparte avec une armée et qu'il approchait, décampa nuitamment de Tégée à l'insu des Mantinéens et conduisit son armée vers Sparte elle-même ; il avait pris un chemin différent de celui d'Agésilas, et peu s'en fallut qu'il ne prît d'emblée la ville privée de défenseurs. Mais Euthynos [...], un Crétois, avertit Agésilas, et celui-ci envoya en toute hâte un cavalier aux habitants de la ville pour les prévenir ; lui-même peu après regagna Sparte. Les Thébains, de leur côté, ne tardèrent pas à franchir l'Eurotas et à attaquer la cité. Agésilas la défendit avec une extrême vigueur, en dépit de son âge, car il vit que ce n'était plus, comme la première fois, le moment de se montrer prudent et circonspect, mais que les circonstances exigeaient l'audace et le courage du désespoir ; ces moyens auxquels, le reste du temps, il ne s'était jamais fié et qu'il n'avait pas employés furent alors les seuls dont il usa pour écarter le danger. Il arracha ainsi la ville aux mains d'Épaminondas, dressa un trophée, et fit voir aux enfants et aux femmes que les Spartiates payaient magnifiquement à leur patrie le salaire de leur éducation.

Plutarque, Agésilas, 34, 1-7

Avec Agésilas, des héros se distinguent.

Un de ceux qui se distinguèrent le plus fut Archidamos ; il combattit brillamment et se surpassa grâce à l'énergie de son âme et à l'agilité de son corps ; il courait vivement par les rues étroites aux points où la mêlée était la plus serrée, et partout, avec une poignée d'hommes, tenait l'ennemi en échec. Quant à Isadas, le fils de Phœbidas, il offrit, je crois, non seulement aux citoyens, mais encore aux adversaires, un splendide et admirable spectacle : remarquable par sa beauté et par sa haute taille, il avait la grâce de cet âge en fleur où l'on passe de la classe des enfants à celle des hommes ; nu, sans manteau et sans armes défensives, le corps frotté d'huile, une lance dans une main et une épée dans l'autre, il bondit hors de sa maison, se poussa à travers les combattants et fut bientôt au milieu des ennemis, frappant et renversant tous ceux qui se présentaient. Il ne reçut aucune blessure, soit qu'un dieu le protégeât à cause de sa vaillance, soit qu'il apparût aux adversaires comme un être d'exception, supérieur à l'humanité. On dit que les éphores, pour cette prouesse, lui décernèrent une couronne, puis lui infligèrent une amende de mille drachmes pour avoir osé affronter le danger sans cuirasse.

Plutarque, *Agésilas*, 34, 7-11

Mais, en cet été 362, l'affrontement est inévitable.

Quelques jours plus tard eut lieu la bataille de Mantinée. Épaminondas avait déjà enfoncé les premiers rangs et pressait encore l'ennemi en hâtant la poursuite, lorsque le Laconien Anticratès l'attaqua et le frappa de sa lance [...]. Les Spartiates eurent pour Anticratès tant d'admiration et d'affection, en raison de la crainte que leur inspirait Épaminondas vivant, qu'ils lui votèrent honneurs et présents, et qu'ils accordèrent à sa postérité l'exemption de tout impôt, privilège dont jouit encore de nos jours Callicratès, un de ses descendants. Après la bataille et la mort d'Épaminondas, les Grecs firent la paix entre eux, mais Agésilas tint à exclure du serment les Messéniens, sous prétexte qu'ils n'avaient pas de cité.

Comme tous les autres peuples les avaient admis dans le traité et avaient reçu leurs serments, les Spartiates firent bande à part et continuèrent seuls la guerre, dans l'espoir de reconquérir la Messénie.

Plutarque, *Agésilas*, 35, 1-4

Pour les Spartiates affaiblis et ruinés, le bilan n'est pas en faveur d'Agésilas.

Dès lors Agésilas eut la réputation d'un homme violent, entêté et insatiable de guerres, qui mettait tout en œuvre pour saper et détruire les accords des Grecs entre eux, et qui, d'autre part, faute d'argent, était contraint d'importuner les amis qu'il avait dans la ville en leur faisant des emprunts et en exigeant d'eux des contributions ; il aurait dû, au contraire, débarrasser des maux de la guerre ses concitoyens, puisque le cours des circonstances lui en avait fourni l'occasion, et non pas, après avoir complètement perdu un si vaste empire, tant de villes et la domination sur la terre et sur la mer, s'agiter vainement pour récupérer les avantages et les revenus que procurait la Messénie.

Plutarque, *Agésilas*, 35, 5-6

Il faut trouver de l'argent à tout prix.

Comme en effet la vieillesse l'empêchait désormais de faire campagne à pied ou à cheval, et comme il voyait que la ville, si elle devait avoir quelque allié, manquait d'argent, il se chargea de lui en procurer. Et tous les procédés qu'il pouvait concevoir en restant chez lui, il les mit en œuvre et il n'hésita pas à aller chercher ce qui se présentait opportunément ; et il ne rougissait pas, si cela devait servir la cité, à s'en aller à l'extérieur comme ambassadeur au lieu de général. Pourtant, même dans son ambassade, il accomplit les œuvres d'un grand général : Autophradatès, qui assiégeait à Assos Ariobarzanès[44], allié de Sparte, prit peur d'Agésilas et s'enfuit ; Cotys[45] aussi, qui assiégeait Sestos, qui appartenait encore à Ariobarzanès, rompit le siège lui aussi et s'éloigna. Si bien que ce n'est pas sans raison qu'à la suite de son ambassade aussi on lui avait élevé un trophée pour avoir vaincu l'ennemi. Quant à Mausole[46], qui assiégeait avec cent navires ces deux places, il ne prit pas peur mais il fut convaincu et se rembarqua pour retourner chez lui : Agésilas accomplit des faits dignes d'admiration ! En effet, ceux qui pensaient avoir été bien traités par lui aussi bien que ceux qui le fuyaient lui donnèrent de l'argent les uns et les autres. Tachôs et Mausole – celui-ci avait aussi donné une contribution en argent à Sparte en raison des liens d'hospitalité entretenus auparavant avec Agésilas – le renvoyèrent chez lui avec une escorte magnifique.

Xénophon, *Agésilas*, 2, 25-27

En 361, Agésilas tente de récupérer de l'argent en Égypte en offrant ses services au pharaon Tachôs qui participe à la révolte des satrapes Datamès et Orontès contre le roi perse Artaxerxès.

Il se fit encore plus mal juger lorsqu'il se mit au service, comme général, de l'Égyptien Tachôs. On s'indignait qu'un homme considéré comme le meilleur de la Grèce, et qui avait rempli le monde de sa renommée, prêtât à un Barbare, rebelle au Grand Roi, sa personne et son nom, et lui vendît sa gloire pour de l'argent, en jouant le rôle d'un mercenaire et d'un chef de bande. Même si, âgé de plus de quatre-vingts ans et le corps tout criblé de blessures, il avait recommencé sa belle et célèbre expédition pour la liberté de la Grèce, une telle ambition n'aurait pas paru à l'abri de

---

44. Satrape d'Ionie, de Lydie et de Phrygie.
45. Roi de Paphlagonie.
46. Roi de Carie.

tout reproche, car ce qui est beau a son temps propre et sa saison, ou plutôt, d'une manière générale, la mesure fait la supériorité des belles actions sur les laides. Agésilas n'avait pas de tels scrupules et pensait qu'aucun service public n'était inférieur à sa dignité ; il jugeait plutôt indigne de lui de vivre dans la ville sans rien faire et de rester oisif à attendre la mort. Aussi rassembla-t-il des mercenaires avec l'argent que Tachôs lui avait envoyé, et, ayant équipé des navires, il prit le large ; il emmenait avec lui trente conseillers spartiates, comme lors de sa première expédition.

Plutarque, *Agésilas*, 36, 1-6

Son attitude spartiate étonne les Égyptiens.

Sur le rivage même il s'était attablé avec les siens sans être couvert d'aucun abri et ayant par terre, en guise de tapis, de la paille qu'on avait seulement à sa place à lui recouverte d'une peau. À ses côtés, tous ses compagnons s'étaient rangés avec des vêtements simples et démodés. À les voir, il était impossible de reconnaître parmi eux un roi et même on pouvait les croire de bien humble condition. L'arrivée d'Agésilas ayant été annoncée aux officiers royaux, en toute hâte on apporta au campement des présents de toute nature. Les messagers demandèrent Agésilas et eurent grand-peine à croire qu'il était l'un qu'on trouvait alors à table. Ils offrirent de la part du roi ce qu'ils avaient apporté, mais le Spartiate, excepté de la viande de veau et quelques vivres analogues que les circonstances présentes rendaient nécessaires, refusa tout. Les parfums, les couronnes et les desserts furent par lui partagés aux esclaves et il fit remporter le reste. Cette conduite lui attira de la part des Barbares plus de mépris encore. Ils crurent que c'était pour ne pas connaître les choses délectables qu'il avait fait un choix si étrange.

Cornélius Népos, *Œuvres*, 17, 8, 2-5

L'aventure prend une tout autre tournure que celle envisagée par Agésilas.

Pour le moment, il prit contact avec Tachôs, qui préparait son expédition, mais, au lieu d'être nommé chef de toute l'armée, comme il l'espérait, il ne reçut que le commandement des mercenaires. L'Athénien Chabrias fut mis à la tête de la flotte, le chef suprême étant Tachôs lui-même. Ce fut pour Agésilas une première déception ; une autre lui vint de la vanité et de la forfanterie de l'Égyptien, qu'il était contraint de supporter. Il s'embarqua avec lui pour la Phénicie, se résignant, en dépit de sa dignité et de son naturel, à plier devant lui, jusqu'au jour où une occasion s'offrit de rompre. Nectanébis, cousin de Tachôs, qui avait sous ses ordres une partie de l'armée, se révolta contre le roi ; proclamé lui-même roi par les Égyptiens, il envoya demander à Agésilas de se joindre à lui, et il adressa la même invitation à Chabrias, en leur promettant à tous deux d'importantes gratifications. Tachôs, l'ayant appris, les supplia de rester avec lui, et Chabrias essaya de retenir Agésilas dans l'amitié de Tachôs par la persuasion et les remontrances. Agésilas lui répondit :

– Toi Chabrias, tu es venu ici de toi-même et tu peux agir à ta guise, mais, moi, c'est ma patrie qui m'a donné pour général aux Égyptiens. Il serait donc mal de ma part de combattre ceux à qui j'ai été envoyé comme allié, sauf si ma patrie me donne de nouveaux ordres.

Cela dit, il envoya des émissaires à Sparte pour se plaindre de Tachôs et vanter Nectanébis. Les deux rois aussi envoyèrent chacun plaider leur cause à Sparte, l'un comme allié et ami de longue date, l'autre promettant de montrer encore plus de zèle et de dévouement pour la cité. Les Spartiates, ayant entendu les ambassadeurs, répondirent ouvertement aux Égyptiens de s'en remettre sur ce point à Agésilas, et ils lui écrivirent à lui de voir comment il devait agir dans l'intérêt de Sparte. Agésilas emmena alors ses mercenaires et passa du camp de Tachôs dans celui de Nectanébis, en prenant comme prétexte l'intérêt de la patrie pour une conduite aussi étrange et stupéfiante. En effet, ce prétexte enlevé, le nom le plus exact pour qualifier une telle attitude était celui de trahison. Mais les Spartiates, qui mettent au premier rang de leurs devoirs l'intérêt de la patrie, n'apprennent ni ne connaissent d'autre justice que ce qu'ils croient favorable à la grandeur de Sparte.

Plutarque, *Agésilas*, 37

Agésilas, maintenant à la solde de Nectanébis, le suit et se trouve bientôt assiégé.

Tachôs, isolé par la défection de ses mercenaires, prit la fuite[47] ; mais, de Mendès, un autre prétendant s'éleva contre Nectanébis et se fit proclamer roi, puis, ayant rassemblé cent mille hommes, il entra en campagne. Comme Nectanébis, pour rassurer Agésilas, lui disait :

– Les ennemis sont nombreux, mais ce n'est qu'un ramassis d'ouvriers que leur inexpérience permet de dédaigner.

Agésilas répondit :

– Ce n'est pas leur nombre que je crains, mais leur inexpérience et leur ignorance, qui les rendent difficiles à tromper. Car les ruses ne déroutent que ceux qui songent à se défendre contre telle ou telle manœuvre qu'ils soupçonnent et attendent ; au contraire, celui qui ne prévoit rien et ne prête à l'ennemi aucune intention ne donne point de prise à qui veut l'égarer, tout comme, à la lutte, un adversaire qui ne bouge pas ne permet pas la feinte.

---

47. D'après Diodore (15, 92, 5), Tachôs s'enfuit auprès du Grand Roi qui lui accorda son pardon et même le désigna pour commander ses troupes envoyées contre les Égyptiens.

Cependant l'homme de Mendès envoya sonder Agésilas. Alors Nectanébis prit peur, et, comme Agésilas le pressait de livrer bataille au plus vite et de ne pas laisser traîner la guerre en longueur contre des gens sans expérience militaire, mais qui disposaient de bras assez nombreux pour envelopper ses troupes, les entourer de tranchées, les devancer et les prévenir sur plusieurs points, Nectanébis n'en devint que plus soupçonneux et plus craintif, et il se retira dans une ville bien fortifiée par une vaste enceinte. Agésilas était indigné de tant de méfiance et en éprouvait du ressentiment, mais, comme il avait honte de faire à nouveau défection pour passer dans le camp de l'autre prétendant, ou de s'en aller sans avoir absolument rien fait, il le suivit et entra avec lui à l'intérieur des remparts.

Plutarque, *Agésilas*, 38

Agésilas le rusé gagne la partie.

Les ennemis survinrent et creusèrent des tranchées autour de la ville. Alors l'Égyptien, pris d'une peur nouvelle en se voyant assiégé, voulut livrer bataille, et les Grecs partageaient son ardeur, car il n'y avait pas de vivres dans la place. Agésilas, loin d'approuver ce projet, s'y opposa, ce qui aggrava encore sa réputation chez les Égyptiens, qui l'accusaient de trahir le roi ; mais à présent il supportait plus patiemment les calomnies, et il épiait l'occasion d'une ruse de guerre. Voici ce qu'il en était : les ennemis creusaient au-dehors, autour du rempart, un fossé profond, dans l'intention de les cerner complètement. Quand les deux tronçons de ce fossé furent près de se rejoindre et d'encercler entièrement la ville, Agésilas attendit que le soir fût tombé, ordonna aux Grecs de s'armer et alla trouver l'Égyptien :

— Jeune homme, dit-il, voici venu le moment du salut. Si je ne t'en ai pas parlé plus tôt, c'était par crainte de tout compromettre avant l'heure. Les ennemis eux-mêmes ont travaillé de leurs mains et notre sûreté en creusant cet immense fossé : la partie qui est terminée les empêche de profiter de l'avantage du nombre, et la partie inachevée nous permet de les combattre sur un juste pied d'égalité. Allons ! mets maintenant tout ton zèle à te comporter en homme de cœur : suis-nous au pas de course et sauve à la fois ta personne et ton armée ! Les ennemis que nous attaquerons de front ne soutiendront pas le choc, et les autres, à cause du fossé, ne pourront nous faire aucun mal.

Nectanébis, admirant l'habileté d'Agésilas, se plaça au milieu des troupes grecques et s'élança avec elles sur les ennemis qui se trouvaient en face ; il les mit aisément en déroute. Une fois qu'il eut regagné la confiance de Nectanébis, Agésilas eut recours de nouveau au même genre de stratagème, comme il arrive à ceux qui pratiquent la lutte, pour battre l'adversaire. Tantôt fuyant et attirant les ennemis sur ses pas, tantôt tournant autour d'eux, il amena leur multitude en un endroit bordé sur deux côtés par un canal profond ; il barra l'intervalle en l'occupant avec le front de sa phalange ; il eut ainsi sur ce point un nombre de combattants égal à celui des adversaires, qui étaient hors d'état de le contourner et de l'encercler. Aussi, après une résistance assez brève, ils prirent la fuite ; beaucoup furent tués, tandis que les autres se dispersaient en se sauvant de tous les côtés.

Plutarque, *Agésilas*, 39

Agésilas est félicité et grassement récompensé mais sur le chemin du retour…

Dès lors, les affaires de l'Égyptien prirent un heureux cours, et sa sécurité se trouva solidement affermie. Il donna à Agésilas des témoignages de sa reconnaissance et de son affection, et le pria de rester et de passer l'hiver auprès de lui. Mais Agésilas avait hâte de rejoindre son pays, qui était en guerre, sachant que la ville avait besoin d'argent et devait entretenir ses mercenaires. Nectanébis le laissa donc partir, en l'entourant d'honneurs et de splendides marques d'amitié : il le combla de distinctions et de présents, et lui donna en outre, pour la guerre, deux cent trente talents d'argent. Comme l'hiver était venu, Agésilas dut toucher terre avec ses vaisseaux sur la côte de Libye, en un endroit désert qu'on appelle le port de Ménélas. C'est là qu'il mourut, âgé de quatre-vingt-quatre ans, après avoir régné quarante et un ans sur Sparte et avoir été pendant plus de trente ans le plus grand et le plus puissant des Grecs, et, jusqu'à la bataille de Leuctres, considéré comme le chef et le roi de presque toute la Grèce. Les Spartiates ont coutume, lorsqu'un des leurs meurt à l'étranger, de célébrer ses funérailles sur place et de l'y laisser, sauf pour les rois, dont on ramène le corps au pays. Les Spartiates qui accompagnaient Agésilas, n'ayant pas de miel, enduisirent de cire son cadavre et le ramenèrent ainsi à Sparte.

La royauté revint après lui à son fils Archidamos[48] et demeura dans sa famille jusqu'à Agis[49], que Léonidas fit périr alors qu'il tentait de rétablir les anciennes institutions de Sparte ; Agis était le cinquième descendant d'Agésilas.

Plutarque, *Agésilas*, 40

---

48. Archidamos III (360-338).
49. Agis IV. Voir p. 195 et suivantes.

SPARTE LA RÉGICIDE

Agis IV
260 ?-239

Dans les années 300, la Macédoine entre en scène. En 330, à la tête d'une coalition péloponnésienne, le roi spartiate Agis III attaque Antipater, un des lieutenants d'Alexandre le Grand et est tué à Megalopolis.

En 281, le roi Areus Ier aidé par Athènes repousse Pyrrhus, le roi d'Épire, de la Laconie, mais en voulant reprendre Corinthe aux Macédoniens, il est tué en 265.

Sparte reste faible et subit une crise de ses institutions. Ce sont les révolutions d'Agis IV et de Cléomène III.

Les sources de ces deux vies proviennent de Plutarque qui s'inspira d'Aratos, du spartophile Phylarque (IIIe siècle avant J.-C.) et de Polybe.

Deux rois de famille différente...

Dès que la passion de l'or et de l'argent eut envahi Sparte, la cupidité et l'avarice accompagnèrent l'acquisition des richesses dont l'usage et la jouissance introduisirent la débauche, la mollesse et le luxe ; Sparte perdit alors la plupart de ses vertus, et fut réduite à un état de bassesse indigne jusqu'à l'époque où régnèrent Agis et Léonidas.

Agis était un Eurypontide, fils d'Eudamidas, et le sixième roi à partir d'Agésilas, celui qui passa en Asie et fut le plus puissant des Grecs[1]. [...]

Quant à Léonidas, fils de Cléonymos, il appartenait à l'autre maison royale, celle des Agiades. C'était le huitième roi à partir de Pausanias[2], celui qui vainquit Mardonios à la bataille de Platées[3]. [...]

Plutarque, Agis, 3, 1-4

... et de caractère opposé.

Celui-ci n'était pas du tout en accord avec ses concitoyens. En effet, bien que la corruption eût causé le déclin général de l'État, Léonidas se signalait par son dédain du genre de

---

1. Voir p. 313. « Agésilas eut pour fils Archidamos, qui fut tué en Italie à Mandonion par les Messapiens. Archidamos eut deux fils dont l'aîné s'appelait Agis et le cadet Eudamidas. Agis ayant été tué par Antipatros près de Mégalopolis et n'ayant pas laissé d'enfant, la royauté revint à Eudamidas. De celui-ci naquit Archidamos, et d'Archidamos un autre Eudamidas, qui fut le père de cet Agis dont nous racontons l'histoire » (Plutarque, *Agis*, 1, 3).

2. « Pausanias eut pour fils Pleistonax, et Pleistonax donna naissance à Pausanias. Celui-ci s'étant exilé de Sparte à Tégée, son fils aîné, Agésipolis, devint roi, et, comme il mourut sans enfant, son frère cadet, Cléombrote, prit sa succession. De Cléombrote naquirent un autre Agésipolis et Cléomène. Agésipolis ne régna pas longtemps et n'eut pas d'enfants ; Cléomène devint donc roi après lui ; il perdit de son vivant son fils aîné Acrotatos et laissa le plus jeune, Cléonymos, qui ne régna point, la royauté étant passée à Areus, petit-fils de Cléomène et fils d'Acrotatos. Areus fut tué près de Corinthe, et son fils Acrotatos lui succéda. Celui-ci mourut à son tour à la bataille de Mégalopolis, où il fut vaincu par le tyran Aristodème. Il laissait sa femme enceinte ; elle mit au monde un garçon, dont Léonidas, fils de Cléonymos, eut la tutelle. Cet enfant étant mort en bas âge, la royauté revint à Léonidas » (Plutarque, *Agis*, 1, 5-8).

3. Cette bataille mit fin en 479 aux guerres médiques contre les Perses.

vie ancestral. Il avait longtemps fréquenté les palais des satrapes et avait été le courtisan de Séleucos[4], puis il avait mal à propos transporté l'ostentation orientale dans la pratique des affaires grecques et dans une ville régie par des lois.

Au contraire Agis surpassait grandement par ses dons naturels et l'élévation de son âme non seulement Léonidas, mais presque tous les rois qui avaient régné après le grand Agésilas. Bien qu'il n'eût pas encore vingt ans et qu'il eût été élevé dans l'opulence et le luxe par deux femmes, sa mère Agésistrata, et sa grand-mère Archidamia, qui étaient les personnes les plus riches de Sparte, il se raidit de bonne heure contre les plaisirs, renonça à la parure qui contribue si fort à faire briller la grâce d'un beau corps, dépouilla et évita toute espèce de somptuosité, se faisant gloire de son manteau grossier et recherchant les repas, les bains et, tout le régime de vie spartiate[5]. Il disait qu'il n'avait que faire de la royauté, s'il ne pouvait grâce à elle restaurer les lois et la discipline traditionnelles.

Plutarque, *Agis*, 3, 8-9 ; 4

Depuis la victoire de Lysandre[6] à Aigos Potamoi en 405 met-tant fin à la guerre du Péloponnèse contre Athènes, Sparte s'était considérablement enrichie.

La corruption et l'état morbide dont souffraient les affaires des Spartiates remontaient à peu près au temps où, après avoir détruit l'hégémonie d'Athènes, ils s'étaient gorgés d'or et d'argent. Cependant, comme ils conservaient dans les successions le nombre des patrimoines fixés par Lycurgue, et que le père laissait son lot à son fils, cet ordre

4. Séleucos Ier Nicator (358-281), général d'Alexandre le Grand, satrape de Babylonie et roi de Syrie.

5. Les repas pris en commun et les bains froids dans le fleuve Eurotas. Voir p. 24 et suivantes.

6. Voir p. 101 et suivantes.

et cette égalité qui persistaient tant bien que mal remédiaient aux autres vices de l'État[7]. Mais un homme influent, de caractère chagrin et arrogant, nommé Épitadeus, étant devenu éphore, et se trouvant en différend avec son fils, fit une rhètre qui permettait de donner de son vivant à qui l'on voulait son patrimoine et son lot ou d'en disposer par testament. Cet homme n'avait introduit une telle loi que pour satisfaire une rancune personnelle ; mais les autres, l'acceptant et la ratifiant par cupidité, ruinèrent ainsi la meilleure des institutions. En effet, dès lors, les puissants acquirent sans retenue les biens des parents privés de leur héritage ; bientôt, tandis que la richesse se concentrait dans les mains de quelques-uns, la pauvreté régna dans la ville, où elle provoqua l'indifférence au bien et la bassesse, ainsi que la jalousie et la haine à l'égard des possédants. Il ne resta pas plus de sept cents Spartiates, et, parmi eux, une centaine seulement conservaient une terre et un patrimoine. La foule des autres, sans ressources et sans honneurs, croupissait dans la ville, en se défendant mollement et à contrecœur contre les ennemis du dehors et en ne cessant d'épier l'occasion d'un changement et d'une révolution.

Plutarque, *Agis*, 5

Agis décide de réinstaurer les lois originelles de Lycurgue, depuis longtemps corrompues.

C'est pourquoi Agis, considérant à juste titre qu'il serait beau de rétablir l'égalité dans la ville et de compléter le corps civique, se mit à sonder les dispositions des gens. Les jeunes entrèrent dans ses idées avec une promptitude inespérée et s'équipèrent pour le combat en faveur de la vertu, changeant, comme un vêtement, leur régime de vie en vue de la liberté. Mais les plus âgés, en qui la corruption était

---

7. Voir p. 21 et suivantes.

plus profonde, pour la plupart, comme des esclaves fugitifs qu'on ramène à leur maître, prenant peur et tremblant au seul nom de Lycurgue, blâmèrent âprement Agis de déplorer la situation présente et de regretter l'antique prestige de Sparte. Cependant Lysandre[8], fils de Libys, Mandrocléidas, fils d'Écphanès, et aussi Agésilas approuvèrent son ambition et l'exhortèrent à donner suite à son projet. Lysandre était le plus renommé des citoyens ; Mandrocléidas, le plus habile des Grecs pour conduire des intrigues, joignait l'audace à l'intelligence et à la ruse. Quant à Agésilas, oncle du roi, c'était un bon orateur, mais, pour le reste, un homme mou et cupide. En apparence, il cédait aux instances et aux objurgations de son fils Hippomédon, héros de plusieurs guerres qui exerçait une grande influence par sa popularité auprès des jeunes ; mais le véritable motif qui décidait Agésilas à prendre part à la réforme qui se préparait, c'était l'importance de ses dettes, dont il espérait se libérer par la révolution.

Plutarque, *Agis*, 6, 1-6

Agis demande de l'aide aux femmes qu'il connaît.

Dès qu'il l'eut gagné à sa cause, Agis entreprit avec lui de convaincre sa propre mère, qui était sœur d'Agésilas et qui, par le nombre de ses clients, de ses amis et de ses débiteurs, jouissait d'une autorité considérable dans la ville, où elle se mêlait beaucoup des affaires publiques.

En écoutant son fils, elle fut d'abord effrayée et voulut détourner le jeune homme d'un dessein qu'elle jugeait impossible et inutile. Mais Agésilas sut lui faire voir la beauté et l'intérêt de l'entreprise, et le roi lui-même pria sa mère de consacrer sa richesse à la gloire et à l'ambition de son fils :

---

8. Descendant du vainqueur d'Aigos Potamoi. Voir p. 101 et suivantes.

– Jamais, disait-il, je ne pourrai m'égaler pour l'argent aux autres rois (car les serviteurs des satrapes et les esclaves des intendants de Ptolémée[9] et de Séleucos[10] en possèdent plus que n'en eurent ensemble tous les rois de Sparte). Mais si, par ma tempérance, ma frugalité et ma grandeur d'âme, j'éclipse leur luxe et si je rétablis l'égalité et le partage des biens parmi les citoyens, c'est alors que j'acquerrai vraiment le nom et la gloire d'un grand roi.

Les femmes de la maison changèrent alors de sentiment et, dans l'exaltation que leur causa l'ambition du jeune homme, elles furent saisies d'une sorte d'enthousiasme pour le bien ; ensemble elles l'encouragèrent et elles le pressèrent de se mettre à l'œuvre ; elles firent venir leurs amis pour les inviter à se joindre à lui ; enfin elles s'adressèrent aux autres femmes, sachant que les Spartiates écoutent toujours leurs épouses et leur permettent de se mêler des affaires publiques plus qu'ils ne s'occupent eux-mêmes des affaires domestiques.

Plutarque, Agis, 6, 7 ; 7, 1-4

Mais les autres femmes ne sont pas d'accord et soutiennent Léonidas.

Or la plus grande partie des richesses de Sparte étaient alors aux mains des femmes, et c'est là justement ce qui rendit difficile et pénible l'action d'Agis, car elles s'y opposèrent, voyant non seulement qu'on voulait les priver du luxe, qu'elles considéraient dans leur ignorance du vrai bien comme le bonheur, mais encore qu'elles allaient perdre l'honneur et la puissance que leur procurait la fortune. Elles se tournèrent vers Léonidas et l'engagèrent, puisqu'il était le plus âgé des deux rois, à s'en prendre à Agis pour mettre fin à ses projets. Or, si Léonidas était porté à favoriser les

9. Ptolémée III Évergète (246-221).
10. Séleucos II Callinicos (246-225).

riches, il avait peur du peuple, qui désirait le changement ;
il ne fit donc point d'opposition ouverte, mais il chercha en
secret à contrecarrer et à ruiner l'entreprise ; il en appelait
aux magistrats et calomniait Agis :

— Celui-ci, disait-il, fait miroiter aux yeux des pauvres
les biens des riches comme prix de la tyrannie qu'il convoite,
et, par le partage des terres et la remise des dettes, il achète
pour lui-même en grand nombre des gardes du corps, et
non pas des citoyens pour Sparte.

Plutarque, Agis, 7, 5-8

À l'automne 243, Agis contre-attaque.

Cependant Agis, étant parvenu à faire désigner comme
éphore Lysandre, présenta aussitôt, par son entremise, une
rhètre aux gérontes ; les dispositions essentielles en étaient
l'abolition des dettes et le partage des terres. La région située
entre le ravin de Pellène et le Taygète, Malée et Sellasie
serait divisée en quatre mille cinq cents lots ; en dehors de
ces limites, le reste du pays fournirait quinze mille lots ; les
lots de la périphérie seraient attribués aux périèques en état
de porter les armes, et ceux de l'intérieur aux Spartiates eux-
mêmes, dont le nombre serait complété par des périèques
et des étrangers qui, pourvus d'une éducation libérale et
en outre bien constitués de leur personne, se trouveraient
à la fleur de l'âge. Les Spartiates seraient répartis en quinze
phidities de quatre cents ou deux cents convives, et leur
régime de vie serait celui que suivaient leurs ancêtres.

Plutarque, Agis, 8

*La loi ne passe pas. Lysandre et Agis interviennent pour la
défendre.*

La rhètre ayant été proposée, les gérontes ne purent se
mettre d'accord. Alors Lysandre convoqua une assemblée

du peuple et harangua lui-même les citoyens. Ensuite Mandrocléidas et Agésilas les prièrent de ne pas laisser fouler aux pieds le prestige de Sparte par quelques hommes dont le luxe insultait leur misère, et de se souvenir à la fois des anciens oracles qui recommandaient de se garder de la cupidité comme d'un fléau, et des oracles récents qui leur étaient venus de Pasiphaé. Pasiphaé avait à Thalamai un sanctuaire et un oracle révérés. [...] Ils disaient que les oracles de Pasiphaé, eux aussi, ordonnaient aux Spartiates de revenir tous à l'égalité prescrite au début par la législation de Lycurgue. Après tous les autres orateurs, le roi Agis s'avança devant l'assemblée et prononça une courte allocution, déclarant notamment :

– J'apporte la plus forte contribution à la communauté civique que j'institue, car je mets à la disposition de tous d'abord mon propre avoir, qui consiste en un grand nombre de champs cultivés et de pâturages, sans compter six cents talents d'argent monnayé. En outre, ma mère et ma grand-mère font de même, ainsi que mes parents et amis ; ce sont les plus riches des Spartiates.

Plutarque, *Agis*, 9

Alors devant le peuple, Léonidas et Agis s'affrontent.

Le peuple fut saisi d'admiration pour la grandeur d'âme du jeune homme, et rempli de joie à la pensée qu'au bout de près de trois cents ans apparaissait enfin un roi digne de Sparte. Mais c'est alors surtout que l'opposition de Léonidas se déchaîna. Il calculait qu'il serait forcé d'imiter Agis et que les citoyens ne lui en auraient pas la même reconnaissance : si tout le monde déposait pareillement ses biens, l'honneur en reviendrait à celui-là seul qui avait pris l'initiative de l'opération. Il demanda donc à Agis s'il croyait que Lycurgue avait été un homme juste et bon.

– Oui, répondit Agis.

– Eh bien, reprit Léonidas, où donc a-t-il accordé l'abolition des dettes et l'admission des étrangers dans l'État, lui qui ne croyait pas du tout que la ville pût rester saine si elle ne pratiquait l'expulsion des étrangers ?

Agis riposta :

– Je ne m'étonne pas que Léonidas, nourri en terre étrangère, époux de la fille d'un satrape qui lui a donné des enfants, ignore que Lycurgue avait banni de la cité les prêts et les dettes avec la monnaie, et qu'il haïssait moins les étrangers vivant dans les villes que les citoyens incapables de s'adapter à nos institutions et à notre régime de vie. Il ignore aussi que, si Lycurgue chassait les étrangers, ce n'était pas qu'il fût hostile à leurs personnes : il craignait seulement leur conduite et leurs mœurs, et il avait peur qu'en se mêlant aux citoyens ils ne fissent naître en eux l'amour du luxe, de la mollesse et de la cupidité[11]. Aussi Terpandre, Thalès et Phérécyde, qui étaient des étrangers, mais qui, dans leurs chants ou leurs écrits philosophiques, professèrent toujours les mêmes principes que Lycurgue, ont-ils été singulièrement en honneur à Sparte. Toi-même, ajouta-t-il, tu loues Ecprépès qui, étant éphore, coupa d'un coup de hache deux des cordes de la lyre du musicien Phrynis, et ceux qui en firent autant à Timothée, et cependant tu nous blâmes de vouloir bannir de Sparte le luxe, la somptuosité, l'ostentation, comme si ceux qui ont retranché de la musique ces orgueilleuses inutilités ne l'avaient pas fait pour empêcher que l'on en vînt à ce point où l'absence ou le défaut de mesure dans la conduite et les mœurs priverait la cité de tout accord avec elle-même et de toute harmonie.

Plutarque, Agis, 10

---

11. Voir p. 23.

Les gérontes ont le dernier mot. Ce refus déclenche une procédure contre Léonidas.

À la suite de ce débat, la multitude se déclara en faveur d'Agis. Mais les riches conjurèrent Léonidas de ne pas les abandonner, et ils parvinrent, à force de prières instantes auprès des gérontes, qui décidaient souverainement de la présentation d'un projet de loi, à leur faire rejeter la rhètre à la majorité d'une voix. Alors Lysandre, qui était encore en charge, engagea des poursuites contre Léonidas, en invoquant une ancienne loi, qui défendait aux Héraclides[12] d'avoir des enfants d'une femme non spartiate et décrétait la mort contre celui d'entre eux qui sortait de Sparte pour s'établir à l'étranger. Lysandre incita d'autres citoyens à reprendre ces accusations contre Léonidas, puis il alla lui-même avec ses collègues observer le signe, qui consiste en ceci : tous les neuf ans, les éphores choisissent une nuit pure et sans lune et s'assoient en silence pour regarder le ciel ; s'ils voient une étoile filer d'une partie du ciel vers une autre, ils jugent que les rois sont coupables envers la divinité et les suspendent tant qu'un oracle de Delphes ou d'Olympie ne vient pas innocenter les rois condamnés. Lysandre affirma qu'il avait vu le signe ; il intenta un procès à Léonidas et fournit des témoins attestant que celui-ci avait eu deux enfants d'une femme d'Asie, qu'un gouverneur dépendant de Séleucos lui avait donnée en mariage, et que, devenu insupportable et odieux à son épouse, il était revenu malgré lui dans sa patrie, où il s'était emparé de la royauté devenue vacante par défaut d'héritier[13]. En même temps qu'il faisait ce procès, il engageait Cléombrote, qui était gendre de Léonidas et de race royale, à revendiquer la royauté. Léonidas, effrayé, se réfugia comme suppliant dans le sanctuaire de la déesse Chalcioicos, où sa fille, abandonnant Cléombrote, le rejoignit

---

12. Les rois de Sparte qui passaient pour descendre d'Héraclès.
13. À la mort d'Areus II, fils d'Acrotatos, décédé à huit ans.

pour s'associer à sa supplication. Cité en justice, Léonidas ne descendit pas pour comparaître ; sa déchéance fut votée et la royauté fut conférée à Cléombrote.

Plutarque, *Agis*, 11

Mais à l'automne 242, la donne change et le coup de force est inévitable.

À ce moment Lysandre, ayant atteint le terme de son éphorat, quitta sa charge. Les nouveaux éphores firent sortir Léonidas du sanctuaire où il se trouvait en suppliant, puis ils intentèrent un procès à Lysandre et à Mandrocléidas comme étant coupables d'avoir, contrairement à la loi, fait voter l'abolition des dettes et le partage des terres. Ceux-ci, étant accusés, entreprirent de persuader les rois[14] de s'unir et d'envoyer promener les décisions des éphores :

– En effet, disaient-ils, ces magistrats ne tirent leur force que du désaccord des rois ; ils appuient alors de leur vote celui qui donne les meilleurs avis, quand l'autre en conteste l'utilité ; mais, si les deux rois sont d'accord, leur autorité est infrangible et la loi interdit de leur résister ; c'est seulement lorsqu'ils ne s'entendent pas que les éphores ont le droit de se poser en arbitres et de trancher, mais ils ne peuvent se mêler de rien quand les deux rois sont du même avis.

Les rois se laissèrent convaincre, et, descendant tous les deux à l'agora avec leurs amis, ils firent lever les éphores de leurs sièges et en nommèrent d'autres à leur place[15], parmi lesquels Agésilas[16]. Ils armèrent ensuite un grand nombre de jeunes gens, délivrèrent les prisonniers et se rendirent redoutables à leurs adversaires, qui craignirent

14. Agis et Cléombrote. Léonidas n'avait pas recouvré la royauté.
15. Les éphores étaient élus par le peuple. C'est donc un coup de force.
16. Oncle d'Agis.

un grand massacre. Mais on ne tua personne ; et même, comme Agésilas voulait faire périr Léonidas, qui s'enfuyait vers Tégée, et avait posté des hommes pour l'attaquer en route, Agis, l'ayant appris, en envoya d'autres, dont il était sûr, qui escortèrent Léonidas et le conduisirent sain et sauf jusqu'à Tégée.

Plutarque, *Agis*, 12

Les rois ont gagné mais c'est sans compter avec Agésilas et un conflit qui se prépare.

L'entreprise des rois était donc maintenant en bonne voie, sans nulle opposition, sans aucun obstacle, quand un seul homme, Agésilas, renversa et ruina tout, en corrompant le projet le plus beau et le plus digne de Sparte par l'effet du vice le plus honteux : l'amour de l'argent. C'était un des principaux propriétaires du pays, il avait beaucoup d'excellentes terres, mais, criblé de dettes, qu'il ne pouvait payer, il ne voulait pas non plus lâcher ses domaines ; il persuada donc Agis que, si les deux réformes se faisaient à la fois, il se produirait dans la ville une grande révolution, tandis que, si l'on amadouait les possédants en se bornant d'abord à la remise des dettes, ils accepteraient plus tard le partage des terres aisément et sans se plaindre. Tel fut aussi l'avis de Lysandre, trompé par Agésilas. Alors on apporta à l'agora les billets des débiteurs, que l'on appelle *claria*, on en fit un tas et on y mit le feu. Quand la flamme s'éleva, les riches et les créanciers s'en allèrent la mort dans l'âme, mais Agésilas, comme pour les narguer, s'écria qu'il n'avait jamais vu lumière ni feu plus purs que ceux-là. Le peuple demanda que l'on fît aussi sans délai le partage des terres et les rois en donnèrent l'ordre, mais Agésilas, mettant sans cesse en avant l'urgence d'autres affaires et inventant des prétextes, traîna le temps en longueur, jusqu'au moment où Agis fut contraint de partir en expédition, appelé par les Achéens qui demandaient du secours à leurs alliés spartiates, car on présumait que les Étoliens allaient envahir le Péloponnèse en traversant la Mégaride, et, pour les en empêcher, Aratos, le stratège des Achéens, rassemblait une armée et avait adressé une lettre aux éphores.

Plutarque, *Agis*, 13

L'été 241, Agis part en campagne laissant ses réformes en friche.

Les éphores envoyèrent aussitôt Agis, qu'exaltaient le désir de se distinguer et le zèle de ses compagnons d'armes. Ceux-ci étaient pour la plupart des jeunes gens pauvres, qui, désormais rassurés en ce qui concernait les dettes dont ils venaient d'être délivrés et comptant sur le partage des terres à leur retour d'expédition, se montraient merveilleusement dévoués à Agis. Ce fut un beau spectacle pour les villes qui les voyaient traverser le Péloponnèse sans causer de dommage, doucement et presque sans bruit. Les Grecs étonnés se demandaient entre eux quelle devait être autrefois l'ordonnance de l'armée spartiate sous le commandement d'Agésilas ou du fameux Lysandre ou de Léonidas l'Ancien[17], puisque cette armée, conduite par un adolescent qui était presque le plus jeune de toute la troupe, lui témoignait tant de respect et de crainte. Ce jeune homme, il est vrai, ne se faisait gloire lui-même que de son amour pour la vie frugale. C'est à Corinthe qu'Agis opéra sa jonction avec Aratos, au moment où celui-ci délibérait encore sur l'opportunité d'une bataille rangée contre les ennemis. Agis fit montre d'une vive ardeur et d'une audace qui n'avait rien de déraisonnable et d'irréfléchi. Il dit qu'à son avis il fallait livrer bataille pour empêcher que la guerre ne franchît les portes du Péloponnèse, mais il ajouta qu'il se conformerait

17. Voir p. 135, 101 et 73.

à la décision d'Aratos, parce que celui-ci, plus âgé que lui, était le stratège des Achéens, et qu'il ne venait pas lui-même dans l'intention de les commander ou de les régir, mais seulement pour leur porter secours et combattre avec eux. Baton de Sinope prétend qu'Agis refusa de combattre alors qu'Aratos le lui ordonnait : il n'a donc pas lu ce qu'Aratos lui-même a écrit à ce sujet pour se justifier, à savoir que, les paysans ayant déjà rentré presque toutes leurs récoltes, il jugea préférable de laisser passer les ennemis plutôt que de risquer dans une bataille le tout pour le tout. Ainsi Aratos, ayant renoncé à combattre, remercia ses alliés et les congédia. Agis, entouré d'admiration, revint à Sparte et trouva la ville en proie à l'agitation et au désordre.

Plutarque, *Agis*, 14-15

En l'absence d'Agis, Agésilas a abusé de ses pouvoirs. Léonidas est rappelé.

En effet, Agésilas, étant éphore et se voyant délivré de la crainte qui l'avait jadis amené à des platitudes, ne s'abstenait d'aucun méfait qui pût rapporter de l'argent : il ajouta à l'année un treizième mois, bien qu'alors le comput du temps ne l'exigeât pas et qu'il rompît ainsi l'ordre du calendrier conforme à l'usage, afin d'obtenir un surcroît d'impôts de manière frauduleuse. Comme il tremblait devant les victimes de ses injustices et qu'il était haï de tout le monde, il entretenait des gardes armés et s'en faisait escorter lorsqu'il descendait au lieu de réunion des magistrats. Quant aux rois, il laissait paraître un profond mépris pour l'un[18], et il se donnait l'air de tenir Agis en quelque estime à cause de leur parenté plutôt que de sa dignité royale. D'autre part il répandit le bruit qu'il serait éphore à nouveau.

18. Cléombrote.

C'est pourquoi ses ennemis, pressés par le danger, se hâtèrent de s'unir et d'aller chercher ouvertement Léonidas à Tégée pour lui rendre sa royauté. Le peuple vit ce changement avec joie, parce qu'il s'irritait d'avoir été joué et privé du partage des terres. Agésilas ne dut de conserver la vie qu'à son fils Hippomédon, qui supplia les citoyens et qui, aimé de tous pour sa bravoure, réussit à l'emmener en secret et à le sauver. Des deux précédents rois, Agis se réfugia auprès de la déesse Chalcioicos, et Cléombrote s'enfuit en suppliant au sanctuaire de Poséidon. C'est à ce dernier que Léonidas semblait surtout en vouloir : laissant de côté Agis, il monta vers Cléombrote avec des soldats, et lui reprocha avec colère d'avoir comploté contre lui, alors qu'il était son gendre, de l'avoir dépouillé de la royauté et d'avoir contribué à le chasser de sa patrie.

Plutarque, *Agis*, 16

Cléombrote est menacé. Son épouse, Chilonis, fille de Léonidas, tente de le sauver en suppliant son père.

Cléombrote, n'ayant rien à répondre, restait assis silencieux et en proie à la détresse. Mais Chilonis, fille de Léonidas, qui avait naguère partagé le sort injuste fait à son père et s'était séparée de Cléombrote, usurpateur de la royauté, pour assister son père dans le malheur, s'étant faite suppliante auprès de lui, puis déplorant son exil et toujours irritée contre Cléombrote, à ce moment-là changea à nouveau d'attitude en même temps que changeait la Fortune, et on la vit installée en suppliante cette fois auprès de son mari, qu'elle tenait serré entre ses bras, avec ses deux jeunes enfants à ses pieds, un de chaque côté. Tous les assistants versaient des larmes d'admiration en voyant la bonté et la tendresse de cette femme ; quant à elle, montrant à Léonidas ses vêtements et sa chevelure en désordre, elle lui dit :

— Mon père, la tenue et l'attitude que tu me vois ne proviennent pas de ma pitié pour Cléombrote ; c'est toujours le deuil de tes malheurs et de ton exil que je porte à demeure et sans jamais l'oublier. Faut-il donc, quand tu règnes en vainqueur à Sparte, que je passe ma vie dans ces infortunes, ou dois-je prendre un vêtement éclatant de splendeur royale après avoir vu tuer par toi l'époux de ma jeunesse ? S'il ne te fléchit pas et ne t'amène pas à céder aux larmes de ses enfants et de sa femme, il sera puni de sa faute passée plus cruellement que tu ne le veux toi-même, en me voyant, moi qui lui suis très chère, mourir avant lui. De quel front oserais-je vivre devant les autres femmes, si mes prières ne peuvent émouvoir ni mon mari, ni mon père, et si je n'ai été fille et épouse que pour partager l'infortune et le déshonneur des miens ? En supposant même que mon mari ait pu invoquer naguère quelque prétexte spécieux, je le lui ai enlevé en faisant alors cause commune avec toi et en portant témoignage contre sa conduite. Mais toi-même, tu rends facile sa justification, en montrant dans la royauté un bien si grand et si glorieux à conquérir que, pour l'obtenir, il est juste de tuer son gendre et de se désintéresser du sort de ses enfants.

Plutarque, *Agis*, 17

Elle part en exil avec son époux et ses enfants.

En prononçant cette supplication, Chilonis appuya son visage sur la tête de Cléombrote et tourna vers les assistants ses yeux consumés et flétris par le chagrin. Léonidas, après avoir conféré avec ses amis, permit à Cléombrote de se lever et de partir pour l'exil, mais il pria sa fille de rester et de ne pas l'abandonner, lui qui la chérissait au point de lui faire grâce de la vie de son mari. Cependant elle ne se laissa pas convaincre : elle mit dans les bras de son mari, qui se relevait, un des deux enfants, et elle prit l'autre, puis, après s'être prosternée devant l'autel du dieu, s'en alla avec Cléombrote. Celui-ci, s'il n'avait pas eu l'esprit complètement gâté par la passion de la vaine gloire, aurait regardé l'exil avec une telle femme comme un bonheur plus grand que la royauté.

Plutarque, *Agis*, 18, 1-3

C'est au tour d'Agis d'être menacé.

Dès que Léonidas eut chassé Cléombrote et déposé les précédents éphores pour en mettre d'autres à leur place, il tendit des pièges à Agis. Tout d'abord, il essaya de le persuader de se lever pour venir régner avec lui, l'assurant que les citoyens lui avaient pardonné parce que, jeune et ambitieux, il avait été trompé par Agésilas. Mais Agis se méfia et ne bougea pas, en sorte que Léonidas cessa de se charger lui-même de le séduire et de le circonvenir. Ampharès, Damocharès et Arcésilaos avaient l'habitude de monter s'entretenir avec Agis, et parfois venaient le prendre dans le sanctuaire pour descendre ensemble au bain et ensuite l'en ramener, car tous trois étaient liés avec lui, mais Ampharès, qui avait récemment emprunté à Agésistrata[19] des vêtements et des coupes à boire de grand prix, complota, pour ne pas avoir à les rendre, contre le roi et les femmes de sa famille. On dit que c'est lui qui se fit surtout le complice de Léonidas et qui excita contre Agis les éphores, au nombre desquels il se trouvait lui-même.

Plutarque, *Agis*, 18, 4-9

Le piège se resserre.

Comme Agis passait tout son temps dans le sanctuaire et ne le quittait parfois que pour aller au bain, ils décidèrent de le saisir là au moment où il serait hors du sanctuaire. Ils l'épièrent donc au sortir du bain, vinrent à sa rencontre, le saluèrent et l'accompagnèrent en causant et plaisantant avec lui comme avec un jeune ami. Il y avait sur le chemin un embranchement qui

19. La mère d'Agis.

obliquait vers la prison ; quand ils y furent arrivés, Ampharès, en vertu de sa charge, mit la main sur Agis :

— Je t'emmène, Agis, dit-il, devant les éphores pour que tu leur rendes compte de tes actes politiques.

De son côté, Damocharès, qui était grand et fort, lui jeta son manteau autour du cou et l'entraîna, tandis que d'autres hommes, postés là, le poussaient par-derrière. Personne ne venant à son aide (l'endroit était désert), ils le jetèrent en prison. Aussitôt Léonidas arriva avec une nombreuse troupe de mercenaires dont il entoura la prison au-dehors. Les éphores entrèrent auprès d'Agis, et, ayant mandé dans le local ceux des gérontes qui étaient de leur parti, afin de le juger, ils lui ordonnèrent de justifier sa conduite. Le jeune homme se mit à rire de leur hypocrisie. Ampharès lui dit qu'il lui en cuirait et qu'il serait châtié de son insolence. Un autre éphore, comme s'il voulait atténuer la faute d'Agis et lui indiquer une échappatoire, lui demanda s'il avait agi ainsi contraint par Lysandre et par Agésilas. Agis répondit qu'il n'avait subi aucune pression et qu'il avait voulu suivre et imiter Lycurgue pour en revenir à la même constitution. Le même éphore lui demanda s'il se repentait de ce qu'il avait fait.

— Non, répondit le jeune homme, je ne me repentirai pas d'avoir pris de si belles résolutions, même si je me vois condamné au dernier supplice.

Plutarque, *Agis*, 19, 1-8

Agis est condamné sans être jugé.

Alors ils votèrent sa mort et ordonnèrent aux exécuteurs de le conduire au lieu appelé Céadas ; c'est la salle de la prison où l'on met à mort les condamnés en les étranglant. Voyant que les exécuteurs n'osaient pas toucher Agis et que ceux des mercenaires qui étaient là se détournaient eux aussi et refusaient cette tâche, parce qu'il est interdit et illégal de porter la main sur la personne d'un roi, Damocharès les menaça et les injuria, puis traîna lui-même Agis dans le local. En effet beaucoup de gens avaient déjà appris l'arrestation, et il y avait du bruit à la porte et beaucoup de lumières. La mère d'Agis et sa grand-mère arrivaient et demandaient en criant que le roi des Spartiates fût entendu et jugé devant les citoyens. Aussi pressa-t-on vivement sa mort de peur qu'il ne fût enlevé pendant la nuit, si la foule augmentait.

Plutarque, Agis, 19, 8-11

C'est l'exécution.

Agis, en marchant au supplice, vit un des exécuteurs qui pleurait et se lamentait :

— Mon ami, cesse de pleurer sur moi, dit-il, car, subissant une mort si contraire aux lois et à la justice, je vaux mieux que mes meurtriers.

Après quoi il présenta de lui-même son cou au lacet. Ampharès sortit sur le pas de la porte et y trouva Agésistrata, qui tomba à ses pieds, en invoquant leurs relations et leur amitié. Il la releva et lui dit qu'Agis n'avait pas à craindre une peine rigoureuse et irréparable, et que, si elle le voulait, elle pouvait entrer pour rejoindre son fils. Elle demanda qu'on laissât aussi passer avec elle sa propre mère. Ampharès répondit que rien ne s'y opposait. Il les fit donc entrer toutes les deux et ordonna de refermer derrière elles la porte de la prison, puis il livra en premier lieu au bourreau Archidamia, qui était alors très âgée et qui avait vieilli entourée de plus de considération qu'aucune autre Spartiate. Quand elle fut morte, il fit venir Agésistrata. À son entrée, elle vit son fils gisant à terre et sa mère, morte, encore suspendue au lacet. Elle la descendit elle-même, aidée par les exécuteurs, étendit son cadavre près de celui d'Agis, le recouvrit et l'enveloppa, puis, se jetant sur son fils et lui baisant le visage :

— Mon enfant, dit-elle, c'est ta grande piété, ta douceur et ton humanité qui ont causé ta perte et la nôtre.

Ampharès, qui, de la porte, voyait ce qui se passait et entendait ces paroles, entra et, s'adressant avec colère à Agésistrata :

– Eh bien ! dit-il, puisque tu partageais les idées de ton fils, tu vas subir aussi le même traitement.

Alors Agésistrata se mit debout pour recevoir le lacet, en disant :

– Que seulement tout cela puisse être utile à Sparte !

Plutarque, *Agis*, 20

Comme la nouvelle de ce drame s'était répandue dans la ville et qu'on emportait hors de la prison les trois cadavres, la terreur ne fut pas suffisante pour empêcher les citoyens de manifester la douleur qu'ils ressentaient de ces événements et la haine qu'ils éprouvaient pour Léonidas et Ampharès, car ils pensaient qu'il ne s'était rien fait à Sparte de plus terrible et de plus impie depuis que les Doriens habitaient le Péloponnèse. Il semble que même les ennemis qui rencontraient dans les combats un roi de Sparte ne portaient pas volontiers la main sur lui, mais se détournaient par crainte et respect pour sa dignité. Aussi, dans les nombreuses batailles livrées par les Spartiates contre des Grecs, un seul roi, avant les guerres de Philippe, tomba frappé d'une javeline : ce fut, à Leuctres, Cléombrote[20]. [...] Mais, de toute façon, à Sparte, Agis fut le premier roi tué par des éphores, et cela pour avoir tenté une entreprise noble et digne de Sparte, à un âge où les fautes sont pardonnables. Encore Agis fut-il blâmé plus justement par ses amis que par ses ennemis, pour avoir sauvé la vie à Léonidas et avoir fait confiance à autrui, lui, le plus conciliant et le plus doux des hommes.

Plutarque, *Agis*, 21

---

20. En 371. Voir p. 173.

SPARTE LA TYRANNIQUE

Cléomène III
Vers 260-219

En 225, la Ligue achéenne, reformée en 280, prend son essor et s'attaque à Sparte. Le roi spartiate Cléomène III tente de faire la paix mais c'est sans compter avec le nouveau stratège de la Ligue, Aratos de Sicyone qui s'allie à Antigone III Doson, roi de Macédoine. En 222, Cléomène est battu à Sellasie et Sparte est envahie.

Dès son plus jeune âge, Cléomène admire les actions d'Agis.

Agis mort, Léonidas n'eut pas le temps de mettre la main sur son frère Archidamos, qui avait pris aussitôt la fuite[1], mais il enleva de sa maison sa femme avec son enfant nouveau-né[2], et il la contraignit à épouser son fils Cléomène, qui était à peine en âge de se marier[3], car il ne voulait pas que cette femme fût donnée à un autre. C'est qu'Agiatis était l'unique héritière de la grande fortune de son père Gylippe ; elle surpassait de beaucoup les autres femmes grecques en fraîcheur et en beauté, et elle avait un caractère très doux. Elle mit tout en œuvre, dit-on, pour n'être point contrainte à ce mariage, mais, en dépit de ses instances, elle fut unie à Cléomène. Elle conserva sa haine contre Léonidas, tandis qu'à l'égard de son jeune mari elle se montra bonne

---

1. À Messène.
2. Agiatis et Eudamidas, qui mourut enfant.
3. En 241.

et affectueuse. Quant à Cléomène, il s'éprit d'elle aussitôt qu'il l'eut épousée et s'associa même en quelque sorte à l'attachement qu'elle gardait à la mémoire d'Agis, au point qu'il la questionnait souvent sur ce qui s'était passé, et qu'il l'écoutait attentivement lui retracer la pensée et le projet d'Agis.

Plutarque, *Cléomène*, 1, 1-3

Son caractère le prédispose au pouvoir.

Cléomène avait de l'ambition et de la grandeur d'âme. Il était par nature aussi bien doué qu'Agis pour la tempérance et la simplicité, mais il ne possédait point sa circonspection extrême et sa douceur. À son humeur se mêlait un aiguillon de colère, et sa fougue le portait violemment vers tout ce qui lui paraissait beau. Si le plus beau, à ses yeux, était de gouverner des sujets dociles, il jugeait beau aussi de briser les résistances et de forcer les gens au bien.

Plutarque, *Cléomène*, 1, 4-5

À Sparte, la situation est corrompue.

Il n'était pas satisfait de la situation de la ville, où les citoyens se laissaient séduire par l'oisiveté et les plaisirs, où le roi envoyait promener toutes les affaires, pourvu que personne ne l'empêchât de jouir à loisir, comme il le voulait, de son opulence et de son luxe, où l'intérêt public était négligé et où chacun pour sa part tirait les profits à soi ; quant à la tempérance et à l'entraînement des jeunes gens, à l'endurance et à l'égalité, il n'était même pas sans risque d'en parler depuis qu'Agis était mort. On dit que Cléomène, étant encore adolescent, avait étudié la philosophie, lorsque Sphairos était venu à Sparte et y avait donné des leçons suivies aux tout jeunes gens et aux éphèbes. Sphairos était l'un des principaux disciples de Zénon de Cition[4]. Il semble avoir aimé Cléomène en raison de son caractère viril et avoir enflammé son ambition.

Plutarque, Cléomène, 2, 1-3

En 235, Cléomène accède au pouvoir.

Léonidas étant mort, Cléomène lui succéda comme roi. Il voyait les citoyens entièrement corrompus : les riches, occupés tout entiers de leurs plaisirs et de leurs profits personnels, ne se souciaient nullement de l'intérêt général ; quant au peuple, par suite de l'état misérable de ses affaires domestiques, il n'avait aucun zèle pour la guerre ni aucun goût pour la discipline. Cléomène lui-même n'avait du roi que le nom, toute l'autorité appartenant aux éphores.

Plutarque, Cléomène, 3, 1

Il tente de gouverner en s'inspirant des idées d'Agis.

Aussitôt il se mit en tête de changer et de réformer cet état de choses. Il avait un ami, Xénarès, qui avait été son amant [...]. Il le sondait en lui demandant quel roi avait été Agis, comment et avec quels hommes il s'était engagé dans la voie qu'il avait suivie. Xénarès d'abord l'entretint volontiers de ces événements et lui raconta en détail tout ce qui s'était passé ; mais, quand il s'aperçut que Cléomène l'écoutait avec trop d'attention, qu'il se passionnait à l'excès pour le projet de réforme d'Agis et qu'il voulait lui entendre répéter souvent le même récit, il le réprimanda avec colère, en disant qu'il n'était pas dans son bon sens, et, à la fin, il cessa de converser avec lui et de le fréquenter. Cependant il ne révéla à personne la cause de leur brouille, et se contenta de dire que le roi la savait. Ainsi rebuté par

---

4. Fondateur du stoïcisme.

Xénarès, Cléomène, jugeant que les autres étaient dans les mêmes sentiments, résolut de combiner seul en lui-même son entreprise.

Plutarque, *Cléomène*, 3, 2-5

Une bonne guerre pour réformer.

Il pensa qu'il changerait plus aisément la situation présente en temps de guerre que pendant une période de paix, et il fit entrer la ville en conflit avec les Achéens, qui lui fournissaient eux-mêmes des sujets de plaintes. En effet, Aratos, l'homme le plus puissant en Achaïe, voulait, dès le principe, réunir tous les Péloponnésiens en une seule Confédération[5] : c'était là le but de ses nombreux commandements militaires et de sa longue activité politique, car il pensait que c'était pour les gens du Péloponnèse l'unique moyen de se garantir des ennemis du dehors. Presque tous les autres peuples s'étaient joints à lui : il ne restait plus que les Spartiates, les Éléens, et ceux des Arcadiens qui s'entendaient avec Sparte. Dès la mort de Léonidas, Aratos avait commencé à harceler les Arcadiens et à piller surtout ceux qui étaient limitrophes de l'Achaïe, voulant ainsi tâter les Spartiates et Cléomène, qu'il méprisait pour sa jeunesse et son inexpérience.

Plutarque, *Cléomène*, 3, 6-8

Cléomène est envoyé se confronter à Aratos l'Achéen.

En conséquence, les éphores envoyèrent d'abord Cléomène s'emparer de l'Athénaion de Belbina. Cette place, qui est une des portes de la Laconie, donnait lieu alors à contestations entre les Spartiates et les Mégalopolitains. Cléomène la prit et la fortifia. Aratos ne fit aucune

---

5. Il dominait la Confédération achéenne depuis 245.

réclamation, mais il se mit en marche de nuit pour attaquer Tégée et Orchomène. Cependant, les traîtres ayant pris peur, Aratos se retira, persuadé qu'il n'avait pas été vu. Mais Cléomène lui adressa une lettre ironique, comme s'il voulait avoir des nouvelles d'un ami pour lui demander où il était allé en sortant nuitamment. Aratos répondit qu'ayant entendu dire qu'il s'apprêtait à fortifier Belbina, il était descendu dans l'intention de l'en empêcher. Cléomène lui écrivit alors une seconde lettre où il disait : « Je suis persuadé que tu dis vrai, mais les flambeaux et les échelles, apprends-nous, si cela ne t'ennuie pas, pourquoi ils te suivaient. » Aratos rit de cette plaisanterie et demanda ce qu'était ce jeune homme ; un Spartiate banni de sa patrie, Damocratès, lui répondit :

– Si tu médites de t'en prendre aux Spartiates, c'est le moment de te hâter, avant que les ergots n'aient poussé à ce jeune coq.

Ensuite, comme Cléomène campait en Arcadie avec quelques cavaliers et trois cents fantassins, les éphores, craignant la guerre, lui envoyèrent l'ordre de se retirer. Mais, lorsqu'il se fut en effet retiré, Aratos prit Caphyes. Alors les éphores firent de nouveau sortir Cléomène en expédition. Celui-ci s'empara de Méthydrion et il ravageait l'Argolide, lorsque les Achéens se mirent en marche avec vingt mille fantassins et mille cavaliers sous les ordres du stratège Aristomachos. Cléomène alla au-devant d'eux à Pallanthion et leur offrit la bataille. Mais Aratos, effrayé de son audace, ne permit pas au stratège de courir le risque du combat et il se retira sous les injures des Achéens, sous les railleries et le mépris des Spartiates, qui n'étaient pas même cinq mille. Très fier de ce succès, Cléomène s'enhardit à l'égard de ses concitoyens ; il leur remettait en mémoire ce qu'avait dit, non sans motif, un de leurs anciens rois : « Les Spartiates ne s'inquiètent pas de savoir combien sont les ennemis, mais seulement où ils sont. »

Cléomène se porta ensuite au secours des Éléens attaqués par les Achéens. Comme ceux-ci se retiraient, il fondit sur eux près du mont Lycée et mit en déroute leur armée entière où il jeta la panique, leur tua beaucoup de monde et fit de nombreux prisonniers, si bien que le bruit se répandit en Grèce qu'Aratos avait péri. Mais Aratos, exploitant au mieux cette circonstance, marcha aussitôt après sa défaite sur Mantinée ; contre toute attente il s'empara de cette ville et y établit une garnison.

Plutarque, *Cléomène*, 4 -5, 1

Pendant ce temps, Archidamos, l'autre roi légitime, est rappelé.

Alors les Spartiates perdirent complètement courage et s'opposèrent aux expéditions de Cléomène. Celui-ci se mit en tête de rappeler de Messène le frère d'Agis, Archidamos, héritier de l'autre maison royale, avec lequel il devait partager le pouvoir ; il pensait ainsi affaiblir la puissance des éphores par le contrepoids d'une royauté au complet. Mais les meurtriers d'Agis, informés de ce projet et craignant d'être punis si Archidamos revenait, allèrent secrètement à sa rencontre, le ramenèrent dans la ville et l'y tuèrent aussitôt, soit contre la volonté de Cléomène, [...] soit que ses amis eussent réussi à le persuader de leur abandonner Archidamos, car c'est eux surtout que l'on rendit responsables du meurtre et qui passèrent pour avoir forcé la main à Cléomène.

Plutarque, *Cléomène*, 5, 2-4

Cléomène repart en campagne et affronte Aratos.

Cependant Cléomène, résolu à changer immédiatement le régime de la ville, persuada les éphores, à prix d'argent, de lui voter une expédition. Il gagna aussi à sa cause beaucoup d'autres citoyens grâce à sa mère, Cratésicléia, qui lui fournit des ressources sans les ménager parce qu'elle partageait son ambition. Bien qu'elle n'eût, dit-on, aucune envie de se remarier, elle épousa, pour plaire à son fils, un citoyen que sa renommée et sa puissance plaçaient au premier rang[6]. Cléomène se mit en campagne avec son armée et s'empara de Leuctra, place du territoire de Mégalopolis. Les Achéens étant accourus rapidement en renfort contre lui sous le commandement d'Aratos, Cléomène livra sous les murs mêmes de la ville une bataille, où il fut vaincu avec une partie de son armée. Mais, comme Aratos ne permettait pas aux Achéens de franchir un profond ravin et arrêtait là la poursuite, le Mégalopolitain Lydiadas, indigné, entraîna avec lui ses cavaliers et s'élança sur les traces de l'ennemi. Il s'engagea ainsi dans un terrain plein de vignes, de fossés et de murs, où ses hommes se dispersèrent, et d'où ils avaient le plus grand mal à sortir. Voyant cela, Cléomène envoya contre lui ses Tarentins et ses Crétois[7], sous les coups desquels Lydiadas tomba en se défendant vigoureusement. Enhardis par ce succès, les Spartiates se jetèrent à grands cris sur les Achéens et mirent en déroute leur armée entière. Beaucoup furent tués ; Cléomène les rendit en vertu d'une convention, sauf Lydiadas dont le corps, sur son ordre, lui fut apporté : il le revêtit d'un manteau de pourpre, lui mit une couronne sur la tête et le fit déposer, ainsi paré, à la porte de Mégalopolis. C'est ce Lydiadas qui, après avoir abdiqué la tyrannie et rendu la liberté à ses concitoyens, avait fait entrer sa ville dans la Confédération achéenne.

Plutarque, *Cléomène*, 6

6. Veuve de Léonidas II, elle épousa Mégistonous. Voir ci-dessous.

7. C'étaient des mercenaires. Ils ne venaient pas tous nécessairement de Tarente ou de Crète. Les « Tarentins » étaient des cavaliers légers armés de javelots et les « Crétois » des archers.

Hiver 227/226. Fort de ces victoires, Cléomène décide, pour mener à bien ses desseins, d'éliminer les éphores.

Cléomène, dès lors plein de fierté et convaincu que, s'il disposait des circonstances à sa guise en guerroyant contre les Achéens, il serait aisément vainqueur, entreprit de montrer au mari de sa mère, Mégistonous, qu'il fallait se débarrasser des éphores, mettre en commun les propriétés entre les citoyens, relever Sparte par l'égalité et lui rendre l'hégémonie sur la Grèce. Mégistonous une fois gagné, il s'adjoignit pour la même cause deux ou trois autres de ses amis. Il arriva, vers ces jours-là, que l'un des éphores, couché dans le sanctuaire de Pasiphaé, eut une vision singulière : il lui sembla que, dans le lieu où les éphores ont coutume de siéger et de traiter les affaires, il n'y avait plus qu'un seul siège que les quatre autres avaient été enlevés, et, comme il s'en étonnait, qu'une voix provenant du fond du sanctuaire lui disait :

– Cela vaut mieux pour Sparte.

L'éphore raconta cette vision à Cléomène, qui en fut d'abord profondément troublé, à la pensée qu'on voulait le sonder parce qu'on le suspectait, mais s'étant convaincu enfin que l'autre disait la vérité, il se rassura. Prenant alors avec lui tous ceux des citoyens qu'il soupçonnait d'être le plus opposés à son projet, il alla s'emparer d'Héraïa et d'Aséa, villes qui s'étaient rangées sous l'autorité des Achéens, il ravitailla Orchomène et campa devant Mantinée ; bref, il épuisa les Spartiates par de longues marches en tous sens, si bien qu'ils le prièrent de les laisser en Arcadie ; il les y laissa presque tous, et, emmenant avec lui ses mercenaires, il se dirigea vers Sparte. En chemin, il fit part de son dessein à ceux qu'il croyait le mieux disposés à son égard, puis il ralentit la marche de façon à surprendre les éphores à l'heure de leur repas.

Plutarque, *Cléomène*, 7

L'acte sacrilège est commis.

Arrivé près de la ville, il envoya Eurycléidas à la salle à manger des éphores, comme s'il apportait de sa part des nouvelles de l'armée. Thérycion et Phoibis, deux des compagnons de Cléomène, élevés avec lui, de ceux qu'on appelle *mothaces*[8], accompagnaient Eurycléidas avec quelques soldats. Pendant qu'Eurycléidas parlait encore aux éphores, les autres, accourant avec leurs épées nues, les frappèrent. Agylaios le premier tomba sous le coup qu'il reçut et on le crut mort ; mais il reprit lentement ses sens et, se traînant hors de la salle, il se glissa sans être aperçu dans un petit édifice, qui était un sanctuaire de la Peur, et qui, d'ordinaire fermé, se trouvait alors par hasard ouvert. Dès qu'il y fut entré, il en referma sur lui la petite porte. Les quatre autres furent tués, avec une dizaine de personnes au plus, qui tentèrent de les secourir. On épargna les citoyens qui se tinrent tranquilles, et l'on n'empêcha personne de quitter la ville ; on épargna même Agylaios, qui sortit du sanctuaire le lendemain.

Plutarque, *Cléomène*, 8

Cléomène prend la parole pour justifier son acte et pour asseoir son pouvoir.

Lorsque le jour fut levé, Cléomène proscrivit quatre-vingts citoyens, qui durent quitter la ville, et il fit enlever les sièges des éphores à l'exception d'un seul, qu'il avait l'intention d'occuper lui-même pour tenir audience. Puis il réunit l'assemblée pour se justifier de ce qu'il avait fait. Il dit :

– Lycurgue avait associé aux rois le sénat des gérontes, et pendant longtemps la ville fut ainsi administrée, sans avoir nul besoin d'une autre magistrature, mais plus tard, à cause

8. Fils d'hilotes, ou de Spartiates et de femmes hilotes, élevés avec de jeunes Spartiates de plein droit.

de la longueur de la guerre de Messénie, les rois, occupés par les expéditions, choisiront eux-mêmes, pour rendre la justice, certains de leurs amis, qui tenaient leur place auprès des citoyens avec le titre d'éphores. Ces éphores ne furent d'abord et pendant longtemps que les auxiliaires des rois, mais ensuite ils attirèrent insensiblement à eux l'autorité et se constituèrent, sans que l'on y prît garde, en magistrature indépendante. La preuve de tout cela, c'est que, jusqu'à ces derniers temps, quand les éphores convoquaient le roi, celui-ci pouvait refuser de leur obéir une première, puis une seconde fois, et qu'à la troisième sommation seulement, il devait se lever à leur appel et se rendre auprès d'eux ; d'ailleurs, celui qui avait fortifié et étendu leur pouvoir, Astéropos, n'était devenu éphore que plusieurs générations après l'établissement de cette magistrature. Tant que les éphores, ajouta Cléomène, se comportèrent avec modération, il valait mieux les supporter, mais quand ils détruisirent le pouvoir traditionnel au moyen d'une autorité usurpée, allant jusqu'à chasser des rois, à en faire périr d'autres sans jugement[9] et à menacer ceux qui désiraient revoir à Sparte la plus belle et la plus divine des constitutions, ce n'était plus tolérable. S'il avait été possible d'éliminer sans effusion de sang ces fléaux de Sparte, venus de l'étranger, à savoir la débauche, le luxe, les dettes, l'usure, et ces maux plus anciens encore, la pauvreté et la richesse, je me serais estimé le plus heureux de tous les rois d'avoir, comme un médecin, guéri ma patrie sans douleur. Mais, en fait, pour excuser une violence nécessaire, j'ai l'exemple de Lycurgue, qui, n'étant ni roi, ni magistrat, mais simple par-ticulier, voulut agir en roi et se rendit en armes à l'agora, où il causa une telle peur au roi Charilaos que celui-ci se réfugia auprès d'un autel[10] ; mais, étant bon et aimant sa patrie, Charilaos ne tarda pas à s'associer à l'entreprise de Lycurgue

9. Voir p. 213.
10. Voir p. 19.

et à approuver le changement de constitution. En réalité, la conduite de Lycurgue prouve qu'il est difficile de changer un régime politique sans violence et sans terreur. J'ai usé de tels moyens avec la plus grande modération pour débarrasser Sparte de ceux qui s'opposaient à son salut. Quant à tous les autres citoyens, je déclare que je mets pour eux en commun toutes les terres, que je libère les débiteurs de leurs dettes, que j'examinerai et choisirai les étrangers en sorte que les meilleurs d'entre eux, devenus spartiates, protègent la ville par les armes et que nous cessions de voir la Laconie, faute de défenseurs, devenir la proie des Étoliens et des Illyriens.

Plutarque, *Cléomène*, 10

Fort de son pouvoir, Cléomène entreprend des réformes.

Après quoi Cléomène fut le premier à mettre en commun ce qu'il possédait ; Mégistonous, son beau-père, en fit autant, puis chacun de ses amis et ensuite tous les autres citoyens, et l'on partagea les terres. Cléomène assigna même un lot à chacun de ceux qu'il avait exilés, et il promit de les rappeler tous, dès que la tranquillité serait assurée. Il compléta le corps civique avec l'élite des périèques, forma un corps de quatre mille hoplites, et leur apprit à se servir, au lieu de la lance, de la sarisse[11], que l'on tient à deux mains, et à porter le bouclier par une courroie, et non par une poignée. Il s'occupa ensuite de l'éducation des jeunes et de ce qu'on appelle la discipline spartiate. En cela il fut grandement aidé par Sphairos[12], qui se trouvait là. Puis il rétablit promptement l'ordre convenable dans les gymnases et dans les repas en commun. Quelques-uns ne s'y résignèrent que par contrainte, mais la plupart se soumirent volontiers à la simplicité laconienne de ce régime. Toutefois, pour donner

11. Lance longue et lourde de la phalange macédonienne.
12. Philosophe stoïcien.

meilleure apparence au nom de monarchie, il proclama roi
avec lui son frère Eucleidas ; ce fut alors la seule fois où les
Spartiates eurent deux rois de la même maison.

Plutarque, *Cléomène*, 11

Il va même jusqu'à narguer Aratos avec son armée disciplinée.

Persuadé que les Achéens et Aratos, sachant combien la
situation était pour lui délicate à la suite de cette révolution,
ne croiraient pas qu'il pût sortir de Sparte et quitter la ville
alors qu'elle se trouvait en suspens au milieu d'une si grande
agitation, Cléomène pensa qu'il serait aussi noble qu'utile de
faire voir aux ennemis l'ardeur de son armée. Il envahit donc le
territoire de Mégalopolis, y ramassa un butin considérable et
causa de grands dommages au pays. Finalement, ayant rencontré
une troupe d'artistes dionysiaques qui venaient de Messène,
il les retint, fit dresser un théâtre en territoire ennemi, et,
proposant pour le concours un prix de quarante mines, il resta
toute une journée assis à regarder la représentation, non qu'il
fût avide de spectacles, mais parce qu'il voulait ainsi bafouer les
ennemis et montrer par cette marque de mépris la supériorité
de sa puissance. Par ailleurs, de toutes les armées grecques et
royales, la sienne était la seule à ne pas traîner à sa suite des
mimes, des faiseurs de tours, des danseuses, des joueuses de
cithare ; elle était pure de tous dérèglements, bouffonneries
et fêtes foraines. Les jeunes gens passaient presque tout leur
temps à s'exercer, et les hommes plus âgés à les instruire ;
quand on était de loisir, les amusements consistaient dans les
plaisanteries habituelles, dans les traits spirituels et laconiques[13]
qu'on se lançait les uns aux autres. L'utilité de cette sorte de
jeu se trouve indiquée dans la *Vie de Lycurgue*.

Plutarque, *Cléomène*, 12

---

13. Voir p. 297 et suivantes.

Il est un modèle de roi démocratique et intelligent.

Cléomène en personne donnait l'exemple à tous, proposant sa vie simple et frugale, sans insolence ni affectation de supériorité, comme un modèle de tempérance, ce qui lui conféra une certaine influence sur les affaires de la Grèce. Les gens qui se rendaient auprès des autres rois étaient moins frappés de leurs richesses et de leurs prodigalités que révoltés par leur dédain, leur faste et l'insupportable dureté avec laquelle ils traitaient ceux qui s'adressaient à eux. Au contraire, quand ils approchaient Cléomène, qui était roi lui aussi et en portait le titre, ils ne voyaient autour de lui ni pourpre, ni riche manteau ni mobilier de lits et de litières ; ils constataient qu'il n'avait pas recours à une foule de messagers, de portiers, de secrétaires pour répondre de mauvaise grâce et à grand-peine aux solliciteurs ; ils le trouvaient lui-même vêtu d'un manteau quelconque, venant à leur rencontre, leur tendant la main, causant et écoutant leurs demandes d'un air affable et gai. Ils étaient alors charmés et conquis par ses manières démocratiques, et ils disaient de lui qu'il était le seul vrai descendant d'Héraclès. Le régime quotidien de ses repas se réduisait à une table à trois lits, et était strictement laconien. Seulement, s'il recevait des ambassadeurs ou des étrangers, il faisait ajouter deux autres lits, et les serviteurs garnissaient un peu mieux la table, non point d'assaisonnements recherchés ni de pâtisseries, mais d'un plus grand nombre de mets et d'un vin plus généreux. Il réprimanda un de ses amis quand il apprit que, pour traiter des étrangers, il ne leur avait servi que du brouet noir[14] et du pain d'orge, ce qui était l'ordinaire des phidities. Il disait qu'en ces occasions et avec les étrangers il ne fallait pas se montrer trop rigoureusement

---

14. Le repas traditionnel spartiate fait de viande et de sang, prélevés par le cuisinier sur les animaux sacrifiés, et relevé avec du sel et du vinaigre apportés par les convives.

spartiate. La table enlevée, on apportait un trépied, sur lequel était placé un cratère de bronze, plein de vin, deux vases d'argent d'une contenance de deux cotyles[15] et des coupes d'argent en très petit nombre, où buvait qui voulait, car on ne présentait jamais de coupe à qui n'en voulait pas[16]. Il n'y avait pas de musique, et l'on n'en demandait pas. Cléomène animait lui-même la réunion par sa conversation, tantôt questionnant, tantôt racontant ; la gravité de ses paroles n'était pas sans agrément, et, quand il badinait, il le faisait avec grâce et convenance. Cette sorte de chasse à l'homme que pratiquaient les autres rois en appâtant et corrompant les gens par des présents et de l'argent était considérée par lui comme une manière grossière et immorale. Mais gagner et attirer ceux qui avaient affaire à lui au moyen de la causerie et de propos aimables et confiants lui paraissait une conduite très belle et très digne d'un roi, car la seule différence qu'il voyait entre un ami et un mercenaire, c'est que l'on acquiert l'un par la manière d'être et les paroles, l'autre par de l'argent.

Plutarque, *Cléomène*, 13

Puis l'été 226, il s'attaque de nouveau aux Achéens.

Les Mantinéens furent les premiers qui l'appelèrent à eux. Il se jeta de nuit, à l'improviste, dans leur ville ; les habitants l'aidèrent à chasser la garnison achéenne et se remirent entre ses mains. Il leur rendit leurs lois et leur constitution, et, le jour même, marcha sur Tégée. Peu de temps après, faisant un détour à travers l'Arcadie il descendit à Pharai d'Achaïe, dans le dessein soit de livrer bataille aux Achéens, soit de discréditer Aratos, si celui-ci se dérobait et lui abandonnait le pays. En

15. Un peu plus d'un demi-litre.
16. À Athènes et ailleurs, la coupe circulait, chacun devait en boire, et il y avait souvent des concours de buveurs.

effet, si Hyperbatas était alors stratège, Aratos n'en détenait pas moins tout le pouvoir en Achaïe. Les Achéens firent une sortie en masse et campèrent sur le territoire de Dymé, près de l'Hécatombaion. Cléomène survint, et il parut être en mauvaise posture pour bivouaquer entre la ville ennemie de Dymé et l'armée des Achéens, mais il provoqua hardiment ceux-ci et les obligea à combattre. Il les vainquit de vive force, mit leur phalange en déroute, leur tua beaucoup de monde dans la bataille et fit un grand nombre de prisonniers. De là, il marcha sur Lasion, en expulsa la garnison achéenne et rendit cette ville aux Éléens.

Plutarque, *Cléomène*, 14

Un traité de paix est sur le point d'être signé.

Les Achéens ayant été ainsi écrasés, Aratos, qui d'ordinaire était stratège une année sur deux, déclina le commandement et y renonça en dépit des sollicitations et des prières ; il eut tort d'abandonner le gouvernail à un autre, au plus fort de la tempête qui secouait les affaires, et de déposer son autorité. Quant à Cléomène, il paraissait d'abord ne vouloir imposer aux délégués des Achéens que des conditions modérées, mais il leur envoya à son tour une ambassade pour les sommer de lui céder l'hégémonie, moyennant quoi il promettait de se montrer accommodant pour tout le reste et de leur rendre aussitôt les prisonniers et les places. Les Achéens acceptèrent ces conditions de paix et appelèrent Cléomène à Lerne, où ils devaient tenir leur assemblée. Mais il se trouva que Cléomène, ayant bu mal à propos de l'eau froide après une marche forcée, cracha beaucoup de sang et eut une extinction de voix. C'est pourquoi, après avoir renvoyé aux Achéens leurs prisonniers les plus importants, il remit le colloque à plus tard et retourna à Sparte.

Plutarque, *Cléomène*, 15

Aratos, jaloux des succès de Cléomène, en profite pour jouer la carte macédonienne.

Ce délai gâta les affaires de la Grèce, qui pouvait encore, d'une façon ou d'une autre, se relever de sa situation présente et échapper à l'insolence et à l'avidité des Macédoniens. En effet, Aratos, soit par défiance et crainte à l'égard de Cléomène, soit qu'il enviât le bonheur inattendu de celui-ci, en pensant combien il était intolérable pour lui-même, après avoir occupé le premier rang pendant trente-trois ans, de voir un jeune homme l'attaquer et lui ravir à la fois la gloire et la puissance en prenant sur les affaires l'autorité qu'il avait, lui, acquise par ses travaux et conservée pendant si longtemps, essaya d'abord de faire violence aux Achéens pour les détourner de leur projet. Mais ils ne l'écoutèrent pas, frappés de stupeur comme ils l'étaient par l'audace de Cléomène, et même ils trouvaient juste la prétention des Spartiates de ramener le Péloponnèse à son organisation ancestrale[17] ; alors il eut recours à un acte indigne de tout Grec, et particulièrement déshonorant pour lui, en complet désaccord avec toute sa conduite politique passée : il appela Antigone[18] en Grèce et remplit le Péloponnèse de Macédoniens, lui qui les en avait chassés dans sa jeunesse en délivrant l'Acrocorinthe, lui qui s'était rendu suspect et odieux à tous les rois, lui qui a dit tant de mal de cet Antigone dans les *Mémoires* qu'il a laissés[19] : il y affirme avoir pris beaucoup de peine et s'être exposé lui-même au danger pour délivrer la ville d'Athènes de sa garnison et des Macédoniens[20]. Et, après cela, il introduisit en armes ces

17. Situation dans laquelle Sparte détenait l'hégémonie.
18. Antigone Doson, roi de Macédoine de 229 à 220.
19. C'est en 242 qu'Aratos, alors âgé de 28 ans, avait libéré Corinthe de la domination macédonienne.
20. C'est en 229 que les Athéniens se libérèrent, avec l'aide d'Aratos, de la garnison macédonienne qu'Antigone Gonatas avait installée au Pirée en 263.

mêmes Macédoniens dans sa patrie, à son foyer et jusque
dans son gynécée[21], tandis que ce roi de Sparte, descendant
d'Héraclès, qui réaccordait, comme une harmonie relâchée,
la constitution des ancêtres en vue de la ramener à cette
sage législation et à cette fameuse discipline dorienne de
Lycurgue [...]. Par aversion pour le pain d'orge et le manteau
grossier[22], et, ce qui était son pire grief contre Cléomène,
pour la suppression de la richesse et la réhabilitation de la
pauvreté, il se prosterna avec l'Achaïe devant le diadème et la
pourpre, devant les ordres des Macédoniens et des satrapes[23]
pour ne point paraître obéir à ceux de Cléomène ; Aratos
célébrait les fêtes en l'honneur d'Antigone, chantait des
péans et se couronnait de fleurs pour un homme consumé
par la phtisie.

Plutarque, *Cléomène*, 16, 1-7

*En juillet 225, Cléomène, trompé, s'empare habilement
d'Argos.*

Les Achéens s'étant assemblés de nouveau à Argos en vue
du colloque, et Cléomène y étant descendu de Tégée, tout
le monde espérait grandement la réconciliation.

Mais Aratos, qui s'était déjà mis d'accord avec Antigone
sur l'essentiel, craignant que Cléomène n'arrivât à ses fins,
soit en persuadant le peuple, soit même en le contraignant,
lui fit signifier de venir seul à Argos, en recevant trois cents
otages pour sa sûreté, ou bien, si son armée l'accompagnait,
de ne s'avancer que jusqu'au gymnase Cylarabion en dehors de
la ville pour conférer. Ayant entendu ce message, Cléomène
répondit que ce procédé était injuste : c'était d'avance et tout

---

21. Philippe, dont Antigone était l'oncle et le tuteur, et qui régnera
à partir de 220 sous le nom de Philippe V, séduisit la femme d'Aratos
le Jeune, fils du grand stratège achéen, dont il était l'hôte.

22. Symboles du mode de vie spartiate.

23. Les Perses.

de suite qu'il aurait fallu l'avertir alors, au lieu d'attendre le moment où il se trouvait aux portes d'Argos pour lui marquer de la méfiance et le tenir éloigné. Il écrivit là-dessus aux Achéens une lettre remplie surtout d'accusations contre Aratos, qui, de son côté, l'accabla d'injures devant le peuple. Puis Cléomène décampa rapidement et envoya un héraut déclarer la guerre aux Achéens, non pas à Argos, mais à Aigion, comme le dit Aratos, afin de devancer leurs préparatifs.

Une grande agitation s'était produite parmi les Achéens, et les villes songeaient à faire défection, parce que les gens du peuple avaient espéré le partage des terres et l'abolition des dettes, et que les notables, en beaucoup d'endroits, ne supportaient Aratos qu'avec impatience, quelques-uns même avec colère en voyant qu'il appelait les Macédoniens dans le Péloponnèse.

Exalté par ces nouvelles, Cléomène se jeta sur l'Achaïe ; il prit d'abord Pellène qu'il attaqua à l'improviste et en chassa la garnison achéenne, puis il s'attacha Phénéos et Pentéléion. Les Achéens, craignant une trahison qui se tramait à Corinthe et à Sicyone, envoyèrent d'Argos leur cavalerie et leurs mercenaires pour garder ces places, et descendirent eux-mêmes à Argos afin d'y célébrer les concours néméens. Cléomène, espérant (en quoi il avait raison) que, s'il se jetait par surprise sur une ville remplie d'une foule en fête et de spectateurs, il y répandrait plus de trouble, amena de nuit son armée sous les murs, s'empara du quartier voisin de l'Aspis, au-dessus du théâtre, position forte et d'accès difficile, et il épouvanta tellement les habitants que personne ne songea à résister ; ils reçurent une garnison, donnèrent vingt de leurs citoyens comme otages et devinrent alliés des Spartiates, sous l'hégémonie de Cléomène.

Plutarque, *Cléomène*, 17

Grâce à Cléomène, Sparte retrouve sa fierté et sa force.

Ce ne fut pas là un mince accroissement de sa renommée et de sa puissance. En effet les anciens rois de Sparte, en dépit de tous leurs efforts, n'avaient pu s'attacher solidement Argos, et le plus habile des généraux, Pyrrhos, qui y était entré de force, n'avait pas gardé la ville : il y avait été tué, et une grande partie de son armée avait péri avec lui. Aussi admirait-on la rapidité de décision et l'intelligence de Cléomène ; ceux qui, antérieurement, se moquaient de ses prétentions à imiter Solon et Lycurgue par la remise des dettes et l'égalisation des fortunes, crurent alors fermement qu'il était bien l'auteur de la transformation des Spartiates, car ceux-ci, avant lui, étaient tombés si bas et étaient devenus si incapables de se défendre que les Étoliens, faisant une incursion en Laconie, leur avaient enlevé cinquante mille esclaves (on raconte qu'à cette occasion un vieillard de Sparte prétendit que les ennemis leur avaient ainsi rendu service, en soulageant d'autant la Laconie)[24]. Mais peu de temps après, à peine furent-ils revenus aux usages de leurs ancêtres et se furent-ils remis dans les pas de l'ancienne discipline, comme s'ils avaient avec eux Lycurgue pour les gouverner, qu'ils firent montre de courage et d'obéissance, au point de rendre à Sparte l'hégémonie sur la Grèce et de reconquérir le Péloponnèse.

Plutarque, *Cléomène*, 18

Cléomène vole de victoire en victoire.

Après la prise d'Argos, Cléones et Phlious se joignirent aussitôt à Cléomène. Aratos se trouvait alors à Corinthe, où il recherchait ceux que l'on disait amis de Sparte. Quand la nouvelle de ces événements lui parvint, il en fut profondément

24. En 240, l'année qui suivit la mort d'Agis.

troublé, et, comme il sentait que Corinthe penchait vers Cléomène et voulait se débarrasser des Achéens, il convoqua les citoyens au siège du Conseil et se glissa à leur insu jusqu'à la porte de la ville. Là, s'étant fait amener son cheval, il l'enfourcha et s'enfuit à Sicyone. Les Corinthiens s'empressèrent à l'envi de courir à Argos informer Cléomène ; Aratos dit qu'ils crevèrent tous leurs chevaux, et que Cléomène leur reprocha de l'avoir laissé échapper au lieu de l'arrêter, mais que pourtant Mégistonous vint le trouver de la part du roi de Sparte pour lui demander de lui céder l'Acrocorinthe (où les Achéens tenaient garnison), en lui offrant beaucoup d'argent, et que lui-même, Aratos, répondit que, loin de tenir en mains les affaires, c'étaient plutôt elles qui le tenaient. [...]

Cléomène, parti d'Argos, gagna à sa cause Trézène, Épidaure, Hermioné, et se rendit à Corinthe. Il investit la citadelle, que les Achéens refusaient de lui livrer, et manda les amis et les hommes de confiance d'Aratos, à qui il ordonna de se charger de sa maison et de ses biens pour veiller sur eux et les administrer. Puis il envoya à Aratos un nouveau messager, le Messénien Tritymallos, pour lui proposer de faire garder l'Acrocorinthe par des troupes mixtes, à la fois achéennes et spartiates, et pour lui promettre à titre privé une pension double de celle qu'il recevait du roi Ptolémée[25]. Aratos ne voulut rien entendre ; même il envoya son fils à Antigone avec les autres otages, et persuada les Achéens de décréter que l'Acrocorinthe serait remis à Antigone. Alors Cléomène se jeta sur le territoire de Sicyone, le ravagea et reçut en présent les biens d'Aratos, que les Corinthiens lui attribuèrent par un vote.

Plutarque, Cléomène, 19

---

25. Le pharaon Ptolémée III Évergète (284-222) servait à Aratos une pension annuelle de six talents.

Alors vingt mille fantassins et mille trois cents cavaliers macédo-
niens marchent contre les Spartiates pendant qu'Argos se révolte.

Comme Antigone franchissait la Géranéia avec une
nombreuse armée, Cléomène ne crut pas devoir fortifier
l'isthme[26] et jugea qu'il valait mieux garder les accès de
l'Onéion par des retranchements et des murs, afin d'user
les Macédoniens par une guerre de positions, plutôt que
d'en venir aux mains avec une phalange bien entraînée.
L'exécution de ce plan mit Antigone dans l'embarras, car
il n'avait pas prévu suffisamment de vivres, et il n'était pas
facile de forcer les passages gardés par Cléomène. Il essaya
bien de se glisser de nuit à travers le Léchaion, mais il fut
repoussé et perdit un certain nombre de ses soldats. Alors
Cléomène fut rempli de confiance, et ses troupes allèrent
dîner exaltées par la victoire, tandis qu'Antigone, découragé,
était réduit par la nécessité à former des projets malaisés : il
méditait de se retirer vers le promontoire de l'Héraion, et de
transporter de là son armée dans des bateaux en direction de
Sicyone, ce qui devait exiger beaucoup de temps et de sérieux
préparatifs. Mais voici que, vers le soir, arrivèrent d'Argos
par mer des amis d'Aratos, qui venaient l'appeler en disant
que les Argiens s'étaient révoltés contre Cléomène. Celui
qui avait machiné la défection se nommait Aristotélès ; il
n'avait pas eu de peine à persuader le peuple, indigné que
Cléomène n'eût pas aboli les dettes, comme on l'espérait.
Aratos prit avec lui quinze cents hommes d'Antigone et
s'embarqua pour Épidaure. Mais Aristotélès ne l'attendit
pas ; emmenant ses concitoyens, il attaqua la garnison de
l'acropole ; il avait à ses côtés Timoxénos, venu de Sicyone
avec les Achéens pour le secourir.

Plutarque, *Cléomène*, 20

26. De Corinthe.

Argos échappe à Cléomène qui perd tout son avantage dans le Péloponnèse.

Cléomène, apprenant ces nouvelles vers la deuxième veille de la nuit, appela Mégistonous et lui ordonna avec colère de partir immédiatement combattre à Argos (c'était lui en effet qui s'était surtout porté garant auprès du roi de la fidélité des Argiens et l'avait empêché d'expulser les suspects). Ayant ainsi envoyé Mégistonous avec deux mille soldats, lui-même ne perdit pas de vue Antigone, et tenta de rassurer les Corinthiens eu leur disant qu'à Argos il ne s'était passé rien de grave et qu'il y avait eu seulement quelques désordres provoqués par une poignée d'hommes. Cependant Mégistonous, qui s'était jeté sur Argos, périt au combat, et la garnison, qui avait peine à tenir, envoyait courriers sur courriers à Cléomène. Celui-ci, craignant de voir les ennemis, une fois maîtres d'Argos, lui barrer les passages et aller eux-mêmes ravager impunément la Laconie et assiéger Sparte vide de défenseurs, emmena de Corinthe son armée. La ville fut aussitôt perdue pour lui : Antigone y entra et y mit une garnison. Arrivé devant Argos, Cléomène entreprit d'escalader les murs, tout en regroupant ses troupes dispersées par la marche. Faisant abattre les voûtes au-dessous de l'Aspis, il gravit le rempart et se joignit à ceux de l'intérieur qui résistaient encore aux Achéens. Il s'empara, en appliquant des échelles, de quelques quartiers de la ville et vida d'ennemis les rues, ses Crétois ayant reçu l'ordre de faire usage de leurs flèches. Mais, quand il vit Antigone dévaler des hauteurs dans la plaine avec sa phalange et ses cavaliers, qui déjà s'élançaient en foule dans la ville, il désespéra de la victoire. Rassemblant alors tout son monde auprès de lui, il descendit en sûreté et se retira le long du rempart. En très peu de temps il avait remporté de très grands succès, et il s'en fallut de peu qu'en une seule campagne il ne se rendît maître de tout le Péloponnèse ; avec la même rapidité il perdit tout. Parmi les alliés qui marchaient avec lui, les uns l'abandonnèrent aussitôt ; les autres, peu de temps après, livrèrent leurs villes à Antigone.

Plutarque, *Cléomène*, 21

C'est la retraite vers Sparte où l'attend une triste nouvelle.

Il en était là de son expédition, et il ramenait son armée lorsque, vers le soir, des messagers arrivèrent de Sparte aux environs de Tégée pour lui annoncer un malheur aussi grand que celui qu'il venait de subir : la mort de sa femme. Même au cours de ses campagnes les plus heureuses il avait peine à supporter son absence, et fréquemment il descendait à Sparte, car il était épris d'Agiatis et faisait d'elle le plus grand cas. Il fut donc bouleversé et ressentit un profond chagrin, comme il était naturel pour un homme jeune[27] qui perdait la plus belle et la plus sage des femmes, mais il n'avilit ni n'abaissa sous l'effet du malheur sa hauteur de caractère et sa grandeur d'âme. Il conserva à sa voix, à son maintien, à tout son extérieur la même fermeté qu'auparavant, donna ses ordres à ses officiers et pourvut à la sécurité des Tégéates. Au point du jour, il descendit à Sparte, donna cours à sa douleur dans sa maison avec sa mère et ses enfants, et tout de suite après se remit à réfléchir sur l'ensemble de la situation.

Plutarque, *Cléomène*, 22, 1-3

Puis il doit se séparer d'autres êtres chers.

Ptolémée[28], roi d'Égypte, avait promis de le secourir, mais il demandait comme otages ses enfants et sa mère.

---

27. Né vers 260, il devait avoir 35 ans.
28. Ptolémée III Évergète, qui versait une pension annuelle à Aratos tant que celui-ci était l'ennemi de la Macédoine, tenant compte du renversement des alliances, considérait dès lors Cléomène comme son allié de fait contre Antigone.

Cléomène, pendant longtemps, eut honte d'en informer sa mère. Souvent, en entrant chez elle et sur le point de parler, il gardait le silence, de sorte qu'elle conçut des soupçons et demanda aux amis de son fils s'il ne lui cachait pas quelque chose. À la fin, Cléomène osa lui parler. Alors elle éclata de rire :

– C'est donc là, dit-elle, le secret que tu as eu souvent envie de me révéler sans oser le faire ? Mets-nous donc au plus vite dans un bateau et envoie-nous là où tu crois que ma personne pourra être le plus utile à Sparte, avant que je ne meure de vieillesse en restant ici sans servir à rien.

Quand tout fut prêt, ils se rendirent par terre au Ténare, escortés par les troupes en armes. Au moment de s'embarquer, Cratésicléia prit son fils à part dans le temple de Poséidon, l'entoura de ses bras, le couvrit de baisers et, le voyant plein de trouble et de douleur :

– Allons, dit-elle, roi de Sparte, tâchons, lorsque nous sortirons d'ici, que personne ne nous voie pleurer, ni rien faire qui soit indigne de Sparte. Cela seul est en notre pouvoir ; quant au reste, les événements arrivent comme la divinité les donne.

Après ces mots, elle composa son visage, monta sur le navire en tenant son petit-fils par la main, et commanda au pilote de partir au plus vite. Arrivée en Égypte, elle apprit que Ptolémée recevait d'Antigone des propositions et des ambassades, et aussi que Cléomène, invité par les Achéens à faire la paix, avait peur, à cause d'elle, de cesser la guerre sans l'accord de Ptolémée ; elle lui écrivit de faire ce qui était convenable et utile pour Sparte, sans craindre constamment Ptolémée à cause d'une vieille et d'un gamin. Telle fut la conduite de cette femme, dit-on, en face des coups du sort.

Plutarque, *Cléomène*, 22, 4-10

Au printemps 223, Cléomène riposte en attaquant Mégalopolis.

Antigone ayant pris Tégée et pillé Orchomène et Mantinée, Cléomène, retiré en Laconie même, affranchit ceux des hilotes[29] qui purent payer cinq mines attiques et recueillit ainsi cinq cents talents, puis il arma deux mille hommes à la façon macédonienne pour les opposer aux leucaspides[30] d'Antigone, et conçut une grande entreprise à laquelle personne ne s'attendait. Mégalopolis n'était alors nullement, en elle-même, une ville plus petite ni plus faible que Sparte, et elle avait le soutien des Achéens et d'Antigone qui, campé à ses côtés, semblait avoir été appelé par les Achéens surtout à la requête des Mégalopolitains. Dans l'intention d'enlever cette ville (il n'est pas de mot qui convienne mieux à la promptitude et à l'imprévu de cette action), il commanda à ses troupes de prendre des vivres pour cinq jours et les mena à Sellasie comme s'il voulait aller ravager l'Argolide. De là, il descendit sur le territoire de Mégalopolis, et, après avoir fait dîner ses soldats près du Rhoitéion, il prit aussitôt le chemin d'Hélicous en direction de la ville. Arrivé à proximité de celle-ci, il détacha Panteus avec deux compagnies de Spartiates en lui ordonnant de se saisir d'une partie du rempart située entre deux tours, qu'il savait être la plus mal gardée par les Mégalopolitains, et il suivit lentement avec le reste de ses troupes. Panteus, ayant trouvé non seulement cet endroit, mais encore une grande étendue de la muraille sans défense, abattit une section du rempart et ailleurs y pratiqua des brèches, en tuant tous les gardes qu'il rencontra. Alors Cléomène se hâta de le rejoindre, et, avant

---

29. 6 000.
30. Les « Boucliers blancs » étaient une formation d'élite de l'armée macédonienne.

que les Mégalopolitains s'en fussent rendu compte, il était à l'intérieur de la ville avec son armée.

Plutarque, *Cléomène*, 23

Dans Mégalopolis envahie, les habitants tentent de sauver leur vie.

À peine ce désastre fut-il devenu manifeste pour les habitants que les uns s'enfuirent aussitôt en emportant les biens qu'ils trouvèrent à leur portée, tandis que les autres se rassemblaient avec leurs armes, faisaient face à l'ennemi et l'attaquaient ; s'ils ne furent pas assez forts pour le repousser, ils donnèrent du moins à leurs concitoyens fugitifs le temps de s'en aller en sûreté. Il ne resta pas plus de mille personnes enfermées dans la ville, toutes les autres, avec femmes et enfants, parvenant à se réfugier à Messène. La plupart des combattants venus en renfort s'échappèrent aussi, et il n'y eut qu'un tout petit nombre de prisonniers, parmi lesquels se trouvaient Lysandridas et Théaridas, deux des hommes les plus illustres et les plus influents de Mégalopolis. Aussi les soldats qui les avaient pris les conduisirent-ils aussitôt à Cléomène. En l'apercevant de loin, Lysandridas s'écria :

— Il ne tient maintenant qu'à toi, roi des Spartiates, d'accomplir un exploit plus beau et plus royal que le précédent, et d'atteindre au faîte de la gloire.

Cléomène, se doutant de ce qu'il allait demander, répondit :

— Que veux-tu dire, Lysandridas ? Tu ne vas pas m'engager, je pense, à vous rendre la ville ?

Alors Lysandridas :

— C'est là précisément ce que je veux dire et ce que je te conseille, de ne pas détruire une si grande ville, mais de la remplir d'amis et d'alliés fidèles et sûrs, en rendant aux Mégalopolitains leur patrie et en te faisant le sauveur d'un tel peuple.

Cléomène garda le silence pendant un petit moment, puis il reprit :

– Il est difficile de compter là-dessus, mais puisse la gloire l'emporter toujours chez nous sur l'intérêt !

Après ces mots, il envoya les deux hommes à Messène, avec son propre héraut, pour offrir de rendre la ville aux Mégalopolitains, à condition qu'ils abandonneraient les Achéens et deviendraient ses alliés et ses amis. En dépit de ces propositions de Cléomène, pleines de générosité et d'humanité, Philopœmen ne permit pas aux Mégalopolitains d'abandonner la foi jurée aux Achéens, il accusa Cléomène de chercher, non pas à rendre la ville, mais à capter en outre ses habitants, et il chassa de Messène Théaridas et Lysandridas. C'est ce même Philopœmen qui dans la suite devint le premier des Achéens et s'acquit la plus grande renommée[31] [...].

Plutarque, Cléomène, 24

Cléomène donne une leçon aux Mégalopolitains et à Antigone.

À cette nouvelle, Cléomène, qui avait gardé la ville entièrement intacte au point que l'on n'avait pu voir personne enlever même le moindre objet, fut tellement exaspéré et indigné qu'il laissa piller les biens des habitants, envoya à Sparte statues et peintures, enfin détruisit et rasa la plupart des quartiers les plus importants de la ville. Puis il reprit le chemin de son pays, par crainte d'Antigone et des Achéens, qui d'ailleurs ne bougèrent pas. Ils se trouvaient alors à Aigion, où ils tenaient conseil[32]. Aratos monta à la tribune et y demeura un long moment à pleurer, le visage couvert

---

31. Voir Plutarque, *Philopœmen*.

32. Il s'agit de l'Assemblée de la Confédération achéenne. Aratos était stratège.

d'un pan de sa chlamyde[33]. Comme on s'étonnait et qu'on le pressait de parler, il dit :

— Mégalopolis a été détruite par Cléomène.

Aussitôt les Achéens mirent fin à l'assemblée, consternés de la soudaineté et de la grandeur du désastre. Antigone essaya bien de porter secours, mais, comme son armée tardait à sortir de ses quartiers d'hiver, il donna un contre-ordre et la fit rester sur place, tandis que lui-même se rendait à Argos en n'emmenant avec lui qu'un petit nombre de soldats. C'est pourquoi une deuxième entreprise de Cléomène, qui fit l'effet d'un coup de folle témérité, fut au contraire un modèle de prévoyance, comme le dit Polybe, car, sachant que les Macédoniens étaient dispersés dans différentes villes où ils prenaient leurs quartiers d'hiver et qu'Antigone hivernait à Argos avec ses amis et seulement un petit nombre de mercenaires, il envahit l'Argolide en calculant qu'il vaincrait Antigone, si celui-ci cédait au point d'honneur, ou bien, si Antigone n'osait pas livrer bataille, qu'il le perdrait de réputation auprès des Argiens. C'est ce qui arriva : les Argiens, indignés de voir leur pays ravagé et pillé de fond en comble, s'assemblèrent à la porte du roi, le sommant à grands cris de combattre ou de céder le commandement aux chefs meilleurs que lui. Antigone, en stratège avisé, jugea qu'il serait plus honteux de s'exposer à la légère et de compromettre sa sécurité que d'être décrié auprès des gens de l'extérieur ; il ne fit donc pas de sortie et persista dans sa résolution. Cléomène s'avança jusqu'aux remparts avec son armée, prodigua les sévices et les dommages, puis se retira tranquillement.

Plutarque, *Cléomène*, 25

33. Manteau court.

Été 222, Antigone contre-attaque. Cléomène se contente de le narguer.

Peu de temps après, ayant appris qu'Antigone s'avançait de nouveau vers Tégée comme pour se jeter de là sur la Laconie, il rassembla rapidement ses troupes, et, faisant un détour par d'autres routes, il apparut soudain au point du jour devant la ville d'Argos ; il ravageait la plaine sans couper le blé, comme font les autres, avec des faux et des coutelas, mais en le frappant avec de grands bâtons en forme de sabres à deux tranchants, que ses hommes maniaient comme en se jouant pour abattre sans peine dans leur marche et détruire toute la récolte. Arrivés au gymnase de Cylarabis, ils voulurent y mettre le feu, mais Cléomène les arrêta, disant que ce qu'il avait fait à Mégalopolis était un effet de sa colère plutôt qu'une belle action. Antigone, en premier lieu, revint sur-le-champ à Argos, puis occupa les montagnes et tous les points de passage, qu'il garnit de troupes. Cléomène fit semblant de ne pas s'en inquiéter et de mépriser son adversaire, et il envoya des hérauts lui demander les clefs de l'Héraion pour offrir un sacrifice à la déesse avant de se retirer. Après s'être ainsi moqué de lui par cette requête ironique, il sacrifia à la déesse devant le temple fermé, puis il conduisit son armée à Phlious. De là, il chassa la garnison d'Olygyrtos et descendit sur Orchomène. Non seulement il inspirait ainsi de la fierté et de l'audace à ses concitoyens, mais il donnait aux ennemis eux-mêmes une haute idée de ses talents de chef d'armée et de son aptitude à conduire de grandes affaires. De fait, soutenir la guerre avec les moyens d'une seule ville à la fois contre les forces macédoniennes et contre tous les Péloponnésiens, dotés par le roi d'une aide financière – cela en gardant non seulement la Laconie inviolée, mais encore en dévastant le pays des ennemis et en leur prenant des villes si importantes –, c'était, semble-t-il, l'effet d'une habileté et d'une grandeur d'âme peu communes.

Plutarque, *Cléomène*, 26

Juillet 222. Les troupes se positionnent pour enfin s'affronter à Sellasie sur les bords de l'Oinous, affluent de l'Eurotas, au carrefour des routes qui, de Tégée et d'Argolide, mènent à Sparte.

Au début de l'été, quand les Macédoniens et les Achéens se furent regroupés après l'hivernage, Antigone prit le commandement et marcha avec ses alliée sur la Laconie, à la tête de dix mille Macédoniens formant la phalange, trois mille peltastes, trois cents cavaliers, plus mille soldats agrianes, autant de Gaulois, et un corps de mercenaires comprenant au total trois mille fantassins et trois cents cavaliers ; du côté des Achéens, trois mille fantassins et trois cents cavaliers d'élite, mille Mégalopolitains armés à la macédonienne, sous le commandement du Mégalopolitain Kerkidas ; du côté des alliés deux mille fantassins et deux cents cavaliers béotiens, mille fantassins et cinquante cavaliers épirotes, autant d'Acarnaniens et seize cents Illyriens, sous le commandement de Démétrios de Pharos, soit une force totale de vingt-huit mille fantassins et douze cents cavaliers.

Cléomène, qui s'attendait à l'invasion, avait protégé les accès de son pays au moyen de postes, de fossés et d'abattis d'arbres, et lui-même campait à proximité de Sellasie, disposant en tout d'une armée de vingt mille hommes environ et présumant selon toute logique que ses adversaires attaqueraient de ce côté ; et c'est bien ce qui arriva.

Deux hauteurs dominaient le passage, qu'on appelle l'une l'Évas, l'autre l'Olympos, et au milieu, le long de la rivière Oinous, passait la route de Sparte : Cléomène avait tracé en avant des deux hauteurs un fossé et un retranchement, posté sur l'Évas les périèques et les alliés, sous les ordres de son frère Eukleidas, tandis que lui-même occupait l'Olympos avec les Spartiates et les mercenaires, et, dans la vallée, le long de la rivière, de chaque côté de la route, il garnit son centre avec la cavalerie et une fraction des mercenaires.

Antigone en arrivant constata la force de la position et avec quelle habileté Cléomène avait occupé d'avance, avec tous les éléments de son armée, les points stratégiques, si bien que la structure générale de son dispositif ressemblait à la garde d'un bon maître d'armes : il n'avait rien négligé pour l'attaque et pour la défense, il avait à la fois un ordre de bataille solide et une position inexpugnable. Aussi Antigone renonça-t-il alors à tenter l'assaut et à livrer un engagement hasardeux.

Il s'établit à une courte distance, couvert par le cours du Gorgylos, demeurant plusieurs jours à observer les particularités du terrain et les différences entre les armées, et aussi à feindre quelques opérations prochaines pour démasquer les plans de l'adversaire. Ne pouvant surprendre le moindre point négligé ou dégarni, parce que Cléomène était partout prêt à la riposte, il abandonna cette tactique, et finalement ils décidèrent tous les deux d'un commun accord de régler par une bataille l'issue de la compagne : car la Fortune avait mis aux prises en ces deux hommes deux capitaines d'un égal génie.

Le roi, donc, opposa aux troupes du mont Évas les Macédoniens chalcaspides[34] et les Illyriens, rangés par unités alternées, et il mit à leur tête Alexandros, fils d'Akmètès, et Démétrios de Pharos ; à la suite il mit en ligne les Acarnaniens et les Crétois. Derrière eux il y avait deux mille Achéens en division de réserve. Sur les bords de l'Oinous il opposa sa cavalerie à la cavalerie ennemie, il en donna le commandement à Alexandros et mit sur ses flancs mille fantassins achéens et autant de Mégalopolitains. Quant à

---

34. Formation souple alternant les unités légères et les unités lourdes.

lui, à la tête des mercenaires et des Macédoniens, il décida
de livrer bataille au corps de Cléomène sur l'Olympos. Il
mit en première ligne les mercenaires et, derrière eux, la
phalange macédonienne dédoublée en profondeur : il adopta
cette formation à cause de l'étroitesse du terrain. Le signal
devait être donné aux Illyriens de partir à l'attaque de la
colline quand ils verraient un drapeau blanc levé du côté de
l'Olympos (ils s'étaient blottis pendant la nuit dans le lit du
Gorgylos tout contre le pied de la colline), et pareillement
aux Mégalopolitains et à la cavalerie, quand on lèverait un
drapeau pourpre à l'endroit où était le roi.

Polybe, *Histoires*, 2, 65-66

*L'ordre de l'attaque est donné et au cours du combat un jeune
héros se distingue.*

Lorsque fut venu le moment de l'action, qu'on eut donné
le signal aux Illyriens, et que les officiers les eurent exhortés
à faire leur devoir, ils se découvrirent brusquement tous
ensemble et se lancèrent à l'assaut du coteau. Mais les troupes
légères mises d'abord en ligne avec la cavalerie de Cléomène,
voyant les unités achéennes isolées en arrière, prirent à revers
le corps qui tentait d'enlever la crête, le mettant en très grand
danger, vu que l'aile d'Eukleidas le prenait de face d'une
position dominante et que les mercenaires par-derrière le
chargeaient et le pressaient vigoureusement. À cet instant,
le Mégalopolitain Philopœmen, saisissant la situation et
prévoyant la suite, essaya d'abord d'expliquer à ses chefs ce
qui allait arriver, et, comme personne ne l'écoutait parce
qu'il n'avait jamais reçu de commandement et qu'il était
tout jeune, il exhorta ses concitoyens et s'élança hardiment
sur les ennemis. Là-dessus, les mercenaires qui attaquaient
à revers le corps en train de monter, entendant des cris et
voyant la mêlée des deux cavaleries, renoncèrent à leur attaque
et revinrent à leur point de départ pour porter secours à la

cavalerie de leur parti. Dégagée par cette manœuvre, la division des Illyriens, des Macédoniens et des éléments d'appui s'élança vaillamment et avec assurance sur les ennemis. Ce résultat et la suite montrèrent clairement que Philopœmen avait été la cause de l'avantage remporté sur Eukleidas.

Aussi, dit-on, Antigone après la bataille chercha-t-il à savoir auprès d'Alexandros, le commandant de la cavalerie, pourquoi il avait engagé le combat avant de recevoir le signal, et comme il s'en défendait en disant qu'un petit jeune homme de Mégalopolis avait pris cette initiative contre sa propre volonté, Antigone dit que ce petit jeune homme avait agi comme un grand général en saisissant d'un coup d'œil la situation et le général en titre comme le premier petit jeune homme venu.

Polybe, *Histoires*, 2, 67 – 68, 2

Le frère de Cléomène est bientôt mis en difficulté et succombe sous le nombre. Dans la version de Plutarque, Eukleidas meurt sous les yeux de son frère[35].

Cependant Eukleidas, voyant les bataillons ennemis monter à l'assaut, négligea de profiter de la supériorité de sa position. Il pouvait s'avancer avec du champ contre l'ennemi, fondre sur lui, bousculer et rompre ses formations, puis rétrograder en bon ordre et regagner tranquillement les hauteurs ; de cette façon, en jetant le désarroi et la confusion dans l'agencement de l'armement et du dispositif adverse, il aurait mis facilement l'ennemi en déroute en profitant de l'avantage du terrain. Mais il n'en fit rien et, comme si la victoire était à sa portée, il fit tout le contraire : il resta

35. « Puis, voyant qu'à l'autre aile Eukleidas était enveloppé, il s'arrêta, et, prenant conscience du péril, il s'écria : "Je te perds, mon frère bien-aimé ; je perds en toi un brave, objet d'émulation pour les enfants de Sparte et digne d'être chanté par les femmes !" » (Plutarque, *Cléomène*, 28, 6).

dans ses positions initiales sur le sommet pour recevoir les
ennemis le plus haut possible et les forcer à fuir sur une pente
extrêmement raide. Ce fut naturellement le contraire qui
arriva. Comme il n'avait pas d'espace pour se replier et que
les unités ennemies se présentèrent intactes et en bon ordre,
il fut acculé à combattre les assaillants sur le sommet même
de la colline. Aussi fut-il presque tout de suite accablé par le
poids de l'équipement et de la formation ennemie, et, tandis
que les Illyriens occupaient la position du premier coup, le
corps d'Eukleidas dut occuper une position inférieure parce
qu'il ne s'était pas ménagé un espace pour se replier et se
reformer ; il en résulta bien vite qu'il fut mis en déroute
et réduit à une retraite désastreuse, sur un terrain en pente
raide où le repli était vraiment difficile.

Polybe, *Histoires*, 2, 68, 3-10

La dernière charge vient à bout des Spartiates.

Pendant ce temps, le combat de cavalerie se développait
et toute la cavalerie achéenne montrait un brillant comportement, et surtout Philopœmen, car toute cette lutte mettait
en jeu leur liberté : c'est alors que le cheval de Philopœmen
s'abattit tué net et que lui-même en combattant à pied fut
grièvement blessé à travers les deux cuisses.

Du côté de l'Olympos les deux rois engageaient d'abord
la mêlée avec les troupes légères et les mercenaires, qui
étaient environ cinq mille de chaque côté ; et là, dans les
engagements séparés aussi bien que dans la mêlée générale,
le comportement des deux partis fut magnifique, car ils se
battaient sous les yeux des deux rois et des deux armées.
Ils luttaient, homme contre homme, rang contre rang, avec
acharnement. Mais Cléomène, voyant son frère en déroute
et sa cavalerie, dans la plaine, prête à fléchir, et redoutant
d'avoir à subir de tous côtés l'assaut ennemi, fut contraint
d'abattre ses retranchements et de faire sortir toute son

armée de front par un seul côté du camp. De chaque côté les trompettes rallièrent hors du terrain l'infanterie légère et les deux phalanges, poussant le cri de guerre et baissant les sarisses, se heurtèrent. La lutte devint ardente : tantôt les Macédoniens reculaient pied à pied, pressés vivement par la fougue des Laconiens, tantôt les Lacédémoniens pliaient sous le poids de la ligne macédonienne ; mais, à la, fin, les soldats d'Antigone, serrant les rangs et mettant à profit l'avantage de la phalange dédoublée, s'élancèrent de toute leur force et rejetèrent les Lacédémoniens hors de leurs positions. Le reste de l'armée s'enfuit en désordre, taillé en pièces, et Cléomène, avec seulement quelques cavaliers, put regagner Sparte sans encombre.

Polybe, *Histoires*, 2, 69, 1-10

Plutarque décrit le malheur de Cléomène.

[...] De même que les athlètes bien entraînés terrassent et battent au bout du compte leurs adversaires même souples et adroits, ainsi Antigone, pourvu d'immenses ressources pour la guerre, épuisa et vainquit Cléomène, qui avait peine à fournir une maigre solde à ses mercenaires et leur nourriture aux citoyens. À un autre point de vue, le temps travaillait pour Cléomène, car Antigone était rappelé chez lui par ses affaires : les Barbares en son absence parcouraient et ravageaient la Macédoine ; à ce moment même, une nombreuse armée d'Illyriens y était descendue, et les Macédoniens, pillés par eux, réclamaient le retour d'Antigone. Il s'en fallut de peu que leurs lettres lui fussent apportées avant la bataille ; si elles lui étaient parvenues alors, il serait parti sur-le-champ, en envoyant promener pour longtemps les Achéens. Mais la Fortune, qui décide des plus grandes affaires en un instant, fit voir alors l'influence et le pouvoir du moment critique : ce fut en effet aussitôt après la bataille de Sellasie, où Cléomène perdit son armée et sa cité, qu'arrivèrent les courriers qui rappelaient

Antigone. Voilà ce qui surtout rendit plus pitoyable le malheur de Cléomène : s'il avait attendu seulement deux jours et remis la bataille à plus tard, il n'aurait pas eu besoin de combattre et il aurait fait la paix avec les Achéens aux conditions voulues par lui, après le départ des Macédoniens, mais, comme nous l'avons dit, le manque d'argent lui fit jouer son va-tout par les armes, et il fut contraint, dit Polybe, de combattre avec vingt mille hommes contre trente mille.

Plutarque, *Cléomène*, 27, 4-11

Cléomène rentre à Sparte et n'attend pas le vainqueur Antigone pour s'enfuir à Alexandrie.

Arrivé dans la ville, Cléomène conseilla aux citoyens qui vinrent à sa rencontre d'accueillir Antigone et dit que lui-même ferait, soit en continuant à vivre, soit en mourant, ce qui serait utile à Sparte. Voyant les femmes accourir vers ceux qui s'étaient enfuis avec lui pour les décharger de leurs armes et leur apporter à boire, il se retira lui-même dans sa maison. La jeune fille de condition libre qu'il avait prise à Mégalopolis et qu'il gardait chez lui depuis la mort de sa femme, s'approcha et voulut lui prodiguer ses soins, comme d'habitude au retour de ses expéditions, mais il ne consentit ni à boire, bien qu'il eût très soif, ni à s'asseoir, bien qu'il fût harassé ; tel qu'il était, sans ôter sa cuirasse, il appuya de biais son bras sur l'une des colonnes, mit sa tête sur son coude et se reposa ainsi quelques instants, puis, après avoir passé en revue les différents partis qu'il pouvait envisager, il partit avec ses amis pour Gythion[36]. Là, ils s'embarquèrent sur des vaisseaux préparés à cette fin, et ils prirent le large.

Plutarque, *Cléomène*, 29

---

36. Port et arsenal de Sparte.

Antigone préserve Sparte et repart soudainement en Macédoine.

Antigone, ayant pris possession de la ville dès son arrivée, traita les Spartiates avec humanité, sans avilir ni outrager la dignité de Sparte. Il lui rendit ses lois et sa constitution, offrit des sacrifices aux dieux et s'en retourna le troisième jour, à la nouvelle que la Macédoine se trouvait en proie à une grande guerre et que le pays était ravagé par les Barbares. Déjà la maladie dont il était atteint aboutissait à une phtisie grave et à un intense flux d'humeurs. Néanmoins il ne renonça pas à la lutte et il tint bon dans les combats qui se livrèrent en Macédoine, de sorte qu'une très grande victoire qu'il remporta et le massacre d'une foule de Barbares rendirent sa mort d'autant plus glorieuse. Phylarque rapporte, et le fait est vraisemblable, qu'à force de crier dans la bataille il se rompit les poumons. On entendait dire dans les écoles qu'en hurlant de joie après la victoire : « Ô la belle journée ! », il cracha une grande quantité de sang, fut pris d'une fièvre violente et mourut[37].

Plutarque, Cléomène, 30

Pendant le trajet, Cléomène discute avec Thérycion.

De Cythère, Cléomène alla relâcher dans une autre île, Aigilia. Comme il s'apprêtait à passer de là à Cyrène, un de ses amis, nommé Thérycion, homme qui avait fait preuve d'un grand courage dans l'action[38] et qui montrait toujours dans ses paroles un esprit élevé et fier, le prit à part et lui dit :

– La plus belle des morts, roi, celle qui se produit sur le champ de bataille, nous l'avons fuie. Cependant tous nous avaient entendu dire qu'Antigone ne triompherait pas du

---

37. Il meurt au printemps 221. Son neveu Philippe V lui succède.

38. Voir p. 223.

roi de Sparte vivant. Mais le genre de mort qui vient en second lieu pour le mérite et pour la gloire reste encore maintenant en notre pouvoir. Où allons-nous naviguer sans réflexion, en évitant un mal qui est près de nous pour en chercher un autre au loin ? Car, s'il n'y a pas de honte pour les descendants d'Héraclès à servir le successeur de Philippe et d'Alexandre, nous nous épargnerons une longue traversée en nous livrant à Antigone, qui doit sans doute l'emporter sur Ptolémée autant que les Macédoniens sur les Égyptiens. Si nous refusons d'être sujets de ceux qui nous ont vaincus par les armes, pourquoi ferions-nous notre maître d'un homme qui ne nous a pas vaincus ? Voulons-nous donc nous montrer inférieurs à deux rois au lieu d'un, en fuyant Antigone et en flattant Ptolémée ? Ou bien, dirons-nous que nous allons en Égypte à cause de ta mère ? Tu serais certes pour elle un beau spectacle et digne d'envie, quand elle montrerait aux femmes de Ptolémée son fils devenu, de roi qu'il était, fugitif et prisonnier ! Pourquoi, tant que nous possédons encore nos épées et que nous restons en vue de la Laconie, ne pas nous affranchir ici de la Fortune et nous justifier auprès de ceux qui sont tombés pour Sparte à Sellasie ? Irons-nous plutôt croupir en Égypte pour y apprendre quel satrape Antigone a laissé aux Spartiates ?

Telles furent à peu près les paroles de Thérycion. Cléomène lui répondit :

– Tu crois donc, malheureux, te montrer brave en poursuivant l'acte le plus facile du monde et qui est à la portée de tous, le suicide, alors que ce serait une fuite plus honteuse que la première ? On a déjà vu des hommes qui nous étaient supérieurs céder à l'ennemi, trahis par la Fortune ou écrasés sous le nombre. Mais se dérober devant les fatigues et les souffrances ou devant l'opinion et le blâme, c'est être vaincu par sa propre lâcheté. La mort volontaire ne doit pas être faite devant l'action, mais en elle-même une action. Car il est honteux de vivre et de mourir seulement pour soi, et c'est ce que tu nous conseilles en ce moment, dans ta hâte de nous délivrer de nos maux actuels, mais sans rien faire qui soit noble ou utile. Quant à moi, je pense que nous ne devons, ni toi, ni moi, abandonner nos espoirs de sauver la patrie. Si ces espoirs un jour nous abandonnent eux-mêmes, alors il nous sera très facile de mourir à notre gré.

À ces mots Thérycion ne répondit rien, mais, à la première occasion qu'il trouva de s'éloigner de Cléomène, il s'en alla le long du rivage à l'écart, et il se tua.

Plutarque, Cléomène, 31

À Alexandrie, Cléomène séduit Ptolémée.

Parti d'Aigilia, Cléomène aborda en Libye et, escorté par les officiers du roi, arriva à Alexandrie. À la première entrevue, il trouva auprès de Ptolémée un accueil courtois, mais banal et médiocre. Cependant, quand il eut donné la preuve de son intelligence, qu'il se fut montré plein de sens, ayant dans les entretiens journaliers une simplicité toute laconienne et une grâce d'homme libre qui jamais ne ternit l'éclat de sa noblesse ni ne se courbe sous les coups du sort, il fut dès lors plus écouté que ceux qui conversaient avec le roi pour lui plaire et le flatter. Ptolémée conçut pour lui beaucoup de respect et se repentit d'avoir négligé un tel homme au point de l'abandonner à Antigone[39], qui avait acquis ainsi tant de gloire et de puissance ; il le combla d'honneurs et de marques d'amitié, et même lui rendit courage en lui promettant de le renvoyer en Grèce avec des navires et de l'argent pour lui faire recouvrer la royauté. Il lui accorda aussi une pension annuelle de vingt-quatre talents,

---

39. Ptolémée, avant la bataille de Sellasie, avait cessé d'aider financièrement Cléomène, et c'est le manque d'argent pour entretenir son armée et payer la solde de ses mercenaires qui avait contraint le roi de Sparte à risquer le tout pour le tout en un seul combat.

sur lesquels Cléomène pourvut à son entretien et à celui de ses amis avec économie et frugalité, mais dont il consacra la plus grande partie aux libéralités et aux dons qu'il faisait aux exilés qui arrivaient de Grèce en Égypte.

Plutarque, *Cléomène*, 32

Malheureusement Ptolémée meurt.

Le vieux Ptolémée mourut avant d'avoir exécuté sa promesse de renvoyer Cléomène. La cour tomba aussitôt dans un extrême dérèglement, dans l'ivrognerie et sous la domination des femmes, ce qui fit négliger avec le reste les affaires de Cléomène. Le nouveau roi[40] lui-même avait l'âme si corrompue par les femmes et par la boisson que, à ses meilleurs moments de sobriété et de raison, il célébrait des fêtes orgiastiques en rassemblant les gens de son palais au son du tambourin dont il jouait. Il laissait régler les affaires les plus importantes du royaume par sa maîtresse Agathocléia et par la mère de celle-ci, l'entremetteuse Oinanthè. Cependant, au début du moins, il semble avoir eu recours à Cléomène : comme il redoutait son frère Magas, qui, par sa mère, avait beaucoup d'influence sur l'armée, il prit Cléomène avec lui et le fit participer aux délibérations secrètes sur le meurtre de son frère. Alors que tout le monde était d'avis de le faire mourir, Cléomène seul le déconseilla, disant qu'il faudrait plutôt, si c'était possible, donner au roi des frères plus nombreux pour la sûreté et la stabilité de ses affaires. Alors Sosibios, le plus puissant des amis du roi, affirma que les mercenaires ne seraient jamais sûrs tant que vivrait Magas. Cléomène lui répondit qu'il n'y avait pas à s'inquiéter à ce sujet, et il exposa que parmi ces mercenaires se trouvaient plus de trois mille Péloponnésiens, qui étaient prêts à l'écouter et à venir, au moindre signe, se ranger avec

40. Ptolémée IV Philopator (221-204).

empressement à ses côtés avec leurs armes. Ce langage, tout d'abord, contribua beaucoup à renforcer la confiance du roi dans le dévouement de Cléomène et lui donna une haute idée de sa puissance, mais, par la suite, la faiblesse de Ptolémée aggravant sa poltronnerie, et, comme il arrive d'ordinaire à ceux qui manquent de sens, le parti de tout craindre et de se méfier de tout le monde lui paraissant le plus sûr, ce même langage rendit Cléomène redoutable aux courtisans, à cause de son ascendant sur les mercenaires, et l'on put en entendre beaucoup dire : « C'est là un lion qui circule parmi ces moutons ! » Et, de fait, tel était bien le caractère qu'il montrait parmi les amis du roi, les dévisageant tranquillement et observant de haut leurs agissements.

Plutarque, *Cléomène*, 33

Cléomène tente de repartir en Grèce où une guerre s'est à nouveau déclarée.

Cléomène renonça à demander des vaisseaux et une armée, mais, apprenant qu'Antigone était mort, que les Achéens étaient engagés dans une guerre contre les Étoliens, et que la situation elle-même réclamait impérieusement sa présence, le Péloponnèse étant en proie aux désordres et aux déchirements, il pria qu'on le laissât partir seul avec ses amis. Mais il ne persuada personne : le roi, qui ne cessait de se consacrer aux femmes, aux thiases[41] et aux fêtes bruyantes, ne l'écouta pas ; quant à celui qui dirigeait toutes les affaires et était à l'origine des décisions, Sosibios, il estimait que, si Cléomène restait contre son gré, il serait intraitable et dangereux, mais qu'il serait plus dangereux encore si on laissait partir un homme aussi audacieux et entreprenant, qui avait pu observer combien la royauté égyptienne était malade. Même les présents ne parvenaient pas à l'adoucir,

---

41. Associations religieuses.

car, comme le bœuf Apis, qui vit dans l'abondance et paraît comblé de délices, conserve le désir d'une existence conforme à sa nature, où il pourrait courir et s'ébattre en liberté, et supporte mal visiblement de demeurer entre les mains des prêtres, ainsi Cléomène ne goûtait nullement cette vie pleine de mollesse : « Il se rongeait le cœur »,comme Achille, « et restait là, sur place, à regretter le cri de guerre et la bataille[42] ».

Plutarque, *Cléomène*, 34

Un nouvel ennemi débarque à Alexandrie.

Les affaires de Cléomène en étaient là quand Nicagoras de Messène arriva à Alexandrie. C'était un homme qui haïssait Cléomène tout en faisant semblant d'être son ami. Il lui avait vendu jadis une belle propriété, mais Cléomène, à la fois faute d'argent, à ce que je crois, et aussi, comme il peut sembler, faute de loisir à cause des guerres, ne lui avait pas versé l'argent. Cléomène, le voyant débarquer de son navire de transport (car il se promenait juste à ce moment sur le quai du port), le salua avec empressement et lui demanda quel motif l'amenait en Égypte. Nicagoras lui rendit son salut avec cordialité, et lui dit qu'il amenait au roi de beaux chevaux de guerre :

– J'aimerais mieux fit Cléomène en riant, que tu fusses venu lui amener des joueuses de sambuque et des mignons, car c'est cela qu'il est maintenant le plus pressé d'avoir.

Alors Nicagoras sourit, mais quelques jours après il lui rappela sa propriété et lui demanda de lui en payer maintenant le prix, protestant qu'il ne l'importunerait pas s'il n'avait fait de grosses pertes sur sa cargaison. Cléomène ayant répondu qu'il ne lui restait rien des sommes qu'on lui avait données, Nicagoras, mécontent, alla rapporter à Sosibios

42. Homère, *Iliade*, 1 vers 491-492.

la plaisanterie de Cléomène. Sosibios l'entendit avec joie, et, voulant avoir un motif plus sérieux pour provoquer la colère du roi, il engagea Nicagoras à écrire une lettre contre Cléomène et à la lui laisser ; selon les termes de cette lettre, Cléomène aurait formé le projet, si Sosibios lui faisait donner des trières et des soldats, de s'emparer de Cyrène. Après avoir écrit cela, Nicagoras reprit la mer. Quatre jours plus tard, Sosibios porta la lettre au roi, comme si elle venait de lui être remise, et il excita si bien le jeune homme que celui-ci décida de faire mener Cléomène dans une grande maison, où on lui fournirait de quoi vivre comme auparavant, mais avec interdiction d'en sortir.

Plutarque, *Cléomène*, 35

Cléomène ne peut plus supporter la captivité et tente de se révolter.

Il y avait là déjà de quoi inquiéter Cléomène, mais il conçut des craintes encore plus grandes pour l'avenir à la suite de l'incident suivant. Ptolémée, fils de Chrysermos et ami du roi, avait de tout temps entretenu des relations cordiales avec Cléomène, marquées par une familiarité et une franchise réciproques. À ce moment, Cléomène l'ayant prié de lui faire visite, il vint et s'entretint avec lui de façon courtoise en tâchant de dissiper ses soupçons et de justifier le roi. Mais, en sortant de la maison, il lui échappa que Cléomène le suivait par-derrière jusqu'à la porte, et il reprocha âprement aux gardiens de ne pas surveiller avec assez d'attention et de soin cette grande bête féroce difficile à retenir. Ayant entendu ces mots de ses propres oreilles, Cléomène se retira avant que Ptolémée ne s'aperçût de sa présence, et il les rapporta à ses amis. Tous aussitôt, abandonnant les espoirs qu'ils avaient entretenus jusqu'alors, résolurent, dans un élan de colère, de se venger de l'injustice et de l'outrage de Ptolémée, et de mourir de façon digne de Sparte, sans attendre qu'on les engraissât comme des victimes nourries pour être dépecées. Il serait affreux qu'un Cléomène, après avoir dédaigné de faire la paix avec Antigone, authentique et énergique homme de guerre, dût attendre dans l'inaction le bon plaisir d'un roi saltimbanque au premier jour où il déposerait son tambourin et suspendrait les danses du thiase pour le faire mettre à mort.

Plutarque, *Cléomène*, 36

Et c'est l'évasion désespérée.

Cette décision une fois prise, et comme Ptolémée, par chance, était parti pour Canope, ils commencèrent par répandre le bruit que le roi libérait Cléomène de sa détention, puis, suivant une coutume royale, qui consistait à offrir un repas et des présents à ceux qui vont être relaxés, les amis de Cléomène préparèrent au dehors un festin de ce genre et le lui envoyèrent, en trompant les gardiens qui crurent que cela venait de la part du roi. Cléomène offrit un sacrifice, donna une large part des victimes à ses geôliers et leur distribua des couronnes, puis il se mit à table pour banqueter avec ses amis. On dit qu'il passa à l'action plus tôt qu'il ne l'avait prévu, ayant appris que l'un de ses serviteurs, qu'il avait mis dans la confidence du complot, était allé coucher à l'extérieur avec une femme qu'il aimait ; craignant donc une dénonciation, quand il fut midi et qu'il vit les gardes endormis par l'ivresse, il revêtit sa tunique, dont il déchira la couture sur l'épaule droite et bondit dehors, l'épée nue, avec ses amis équipés de la même manière, au nombre de treize. Hippitas, qui était boiteux, les suivit avec entrain dans leur premier élan, puis, voyant que les autres ralentissaient la marche à cause de lui, il les pria de le tuer et de ne pas compromettre leur entreprise en attendant un homme inutile ; heureusement un Alexandrin qui conduisait un cheval passa devant la porte ; on le lui prit, on y fit monter Hippitas, et ils se mirent à courir à travers les rues en appelant la foule à la liberté. Mais le peuple, paraît-il, avait juste assez de courage pour louer et admirer l'audace de Cléomène ; quant à le suivre et à lui apporter du renfort, nul ne s'y risqua. Ils tombèrent sur Ptolémée, fils de Chrysermos, qui sortait du palais ; trois d'entre eux l'assaillirent et le tuèrent. Un autre Ptolémée, chef de la garnison de la ville, s'avança contre eux sur un char ; ils s'élancèrent à sa rencontre, dispersèrent ses serviteurs et ses gardes du corps, et, l'ayant tiré à bas de son char, ils le tuèrent. Puis ils marchèrent sur la citadelle, dans l'intention de forcer la prison et d'enrôler la masse des détenus ; mais les gardiens les avaient devancés en se barricadant solidement. Repoussé dans cette tentative, Cléomène se remit à courir au hasard par la ville, sans que personne se joignît à lui : tout le monde fuyait avec épouvante. Alors il s'arrêta et dit à ses amis :

– Il n'est nullement surprenant, en vérité, que des femmes gouvernent un pays dont les habitants fuient la liberté !

Et il les exhorta à mourir tous d'une manière digne de lui et de leurs exploits. Le premier, Hippitas, sur sa demande, fut frappé par l'un des jeunes, puis chacun des autres se tua volontiers et sans crainte, à l'exception de Panteus, qui avait pénétré le premier dans Mégalopolis ; c'était un adolescent d'une très grande beauté et le mieux doué des jeunes gens pour les exercices de l'éducation spartiate ; le roi, qui l'avait aimé, lui avait ordonné de ne se tuer qu'après l'avoir vu tomber, lui ainsi que les autres. Donc, lorsque tous furent étendus à terre, Panteus s'approcha de chacun, les tâtant de son épée pour s'assurer que l'un d'eux ne conservait pas un reste de vie. En piquant Cléomène à la cheville, il remarqua que son visage se contractait ; il l'embrassa, puis s'assit auprès de lui. Quant le roi fut mort, il l'entoura de ses bras et se trancha la gorge sur son corps.

Plutarque, Cléomène, 37

Nous sommes en 219. Cléomène meurt loin de sa patrie à l'âge de quarante ans. Et il entraîne avec lui sa famille et ses proches.

C'est ainsi que Cléomène termina sa vie, après avoir régné seize ans sur Sparte et s'être montré tel que nous l'avons dépeint. Quand le bruit s'en fut répandu dans toute la ville, Cratésicléia, si noble femme qu'elle fût, perdit sa fermeté devant la grandeur du désastre, et, prenant entre ses bras les enfants de Cléomène, elle se lamenta. L'aîné des deux enfants, alors que personne ne s'y serait attendu, s'échappa d'un bond et se précipita du haut du toit la tête la première. Il se blessa grièvement, mais n'en mourut pas, et on le releva furieux et poussant des cris parce qu'on l'empêchait de mourir. Ptolémée fut informé de tout ; il ordonna de pendre le corps de Cléomène, enfermé dans un sac de cuir, et de faire périr ses enfants, sa mère et les femmes qui l'entouraient. De ce nombre était l'épouse de Panteus, femme d'une beauté et d'une noblesse admirables. Ils étaient nouveaux mariés et au plus fort de leurs amours quand le malheur tomba sur eux. Au départ de Panteus pour l'Égypte, elle avait voulu s'embarquer aussitôt avec lui, mais ses parents l'en avaient empêchée et l'avaient de force gardée recluse. Pourtant, peu après, s'étant procuré un cheval et une petite quantité d'or, elle s'était échappée de nuit et elle avait couru tout d'une traite au Ténare, où elle était montée sur un vaisseau qui naviguait vers l'Égypte. Arrivée auprès de son mari, elle partagea sa vie sur cette terre étrangère joyeusement et sans regret. Lorsque Cratésicléia fut emmenée par les soldats, elle l'accompagna en la tenant par la main, en rajustant les plis de sa robe et en l'encourageant, bien que Cratésicléia, elle non plus, ne tremblât pas devant la mort et qu'elle ne demandât qu'une seule chose : mourir avant les enfants. Mais, quand elles furent arrivées au lieu où se faisaient les exécutions, les bourreaux commencèrent par tuer les enfants sous les yeux de Cratésicléia ; ensuite ce fut son tour à elle, et, dans une telle catastrophe, elle ne laissa échapper que ces mots :

– Ô mes enfants, où étiez-vous venus ?

Quant à la femme de Panteus, qui était robuste et de grande taille, elle serra son vêtement à la ceinture pour prendre soin, en silence et avec calme, de chacune des mourantes et les couvrir de ce qu'elle put trouver. Finalement, après toutes les autres, elle s'ajusta elle-même, laissa tomber sa robe jusqu'aux pieds et ne permit à personne de s'approcher d'elle ni de la toucher, sauf à l'homme chargé de son exécution ; elle mourut en héroïne, sans avoir besoin de quiconque pour l'arranger et l'envelopper après sa mort, tant elle sut conserver jusqu'à la fin la sagesse de son âme et garder la décence dont elle avait entouré son corps pendant sa vie.

Plutarque, *Cléomène*, 38

Une dernière image prodigieuse de Cléomène.

Ainsi Sparte, dans ce drame où les femmes, à l'instant suprême, rivalisèrent de courage avec les hommes, montra qu'il n'est pas donné à la Fortune d'outrager la Vertu. Quelques jours plus tard, ceux qui gardaient le corps de Cléomène suspendu au gibet, virent un serpent de grande taille enroulé autour de sa tête et qui lui cachait le visage, de sorte qu'aucun oiseau de proie ne pouvait venir s'y poser. Ce prodige frappa le roi d'une crainte superstitieuse, et la peur fit faire aux femmes, de leur côté, des sacrifices expiatoires, dans la pensée que l'on avait tué un homme aimé des dieux, et d'une nature supérieure. Les gens d'Alexandrie se rendaient même fréquemment à cet endroit, en saluant Cléomène du nom de héros et de fils des dieux, jusqu'à ce que les gens plus instruits les fissent cesser, en expliquant que, comme les bœufs putréfiés engendrent des abeilles, les chevaux des guêpes, et que des scarabées vivants sortent du corps des ânes morts, de même les cadavres humains, quand s'écoulent et se coagulent les humeurs de la moelle, produisent des serpents ; et c'est pour avoir observé ce phénomène que les Anciens ont associé aux héros, de préférence aux autres animaux, le serpent.

Plutarque, *Cléomène*, 39

SPARTE L'USURPATRICE

Nabis
IIᵉ siècle avant J.-C.

Au IIᵉ siècle, deux grandes puissances se disputent le pouvoir en Grèce, Rome et la Macédoine. Les cités et les ligues ne font pas le poids.

En 207, Nabis usurpe le pouvoir et fait assassiner Pélops, le roi précédent. Il se fait appeler basileus *(roi) mais se comporte comme un tyran.*

Il imposera des dernières réformes pour redonner sa place à Sparte – il affranchit les hilotes et leur distribue des terres – et jouera sur les alliances entre Rome et la Macédoine pour tenter de défendre son indépendance.

Les sources proviennent de deux historiens ennemis de Sparte, Tite-Live le Romain et Polybe l'Achéen. Leurs témoignages sont donc à prendre avec précaution.

Dans le Péloponnèse, on a vu précédemment la politique qu'adopta Nabis, tyran de Sparte, la façon dont il chassa les citoyens, libéra les esclaves et les unit aux femmes ou aux filles de leurs maîtres, ainsi que la manière dont, transformant son empire en une sorte d'asile pour ceux que leur impiété ou leur scélératesse avaient fait exiler de leur patrie, il rassembla à Sparte une foule de mécréants.

Polybe, *Histoires*, 16, 13

Nabis, tyran des Spartiates, qui gouvernait depuis plus de deux ans, n'entreprenait pas d'action et de coup importants, parce que la défaite de Machanidas par les Achéens était récente, mais il jetait les fondations, il posait les bases d'une longue et dure tyrannie. Il anéantit tout ce qui restait de Sparte sans exception, il exila ceux que distinguait leur richesse ou leur naissance illustre, et il livra leurs biens et leurs épouses aux plus notables des autres citoyens et à ses mercenaires. C'étaient des assassins, des cambrioleurs, des détrousseurs, des perceurs de murailles ; de partout au monde, on voyait s'empresser de s'agglomérer autour de lui cette catégorie d'hommes, des gens à qui leur patrie était fermée à cause de leur impiété et de leurs crimes. S'étant proclamé leur protecteur et leur roi, et faisant d'eux ses satellites et ses gardes du corps, il s'apprêtait évidemment à conserver longtemps son renom d'impiété et son trône. Car qui plus est, non seulement il exilait ses concitoyens, mais les exilés n'avaient même pas de lieu sûr, de refuge assuré. Il se débarrassait de certains d'entre eux en chemin, en envoyant des hommes après eux ; il en assassinait d'autres qui étaient revenus d'exil. Dans les villes enfin, il faisait louer par des gens d'apparence innocente les maisons voisines de celles où un exilé se trouvait installé, et il y envoyait des Crétois qui, en perforant les murs et en tirant par les ouvertures ainsi pratiquées, supprimaient ces exilés, debout ou couchés, dans leurs propres maisons, de sorte que ces malheureux Spartiates n'avaient ni un endroit où se réfugier ni une minute de sécurité. Ainsi donc, il en fit disparaître la plupart par ces procédés.

Il s'était aussi fait construire une machine – s'il faut appeler cela une machine. C'était un mannequin de femme, habillé de vêtements somptueux et fait de façon à offrir une ressemblance extrême avec la femme de Nabis. Quand il convoquait des membres du corps civique pour en tirer de l'argent, il leur tenait au début beaucoup de propos aimables, soulignant la menace achéenne suspendue au-dessus du territoire et de la ville, précisant le nombre des mercenaires entretenus pour leur sécurité à tous, ainsi que les dépenses nécessaires aux cultes et aux besoins collectifs de l'État. Si ce genre de propos les touchait, il n'en demandait pas davantage pour l'objectif qu'il s'était fixé ; mais si d'aucuns voulaient échapper à son injonction et refusaient, il s'écriait à peu près ceci :

— Je crois que peut-être, si je n'arrive pas, moi, à te convaincre, Apia que voici te convaincra.

C'était le nom de la femme de Nabis. À ces mots se présentait le mannequin dont je parlais à l'instant. Une fois qu'en saluant la femme, il l'avait aidée à se lever de son siège et qu'elle l'avait entouré de ses bras, il était peu à peu amené vers sa poitrine. Or ce mannequin avait les avant-bras et les mains couverts de pointes de fer sous les vêtements, et de même aux seins. Lorsque Nabis avait fait pression de ses mains dans le dos de la femme et qu'ensuite, entraînée par le mécanisme, la victime était attirée et amenée contre les seins très lentement, elle était bien obligée de crier n'importe quoi, ainsi écrasée. Nabis supprima de cette façon un bon nombre de ceux qui refusaient.

Qui plus est, le reste de son règne ressembla et répondit à ce qu'on vient de voir. Nabis s'était associé aux Crétois pour la piraterie ; il avait partout dans le Péloponnèse des pilleurs de sanctuaires, des voleurs de grand chemin, des assassins, à la disposition de qui il mettait Sparte, comme base et refuge, contre une part dans les bénéfices de leurs forfaits. Vers cette époque justement, des étrangers venus de Béotie, qui séjournaient à Sparte, obtinrent d'un valet d'écurie de Nabis qu'il partît avec eux en emmenant un cheval blanc qu'on tenait pour le plus beau pur-sang de l'écurie du tyran. Quand ce valet, une fois gagné, se fut exécuté, les hommes de Nabis les poursuivirent jusqu'à Mégalopolis, les rattrapèrent et entreprirent immédiatement de ramener le cheval avec le valet, sans rencontrer d'opposition ; mais ensuite ils s'attaquèrent aussi aux étrangers. Les Béotiens leur demandèrent alors de les conduire devant les magistrats ; mais comme personne ne les écoutait, l'un des étrangers cria au secours. Les habitants accourus protestèrent qu'il fallait conduire ces gens devant les magistrats, ce qui força les hommes de Nabis à repartir en abandonnant les étrangers. Comme le tyran cherchait depuis longtemps des sujets de plaintes et un beau prétexte de querelle, il saisit tout de suite ce prétexte-là, pour enlever les troupeaux de Proagoras et de plusieurs autres. C'est pour cela que la guerre commença.

Polybe, *Histoires*, 13, 6-8

Pendant la deuxième guerre macédonienne opposant, de 200 à 196, Philippe V de Macédoine aux Romains de Titus Quinctius Flamininus, la Macédoine donne le contrôle de la ville d'Argos à Sparte.

Si Philippe voyait bien qu'il lui fallait, pour régler la question, livrer bataille et de toutes parts rassembler ses forces, il s'inquiétait surtout de l'attitude des villes d'Achaïe, une contrée coupée de lui, tandis qu'Argos lui inspirait plus d'inquiétude que Corinthe ; aussi trouva-t-il que le mieux était de laisser cette cité en dépôt à Nabis, le tyran spartiate, en stipulant que celui-ci la lui restituerait, s'il était vainqueur, et qu'en cas d'échec, c'est lui qui la conserverait ; il demanda alors par écrit à Philoclès, commandant de Corinthe et d'Argos, de s'entretenir directement avec le tyran. En plus du cadeau qu'il venait d'apporter, Philoclès ajouta que le roi proposait d'unir par le mariage ses filles et les fils de Nabis, comme gage de la future amitié entre le roi et le tyran. Dans un premier temps, celui-ci prétendit ne pas vouloir accepter cette ville, à moins d'un décret des Argiens eux-mêmes requérant son aide ; puis, ayant appris que lors d'une assemblée plénière, ces derniers n'avaient pas seulement rejeté mais avaient même repoussé avec horreur le nom du tyran, Nabis jugea qu'il avait là un prétexte pour les dépouiller, et invita Philoclès à lui livrer la ville quand il le voudrait.

C'est de nuit, à l'insu de tous, que le tyran fut reçu dans la place : aux premières lueurs du jour, toutes les hauteurs étaient occupées, toutes les portes fermées. Un petit nombre de notables ayant réussi à s'échapper au premier tumulte, leurs biens furent pillés en leur absence ; à ceux qui étaient présents, on enleva l'or et l'argent qu'ils possédaient, on leur imposa de payer des sommes énormes. Ceux qui apportaient leurs biens sans hésiter, on les renvoyait sans leur faire subir d'affronts et sans les maltraiter physiquement ; mais ceux qu'on soupçonna de vouloir cacher ou garder un bien quelconque furent brisés de coups et torturés comme des esclaves. Puis, après avoir convoqué l'assemblée, Nabis publia deux projets de loi, l'un sur l'abolition des dettes, l'autre sur le partage individuel des terres, deux brandons qu'il offrait ainsi aux révolutionnaires, propres à enflammer la plèbe contre l'aristocratie.

S'étant rendu maître de la cité argienne, oubliant complètement qui la lui avait ouverte, et à quelle condition il l'avait reçue, le tyran envoie à Élatée des ambassadeurs trouver Quinctius puis Attale, lequel avait établi ses quartiers d'hiver à Égine, pour annoncer qu'il était maître d'Argos : il affirmait que si Quinctius s'y rendait pour s'entretenir avec lui, il pourrait, à n'en point douter, s'entendre avec ce dernier sur tous les sujets. Ayant accepté de venir, afin de pouvoir enlever également cet appui à Philippe, Quinctius envoie un message à Attale qui l'invite à se rendre d'Égine à Sicyone pour le rencontrer. Quittant de son côté Anticyre avec les dix quinquérèmes que son frère L. Quinctius lui avait justement amenées ces derniers jours depuis ses quartiers d'hiver de Corcyre, Titus traversa la mer jusqu'à Sicyone.

Attale s'y trouvait déjà ; celui-ci, en déclarant que c'était au tyran de se rendre au-devant du général romain, et non pas au Romain de se rendre au-devant du tyran, parvint à rallier Quinctius à son point de vue, qui était de ne pas se rendre à Argos même. Non loin de la ville se trouvait le lieu-dit de Mycènes : c'est là qu'on convint de se rencontrer.

Quinctius arriva accompagné de son frère et d'un petit nombre de tribuns militaires, Attale avec une escorte royale, Nicostrate, le préteur des Achéens, avec quelques troupes auxiliaires. Ils y trouvèrent le tyran qui, lui, les attendait avec toutes ses troupes. Accompagné de ses gardes en armes, Nabis s'avança armé, à peu près jusqu'au centre de la plaine qui s'étendait entre eux. Mais c'est désarmés que Quinctius, son frère, et deux tribuns militaires se présentèrent à lui, comme était désarmé le roi, flanqué du préteur des Achéens et d'un seul de ses dignitaires portant la pourpre. Le tyran engagea l'entretien en se justifiant d'être venu à cette entrevue armé et entouré d'hommes en armes, alors qu'il trouvait sans armes le général romain et le roi. Ce n'était pas eux qu'il craignait, dit-il, mais les exilés argiens. Puis, lorsqu'il commença à être question des conditions à remplir pour instaurer des liens d'amitié, le Romain formula deux exigences : le tyran devait, en premier lieu, mettre un terme à sa guerre contre les Achéens, en second lieu, il devait lui fournir des troupes auxiliaires qui marcheraient avec lui contre Philippe. Nabis s'engagea à lui envoyer ces dernières ; mais au lieu d'une paix, on obtint une simple trêve avec les Achéens, qui devait durer aussi longtemps que durerait la guerre contre Philippe.

Nabis, quant à lui, rentra à Sparte après avoir consolidé sa garnison à Argos ; quand il eut lui-même fini d'y dépouiller les hommes, il y renvoya son épouse dépouiller les femmes. En invitant chez elle les personnalités en vue, tantôt une à une, tantôt plusieurs à la fois, lorsqu'elles étaient parentes, celle-ci, se faisant tout à tour caressante et menaçante, parvint à leur soustraire non seulement leur or mais aussi leurs vêtements et toutes ces parures que portent les dames.

Tite-Live, *Histoire romaine*, 32, 38-40

Rome, victorieuse de la Macédoine, déclare la guerre à Nabis en 195 pour le contraindre à abandonner la cité. Sparte doit lutter contre une coalition réunissant Rome, la Ligue achéenne, Pergame, Rhodes et la Macédoine.

En entendant cette fanfaronnade, le commandant des Achéens, Aristaenus, éclata le premier :

— Puissent, s'écria-t-il, les dieux protecteurs d'Argos, Jupiter très bon et très grand, et Junon reine de l'Olympe, ne pas permettre que cette ville, placée comme une proie entre le tyran de Sparte et les brigands de l'Étolie[1], se trouve plus malheureuse de rentrer sous notre loi que de rester sous celle de Nabis ! La mer qui nous sépare de ces pirates ne nous met pas à l'abri de leurs attaques, T. Quinctius. Que deviendrons-nous s'ils se font donner une place d'armes au sein du Péloponnèse ? Ils n'ont de grec que le langage, comme ils n'ont d'humain que la figure. Leurs mœurs et leurs coutumes sont plus sauvages que celles de tous les autres barbares ; que dis-je ? que celles des bêtes féroces. Nous vous conjurons donc, Romains, de reprendre Argos à Nabis et de régler les affaires de la Grèce de manière à ce qu'elle n'ait plus rien à craindre du brigandage des Étoliens.

Quinctius, voyant toute l'assemblée se déchaîner contre les Étoliens, dit qu'il leur aurait répondu s'il ne lui avait

1. Les Étoliens voulaient chasser les Romains de Grèce parce qu'après avoir soutenu Rome contre la Macédoine, ils n'avaient pas été satisfaits des accords de paix signés à la fin de la deuxième guerre macédonienne. Ils ne purent pas récupérer les cités possédées par Philippe et qui étaient les leurs avant le conflit. Ils s'unirent donc aux Spartiates.

paru que l'irritation générale était si vive contre eux qu'il
semblait plus nécessaire de la calmer que de l'exciter. Il se
tenait pour content, ajouta-t-il, des sentiments qu'on avait
manifestés à l'égard des Romains et à l'égard des Étoliens, et
il se bornait à demander quelle conduite on tiendrait envers
Nabis, s'il refusait de rendre Argos aux Achéens. Toute
l'assemblée ayant voté pour la guerre, il engagea chaque
cité à fournir son contingent de troupes auxiliaires. Il n'y
eut pas jusqu'aux Étoliens auxquels il n'en fît demander ;
mais c'était plutôt pour les forcer à déclarer leurs intentions,
comme cela eut lieu en effet, que dans l'espoir de réussir.

Tite-Live, *Histoire romaine*, 34, 24

Argos tente de se révolter.

Quinctius ordonna aux tribuns militaires d'aller chercher l'armée qui était à Élatée. En même temps il reçut de
la part d'Antiochus une ambassade qui venait traiter de la
paix. Il répondit qu'en l'absence des dix commissaires, il ne
pouvait rien conclure, qu'il fallait aller à Rome s'adresser
au Sénat. Les troupes étaient arrivées d'Élatée ; il se mit à
leur tête et marcha sur Argos. Près de Cléones, il rencontra
le préteur Aristaenus avec dix mille Achéens et mille chevaux ; ils joignirent leurs forces et campèrent non loin de
là. Le lendemain, ils descendirent dans la plaine d'Argos, et
prirent position à quatre milles environ de la ville. Le chef
de la garnison lacédémonienne était un certain Pythagore,
gendre et beau-frère du tyran ; à l'arrivée des Romains, il
plaça des renforts dans les deux citadelles d'Argos et fortifia tous les postes avantageux ou suspects. Mais toutes ces
précautions ne faisaient que trahir l'effroi que lui inspirait
l'approche de l'ennemi.

Bientôt à ces craintes du dehors vint se joindre le danger d'une sédition au dedans. Un jeune Argien, nommé
Damoclès, qui avait plus de courage que de prudence, forma

avec quelques braves, sous la foi du serment, un complot
pour chasser la garnison ; mais en cherchant à gagner des
complices, il choisit trop légèrement ceux qu'il devait mettre dans sa confidence. Comme il conférait avec ses amis,
un satellite du gouverneur vint lui dire que son maître le
demandait ; il comprit qu'on l'avait trahi, exhorta les conjurés qui se trouvaient là à prendre les armes avec lui plutôt
que de mourir dans les tortures ; suivi d'un petit nombre
d'hommes, il se dirigea vers le forum en invitant à haute
voix tous ceux qui voulaient sauver leur patrie à marcher sur
ses pas et à le suivre à la conquête de leur liberté.

Mais il n'entraîna personne, parce qu'il ne pouvait réussir
et ne disposait pas d'assez de forces. Pendant qu'il criait
ainsi, les Lacédémoniens l'enveloppèrent avec sa suite et le
massacrèrent. On arrêta ensuite quelques autres conjurés ;
la plupart d'entre eux furent mis à mort, les autres jetés
en prison. Un grand nombre descendirent la nuit suivante
le long des murs avec des cordes et s'enfuirent auprès des
Romains.

Tite-Live, *Histoire romaine*, 34, 25

Les troupes alliées envisagent d'attaquer Sparte.

Ils assurèrent que si l'armée romaine se fût trouvée
aux portes, leur mouvement n'aurait pas été sans résultat
et que si Quinctius voulait établir son camp plus près de
la ville, les Argiens ne resteraient pas sans rien faire. Sur
la foi de ces transfuges, le général romain envoya un corps
d'infanterie et de cavalerie légère, qui s'avança jusqu'au
gymnase de Cylarabis à moins de trois cents pas d'Argos.
Les Spartiates firent une sortie, livrèrent bataille et furent,
après une faible résistance, refoulés dans la place. Quinctius
vint alors camper au lieu même où s'était donné le combat. Il y passa un jour sur le qui-vive, pour voir si quelque
nouveau mouvement éclaterait ; mais la crainte enchaînait

tous les esprits. Il le sentit et tint un conseil où fut agitée la question d'un siège.

Tous les chefs des peuples de la Grèce, Aristaenus excepté, furent d'avis de commencer par la réduction d'Argos, puisque c'était là le seul motif de la guerre. Quinctius, qui ne partageait pas ce sentiment, écouta avec une approbation marquée le discours d'Aristaenus contraire à l'opinion générale. Il ajouta même :

– Puisque c'est pour les Argiens que nous avons entrepris la guerre contre Nabis, serait-il convenable de laisser là le tyran pour assiéger Argos ? C'est au cœur même de sa puissance, à Sparte, que j'irai attaquer le tyran.

À l'issue du conseil, il envoya des troupes légères au fourrage. Tout ce qu'il y avait de blé mûr aux environs fut coupé et enlevé ; on ne laissa pas même aux ennemis la ressource des blés verts, qui furent gâtés et foulés aux pieds. Quinctius décampa ensuite, franchit le mont Parthénios, passa auprès de Tégée et s'arrêta le troisième jour à Caryae. Là, avant d'entrer sur le territoire ennemi, il attendit les secours des alliés. Philippe envoya quinze cents Macédoniens et quatre cents cavaliers thessaliens. Bientôt les troupes auxiliaires se trouvèrent réunies en grand nombre, et le général romain n'attendit plus que les provisions qu'il avait demandées aux villes voisines. Des forces de mer imposantes étaient aussi venues le rejoindre. L. Quinctius avait amené de Leucade quarante voiles ; les Rhodiens avaient fourni dix-huit vaisseaux pontés, et le roi Eumène[2] croisait à la hauteur des Cyclades avec dix vaisseaux pontés, trente barques et d'autres bâtiments de moindre dimension.

On voyait aussi des exilés spartiates, victimes du despotisme de divers tyrans, et qui étaient accourus au camp romain dans l'espoir de recouvrer leur patrie. Le nombre en était grand ; depuis plusieurs siècles qu'il y avait des

────────

2. Roi de Pergame.

tyrans à Sparte, chaque tyrannie avait été marquée par des proscriptions. À la tête de ces exilés était Agésipolis, héritier légitime du trône de Sparte, banni dès son enfance par le tyran Lycurgue qui, le premier, usurpa la souveraine puissance à Sparte après la mort de Cléomène[3].

Tite-Live, *Histoire romaine*, 34, 26

Pendant ce temps, Nabis fait régner la terreur à Sparte.

Nabis, menacé d'une guerre si redoutable sur terre et sur mer, et n'ayant à peu près aucune espérance s'il comparait de bonne foi ses forces à celles de ses ennemis, fit tout pour se défendre. Il fit venir de Crète mille jeunes gens d'élite, pour les joindre aux mille qu'il avait déjà ; il arma trois mille mercenaires, et dix mille de ses compatriotes avec les esclaves employés à la culture des champs ; il entoura la ville d'un fossé et d'un retranchement ; enfin, pour prévenir toute espèce de mouvement intérieur, il intimida ses sujets par des mesures violentes et des peines atroces ; car il ne pouvait se flatter qu'on fît des vœux pour la vie d'un tyran.

Quelques habitants lui étaient suspects ; il réunit toutes ses troupes dans la plaine nommée Dromos, fit appeler les Spartiates sans armes à une assemblée générale et les fit envelopper par ses satellites. Après un court exorde, il leur expliqua comment ses craintes et ses précautions étaient excusables dans les circonstances critiques où l'on se trouvait : « Il était, ajouta-t-il, de l'intérêt de ceux mêmes que la situation présente pouvait rendre suspects qu'on les empêchât de tramer quelque complot plutôt que de les punir quand ils seraient à l'œuvre. Il allait donc retenir quelques-uns d'entre eux en prison, jusqu'à ce que l'orage qui les menaçait fût passé. Lorsque les ennemis qui seraient beaucoup moins à craindre dès qu'on n'aurait plus aucune

3. Voir p. 259.

trahison à redouter à l'intérieur, auraient été repoussés, il relâcherait aussitôt ses prisonniers. » Puis il fit lire une liste de quatre-vingts noms à peu près ; c'étaient des jeunes gens des premières familles ; à mesure qu'ils répondaient, il les faisait conduire en prison : la nuit suivante on les égorgea tous. Ce fut ensuite le tour de quelques hilotes ; les hilotes sont depuis fort longtemps des esclaves employés à la culture des champs ; on les accusa d'avoir voulu passer à l'ennemi, on les promena dans tous les quartiers de la ville, on les battit de verges et on les fit périr sous les coups. Ces exécutions terribles frappèrent le peuple de stupeur et éloignèrent de son esprit toute pensée de soulèvement.

Nabis cependant tenait ses troupes enfermées dans les retranchements ; il savait qu'il ne pourrait tenir tête aux Romains s'il voulait engager une bataille en règle, et il n'osait, en présence des dispositions équivoques et peu sûres de tous ses sujets, sortir de Sparte.

Tite-Live, Histoire romaine, 34, 27

L'ennemi s'approche de Sparte.

Quinctius, dont les préparatifs étaient terminés, quitta ses quartiers et arriva le second jour à Sellasie au-dessus de l'Oenée ; c'était là, dit-on, que le roi de Macédoine Antigone avait livré bataille à Cléomène tyran de Sparte[4]. En partant de cette ville, il fallait gravir une route étroite et difficile. Quinctius, en étant informé, se fit précéder d'un corps de travailleurs qui aplanirent les obstacles et ouvrirent un chemin plus large et plus facile. On arriva ainsi sur les bords de l'Eurotas, qui coule presque au pied des murs de Sparte.

Les Romains étaient occupés à tracer l'enceinte de leur camp, et Quinctius à la tête de la cavalerie et des troupes légères se portait en avant, lorsqu'ils furent assaillis par les

---

4. Voir p. 215 et suivantes.

auxiliaires du tyran ; la terreur et le désordre se mirent dans leurs rangs car ils étaient loin de s'attendre à une pareille attaque ; ils n'avaient rencontré personne pendant toute leur marche et le pays qu'ils avaient traversé semblait tranquille. Pendant quelque temps les fantassins et les cavaliers, se défiant de leurs propres forces, s'appelèrent les uns les autres en proie à une vive agitation. Enfin les légions arrivèrent, et dès que les cohortes de l'avant-garde eurent pris part à l'action, les assaillants, épouvantés à leur tour, furent repoussés pêle-mêle dans la ville. Les Romains s'arrêtèrent hors de la portée des traits, se mirent en bataille et restèrent quelque temps dans cette position. Voyant que l'ennemi ne sortait pas pour les combattre, ils se replièrent sur leur camp.

Le lendemain, Quinctius suivit les bords du fleuve, passa le long des murs, et se dirigea toujours en bon ordre vers le mont Ménélas. Les cohortes légionnaires étaient en tête de la colonne ; les troupes légères et la cavalerie fermaient la marche. Nabis, enfermé dans sa capitale et n'ayant confiance qu'en ses mercenaires, les tenait armés et tout équipés, prêts à prendre les Romains par revers. Dès que l'arrière-garde fut passée, les Spartiates sortirent de plusieurs côtés à la fois et avec le même bruit que la veille. Ap. Claudius qui commandait cette arrière-garde avait, dans la crainte d'une surprise, préparé ses soldats à tout événement. Il leur fit faire brusquement volte-face, et bientôt les Romains se retournèrent tous contre l'ennemi.

Alors s'engagea comme entre deux armées régulières une bataille rangée ; mais, après une courte résistance, les troupes de Nabis furent enfoncées. Leur fuite eût été moins désastreuse et moins désordonnée si elles n'avaient pas été poursuivies par les Achéens qui connaissaient le pays. Ceux-ci firent un grand carnage des vaincus et désarmèrent la plupart de ceux qui leur avaient échappé en se dispersant de tous côtés. Quinctius établit son camp près d'Amyclées, dévasta tous les environs de cette ville, située dans une plaine riante et peuplée, et voyant qu'aucun habitant n'osait se hasarder hors des murs, il reporta son camp sur les bords de l'Eurotas. De là, il ravagea la vallée qui est au pied du Taygète et les campagnes qui s'étendent jusqu'à la mer.

Tite-Live, *Histoire romaine*, 34, 28

Gythion, l'arsenal des Spartiates, capitule.

Vers le même temps, L. Quinctius reprit les villes de la côte, qui se soumirent volontairement ou qui cédèrent à la terreur et à la force des armes. Puis apprenant que Gythion était l'arsenal maritime des Spartiates et que le camp de son frère n'était pas éloigné du rivage, il résolut d'attaquer cette place à la tête de toutes ses forces.

Gythion était alors une ville très forte, peuplée d'une foule d'indigènes et d'étrangers et abondamment pourvue de machines de guerre. Heureusement pour Quinctius, dont l'entreprise ne semblait pas facile, le roi Eumène et la flotte des Rhodiens vinrent le rejoindre. Un grand nombre de marins qui se trouvèrent réunis sur les trois flottes eurent achevé en peu de jours tous les ouvrages qu'exige le siège d'une ville fortifiée du côté de la mer et de la terre. Déjà on sapait les murailles sous l'abri de la tortue, on les battait avec le bélier. Aussi une tour s'écroula bientôt sous les coups multipliés et entraîna dans sa chute la partie des remparts qui l'avoisinait. Les Romains attaquèrent alors l'ennemi par le port, où l'accès était plus facile, afin de diviser ses forces et de dégarnir la brèche par laquelle ils essayèrent en même temps de pénétrer. Ils étaient sur le point de forcer l'entrée contre laquelle ils dirigeaient leurs efforts, lorsque l'espoir qu'on allait capituler suspendit leur choc impétueux, mais cette attente fut bientôt déçue.

Dexagoridas et Gorgopas commandaient dans Gythion avec un pouvoir égal. Dexagoridas avait envoyé dire au lieutenant romain qu'il lui livrerait la place. Au moment où il venait de régler le temps et les moyens d'exécuter son projet perfide, il fut assassiné par Gorgopas. La résistance, dirigée par un seul chef, devint plus vigoureuse et le siège eût été plus difficile si T. Quinctius ne fût survenu à la tête de quatre mille hommes d'élite. Ce général se montra prêt à combattre sur la crête d'une éminence peu éloignée de la ville, tandis que de son côté L. Quinctius pressait les travaux du siège par terre et par mer. Le désespoir réduisit alors Gorgopas à prendre le parti pour lequel il avait puni de mort son collègue ; il stipula qu'il lui serait permis de sortir avec les troupes de la garnison et livra la place à Quinctius.

Avant la reddition de Gythion, Pythagore, à qui Nabis avait laissé le commandement d'Argos, le remit à Timocrate de Pellène et, s'éloignant avec mille soldats mercenaires et deux mille Argiens, il alla rejoindre son maître à Sparte.

Tite-Live, *Histoire romaine*, 34, 29

Nabis demande une entrevue au général romain.

Nabis, que l'arrivée de la flotte romaine et la soumission des villes de la côte avaient rempli d'effroi, avait repris un peu d'espoir en voyant la courageuse défense de Gythion. Mais à la nouvelle de la capitulation de cette place, n'ayant plus aucune ressource du côté de la terre où il était, entouré d'ennemis et sachant que la mer lui était aussi fermée, il crut devoir se résigner à son sort et fit partir d'abord pour le camp romain un parlementaire afin de savoir si on lui permettrait d'envoyer des ambassadeurs. On lui accorda cette faveur. Pythagore se rendit donc auprès du général n'ayant d'autres instructions que de solliciter pour le tyran une entrevue avec Quinctius.

Le général assembla son conseil ; tous les officiers furent d'avis de l'accorder et l'on convint du jour et du lieu. Ce fut sur des hauteurs situées au milieu de la plaine que Quinctius et Nabis s'entretinrent ; ils étaient accompagnés tous deux d'une escorte peu nombreuse qu'ils laissèrent à portée de la vue. Le tyran s'avança avec l'élite de ses gardes du corps ; le général, avec son frère, le roi Eumène, le Rhodien Sosilas, le préteur des Achéens, Aristaenus et quelques tribuns militaires.

Tite-Live, Histoire romaine, 34, 30

Nabis tente de défendre sa cause.

Le tyran eut le choix de parler le premier ou d'entendre ce qu'on avait à lui dire ; il aima mieux commencer :

– T. Quinctius, et vous qui l'accompagnez, dit-il, si j'avais pu deviner par moi-même pourquoi vous m'avez déclaré, pourquoi vous me faites la guerre, j'aurais attendu en silence l'issue des événements. Aujourd'hui je n'ai pu prendre sur moi de ne pas chercher à savoir, avant de périr, pourquoi l'on veut ma perte.

Certes, si vous ressembliez aux Carthaginois qu'on accuse de n'avoir aucun respect pour la foi des traités, je ne serais pas surpris de voir que vous vous inquiétez peu de la conduite que vous tiendrez à mon égard. Mais en portant mes regards sur vous, je reconnais ces Romains, pour qui rien n'est plus sacré que les alliances jurées devant les dieux et les engagements contractés avec les hommes. En ramenant mes yeux sur moi-même, je crois être ce même Nabis, qui s'est lié à vous, comme tous les autres Spartiates, par les nœuds déjà fort anciens d'un traité public et qui, tout récemment dans la guerre de Macédoine, a renouvelé personnellement avec vous le pacte d'une amitié et d'une alliance particulière.

C'est moi, dit-on, qui ai violé et déchiré ce pacte en occupant Argos. Comment repousser ce reproche ? En rappelant les circonstances ou le moment de l'occupation ? Les circonstances me fournissent une double justification : j'ai été appelé par les Argiens ; ils m'ont livré leur ville que j'ai reçue, mais dont je ne me suis pas emparé : quand je l'ai reçue, elle était dans le parti de Philippe, et non dans votre alliance. Le moment où s'est faite l'occupation parle aussi en ma faveur : je possédais Argos, quand je suis devenu votre allié, et vous avez stipulé que je vous enverrais des secours pour la guerre, mais non que je retirerais ma garnison d'Argos.

Certes, sur ce point, j'ai tout pour moi : le droit, puisque cette ville appartenait aux ennemis et non pas à vous, et puisqu'elle s'est donnée à moi, sans y être forcée ; votre propre aveu, puisqu'en traitant avec moi vous m'avez laissé Argos. On m'a fait encore un reproche et du titre de tyran et de ma conduite ; on me blâme d'appeler les esclaves à la liberté et de distribuer des terres aux classes pauvres. Pour le titre, ma réponse est simple ; quoi que je sois, je suis toujours ce que j'étais, lorsque vous-même, T. Quinctius, vous avez fait alliance avec moi. Je me souviens qu'alors vous me donniez le nom de roi, tandis qu'aujourd'hui vous m'appelez tyran.

Si j'avais, moi, changé mon titre, j'aurais à justifier mon inconstance ; c'est à vous, qui m'en donnez un autre, à justifier la vôtre. Quant aux esclaves qui sont venus grossir le nombre de mes sujets pour conquérir leur liberté, quant aux terres que j'ai distribuées aux indigents, j'ai encore pour excuse de ma conduite l'époque à laquelle ces faits se sont passés. Quelles que soient ces mesures, je les avais déjà prises lorsque vous vous êtes alliés avec moi, et que vous avez accepté mon secours dans votre guerre contre Philippe. Mais en supposant que j'eusse agi de la sorte hier, je ne vous demanderais pas en quoi j'aurais blessé vos intérêts ou violé votre alliance ; je vous dirais que j'ai suivi en cela les coutumes et les usages de nos ancêtres.

Ne jugez pas d'après vos lois et vos usages ce qui se fait à Sparte. Ici les rapprochements ne sont pas même nécessaires. Chez vous, c'est le revenu qui place un citoyen dans la cavalerie ou dans l'infanterie ; un petit nombre de riches ont tout le pouvoir, le reste du peuple vit dans leur dépendance. Notre législateur[5] n'a voulu ni concentrer le pouvoir dans les mains de quelques citoyens qui forment ce que vous appelez le Sénat, ni donner à tel ou tel ordre la prééminence dans l'État ; il a pensé qu'en établissant l'égalité des rangs et des fortunes, il ménagerait à la patrie un plus grand nombre de bras prêts à s'armer pour sa défense. J'ai parlé trop longuement, je l'avoue, pour un Spartiate ; et je pouvais dire en deux mots que, depuis mon alliance avec vous, je n'ai rien fait qui vous ait donné le regret de m'avoir pour allié.

Tite-Live, *Histoire romaine*, 34, 31

Quinctius lui répond.

– Nous ne sommes ni vos amis, ni vos alliés ; c'est avec Pélops, légitime possesseur du trône de Sparte, que nous avons traité. Les droits de ce prince ont été usurpés par les tyrans, qui se sont violemment emparés de la couronne après lui à la faveur des guerres que nous avons eues à soutenir successivement soit contre Carthage, soit contre les Gaulois, soit contre d'autres ennemis ; c'est ainsi que vous-même vous les avez usurpés pendant la dernière guerre de Macédoine.

Ne serions-nous pas fort peu conséquents avec nous-mêmes si, après avoir pris les armes contre Philippe pour affranchir la Grèce, nous faisions alliance avec un tyran, et avec le tyran le plus cruel et le plus féroce qui ait jamais existé ? Mais n'eussiez-vous pas pris Argos par trahison, n'eussiez-vous pas refusé de la rendre, nous devions, en affranchissant toute la Grèce, rétablir Sparte elle-même dans la jouissance de son antique liberté et de ses lois, que vous venez d'invoquer, comme un autre Lycurgue ! Quoi ! nous veillerions à ce que les garnisons de Philippe évacuent Iasos

5. Lycurgue. Voir p. 15 et suivantes.

et Bargylia, et nous vous laisserions fouler aux pieds Argos et Sparte, ces deux villes fameuses, jadis les flambeaux de la Grèce, dont l'esclavage ternirait la gloire que nous a value l'affranchissement de la Grèce ?

Mais, dit-on, les Argiens étaient du parti de Philippe. Nous vous dispensons, Nabis, de venger nos offenses. Nous savons d'ailleurs positivement que ce fut le crime de deux ou trois citoyens au plus et non celui de tous. Il n'y a pas eu en cette circonstance de délibération publique, pas plus que lorsqu'on vous a appelés vous et vos troupes et qu'on vous a remis la citadelle. Les Thessaliens, les Phocidiens et les Locriens avaient embrassé unanimement le parti de Philippe ; nous le savions ; et cependant nous les avons affranchis avec le reste de la Grèce. Comment croyez-vous donc que nous devions agir à l'égard des Argiens qui n'ont à se reprocher aucun tort public ?

On vous accuse, dites-vous, d'avoir appelé les esclaves à la liberté et d'avoir distribué des terres aux indigents. Ce sont des torts graves, en effet. Mais que sont-ils en comparaison des forfaits sans nombre que vous et les vôtres commettez tous les jours ? Convoquez les habitants d'Argos ou de Sparte, et laissez-les parler en toute liberté : vous pourrez apprendre d'eux les véritables griefs dont on charge votre épouvantable tyrannie.

Je n'irai pas chercher des exemples bien anciens ; quels flots de sang votre digne gendre Pythagoras n'a-t-il pas fait couler dans Argos, presque sous mes yeux ? Vous-même n'en avez-vous pas versé des torrents au moment où je touchais presque aux frontières de la Laconie ? Allons, faites du moins amener ici chargés de leurs fers ces malheureux qui ont été arrêtés en pleine assemblée, et qu'en présence de tous vos concitoyens vous avez promis de garder dans vos cachots ; montrez-les, et que leurs infortunés parents, qui les pleurent à tort sans doute, apprennent qu'ils existent encore. Je prévois votre objection : quel que soit leur sort, que vous importe,

Romains ? Oseriez-vous faire cette réponse aux libérateurs de la Grèce ? à ceux qui pour l'affranchir ont traversé la mer et fait la guerre sur les deux éléments ?

Après tout, dites-vous, je n'ai point à proprement parler trahi mes devoirs envers vous, Romains, ni mes serments d'amitié et d'alliance. Combien de fois faut-il vous prouver que vous les avez trahis ? Mais je ne veux pas prolonger ce débat ; je me résume en quelques mots. Comment viole-t-on une alliance ? Il y a deux manières surtout : c'est de traiter en ennemis les amis de ses alliés, ou de se joindre à leurs ennemis. N'avez-vous pas fait l'un et l'autre ? Messène était entrée dans notre alliance par le même traité et aux mêmes conditions que Sparte. Vous qui étiez aussi notre allié, vous avez emporté d'assaut et l'épée à la main cette ville notre alliée. Philippe était notre ennemi. Vous vous êtes unis l'un l'autre par des nœuds d'alliance, et même, justes dieux ! par des liens de parenté, grâce à l'entremise de Philoclès, un de ses lieutenants. Vous nous avez fait la guerre ; vous avez infesté de vos pirateries les parages du cap Malée ; vous avez fait arrêter et mettre à mort plus de citoyens romains que Philippe ; et la côte de Macédoine a été plus sûre que le cap Malée pour les vaisseaux chargés de nos convois. Cessez donc, cessez d'invoquer la sainteté des serments et des traités : jetez ce masque hypocrite dont vous vous couvrez, et parlez-nous comme tyran et comme ennemi.

Tite-Live, *Histoire romaine*, 34, 32

On se concerte.

Aussitôt Aristaenus, employant tour à tour les conseils et les prières, engagea Nabis à sauver, pendant qu'il le pouvait encore et que l'occasion lui en était offerte, ses jours et sa fortune. Puis il se mit à lui rappeler les noms de tous les tyrans des villes voisines, qui, après avoir renoncé au pouvoir et rendu la liberté à leurs sujets, avaient passé au milieu d'eux une vieillesse paisible et honorée.

Ces discours et ces réponses prolongèrent l'entrevue presque jusqu'à la nuit. Le lendemain, Nabis déclara qu'il abandonnait Argos et qu'il en retirait sa garnison, puisque telle était la volonté des Romains. Il promit de rendre les prisonniers et les transfuges. Il demanda que, si on avait quelque autre condition à lui imposer, on la lui remît par écrit, afin qu'il pût en délibérer avec ses amis. On laissa ainsi au tyran le temps de la réflexion ; et de son côté Quinctius tint un conseil, où il admit les chefs des alliés. L'avis du plus grand nombre fut qu'il fallait continuer les hostilités et exterminer le tyran. « C'était, disait-on, le seul moyen d'assurer l'indépendance de la Grèce. Il aurait beaucoup mieux valu ne pas commencer la guerre contre lui que d'y renoncer après l'avoir entreprise. Cette espèce d'approbation accordée à son despotisme ne ferait qu'affermir son injuste puissance en lui donnant pour appui le peuple romain lui-même ; et son exemple encouragerait dans les autres cités une foule d'ambitieux à attenter aux libertés de leurs concitoyens. »

Le général inclinait plutôt pour la paix ; il voyait que, s'il forçait l'ennemi à se renfermer dans ses murs, il n'aurait plus d'autre parti que de faire le siège de la ville et que ce siège serait long. « Il s'agissait en effet, disait-il, non plus de Gythion, qui après tout s'était rendue et n'avait pas été emportée d'assaut, mais de Sparte, qui était une ville très puissante, bien pourvue d'armes et de défenseurs. On n'avait eu jusqu'à présent qu'une seule espérance, c'était que l'approche de l'armée fît éclater quelque dissension ou quelque révolte parmi les habitants. Mais la vue même des enseignes qui s'avançaient jusqu'aux portes n'avait excité aucun mouvement. Antiochos, ajoutait-il, n'était pas disposé à observer la paix, ainsi que l'annonçait Villius, revenu de son ambassade à la cour de ce prince ; il était repassé en

Europe avec des forces de terre et de mer beaucoup plus considérables. Si l'on employait l'armée au siège de Sparte, quels autres soldats pourrait-on opposer à un monarque si puissant et si redoutable ? »

Voilà ce qu'il déclarait publiquement ; mais au fond du cœur il était préoccupé de la crainte qu'un des nouveaux consuls n'obtînt du sort le département de la Grèce et qu'un successeur ne vînt lui enlever l'honneur de terminer cette guerre.

Tite-Live, *Histoire romaine*, 34, 33

Nous sommes à la fin de l'année 195. Le projet d'assiéger Sparte est adopté puis abandonné.

Voyant qu'il ne faisait aucune impression sur les alliés en combattant l'opinion générale, il feignit de se rendre à leur avis et les ramena tous au sien.

– À la bonne heure, dit-il, puisque vous le voulez, assiégeons Sparte ; mais, vous le savez, le siège d'une ville est une opération lente et dont souvent les assiégeants sont plus tôt las que les assiégés. Afin donc de ne pas voir vos espérances déjouées, il faut vous disposer dès à présent à passer l'hiver sous les murs de Sparte. Si ces lenteurs n'offraient que des fatigues et des dangers, je vous exhorterais à préparer vos forces et vos courages pour tout braver. Mais elles entraîneront aussi des dépenses considérables pour les travaux, les constructions et les machines nécessaires au siège d'une si grande ville, pour le transport des convois destinés à assurer votre subsistance et la nôtre pendant l'hiver. Si vous voulez éviter les embarras imprévus et ne pas vous exposer à la honte d'abandonner votre entreprise, je pense qu'il serait bon d'écrire auparavant à vos cités pour savoir quelles sont les intentions de chacune d'elles, et quelles forces elle peut mettre sur pied. Ce n'est pas que je n'aie assez et même trop de troupes auxiliaires mais plus nous serons nombreux et plus nous aurons besoin de provisions. Le pays ennemi n'offre plus qu'un sol nu et dévasté. En outre la mauvaise saison approche, et les convois éloignés arriveront avec peine.

Ces paroles ramenèrent l'attention de chacun sur les obstacles qu'il pouvait rencontrer dans sa patrie : on avait à redouter la mollesse de ceux qui y étaient restés, leurs préventions jalouses et leurs calomnies contre les soldats, la difficulté d'un accord unanime là où les suffrages sont libres, l'épuisement du trésor public et la mesquinerie des particuliers dans le paiement des contributions. Tous les assistants changèrent donc brusquement d'avis et laissèrent le général entièrement maître de faire ce qu'il jugerait utile aux intérêts du peuple romain et des alliés.

Tite-Live, *Histoire romaine*, 34, 34

La paix est signée et de dures conditions sont imposées à Nabis par les Romains.

Alors Quinctius réunit seulement ses lieutenants et ses tribuns militaires, et arrêta de concert avec eux les bases suivantes de la paix qu'on accorderait au tyran :

Il y aurait une trêve de six mois entre Nabis d'une part, les Romains, le roi Eumène et les Rhodiens d'autre part. T. Quinctius et Nabis enverraient sur-le-champ des ambassadeurs à Rome, pour faire ratifier la paix par le Sénat. La trêve commencerait le jour même où les conditions de la paix seraient notifiées par écrit à Nabis.

Dans l'espace de dix jours à partir de ce moment, Argos et toutes les autres places fortes de son territoire seraient évacuées par les garnisons de Nabis et remises aux Romains en toute liberté. On n'en ferait sortir aucun esclave appartenant au roi, à la ville ou à des particuliers ; tous ceux qu'on en avait déjà fait sortir seraient rendus exactement à leurs maîtres.

Nabis restituerait aux cités maritimes les vaisseaux qu'il leur avait enlevés ; il ne garderait pour lui-même que deux barques à seize rames au plus.

Il remettrait à toutes les villes alliées du peuple romain leurs prisonniers et leurs transfuges, et aux Messéniens tous les objets qui seraient retrouvés et reconnus par leurs propriétaires.

Il laisserait reprendre aux exilés spartiates leurs enfants et leurs femmes, si celles-ci voulaient suivre leurs maris ; mais il ne pourrait forcer aucune d'elles à les accompagner en exil.

Il remettrait exactement en possession de tous leurs biens ceux de ses mercenaires qui seraient retournés dans leurs foyers ou qui seraient passés dans le camp romain.

Nabis ne pourrait avoir aucune ville dans l'île de Crète, et rendrait aux Romains celles qu'il y aurait.

Il ne ferait d'alliance avec aucun peuple crétois ni avec aucun autre ; il ne prendrait pas les armes contre eux.

Il retirerait ses garnisons de toutes les villes qu'il livrerait ou qui se placeraient avec leurs dépendances sous la protection et la loi du peuple romain ; ni lui ni les siens n'entreprendraient rien contre elles.

Il n'élèverait aucune place forte, aucune citadelle sur son propre territoire ou sur les terres des autres.

Pour garantie de l'exécution du traité, il donnerait cinq otages au choix du général romain, parmi lesquels se trouverait son fils ; il paierait cent talents d'argent comptant et cinquante talents d'année en année pendant huit ans.

Tite-Live, *Histoire romaine*, 34, 35

Sparte juge ces conditions inacceptables.

Ces clauses furent mises par écrit, et Quinctius, rapprochant son camp de Sparte, les envoya au tyran. Nabis en fut d'abord peu satisfait ; il ne s'applaudit que d'un seul point, c'est que contre son attente il n'était pas question de rappeler les proscrits ; mais ce qui le blessait le plus, c'était de se voir enlever ses vaisseaux et ses villes maritimes, car il avait tiré de grands profits de la mer en infestant de ses pirateries tous les parages du cap Malée. La jeunesse de ces villes formait en outre la meilleure partie de ses troupes.

Il n'avait discuté ces conditions qu'en secret avec ses amis ; cependant elles furent bientôt publiques, grâce à la légèreté ordinaire des courtisans qui ne savent être ni fidèles ni discrets. On se mit à critiquer le traité moins dans son ensemble que dans ses détails. Chacun y blâmait ce qui le touchait personnellement. Ceux qui avaient épousé les femmes des bannis, ou qui possédaient quelque partie de leurs biens, se regardaient comme victimes d'une spoliation et non comme obligés à une restitution légitime ; aussi témoignaient-ils beaucoup d'indignation. Les esclaves, affranchis par le tyran, avaient devant les yeux non seulement la perte de leur liberté, mais une servitude bien plus affreuse qu'auparavant, s'ils retombaient au pouvoir de maîtres irrités. Les soldats mercenaires songeaient avec peine que la paix leur enlevait le prix d'un service lucratif et qu'il ne leur était plus possible de retourner au milieu de leurs compatriotes, dont la haine ne s'acharnait pas plus contre les tyrans que contre leurs satellites.

Tite-Live, *Histoire romaine*, 34, 36

Au début de l'hiver, Nabis déclare une nouvelle guerre aux Romains.

On se communiqua d'abord ces murmures dans les réunions ; puis tout à coup on courut aux armes. Nabis, voyant que la sédition menaçait de devenir grave, convoqua le peuple à une assemblée générale. Là, il exposa les prétentions des Romains ; il inventa même à plaisir certaines clauses plus dures et plus révoltantes encore. Interrompu à chaque article par les cris, soit de l'assemblée tout entière, soit d'une partie du peuple, il demanda ce qu'on voulait qu'il répondît ou qu'il fît. On s'écria presque tout d'une voix qu'il n'y avait rien à répondre, qu'il fallait faire la guerre. Puis, comme il arrive toujours quand les masses sont agitées, ce fut à qui lui dirait d'avoir bon courage, de ne point se désespérer. On répétait que la fortune seconde les braves.

Animé par ces clameurs, le tyran déclara qu'Antiochos et les Étoliens viendraient à leur secours, et que d'ailleurs il avait assez de troupes pour soutenir un siège. Personne ne songea plus à la paix, et, résolus à ne pas rester plus longtemps en repos, ils coururent tous occuper les différents postes. Quelques-uns d'entre eux firent une sortie, lancèrent leurs traits contre les Romains et leur apprirent par cette attaque soudaine qu'il fallait reprendre les hostilités. Les quatre jours qui suivirent se passèrent en escarmouches sans résultat bien certain. Le cinquième jour, il y eut presque une bataille rangée. Les Spartiates furent enfoncés et regagnèrent la ville dans un tel désordre que plusieurs soldats romains, acharnés à la poursuite des fuyards, y entrèrent avec eux par les brèches qui existaient alors.

Tite-Live, *Histoire romaine*, 34, 37

Sparte est de nouveau menacée.

Quinctius, voyant que l'effroi produit par cette défaite avait suspendu les sorties des ennemis, pensa qu'il n'avait plus qu'à faire un siège régulier. Il envoya donc chercher à Gythion toutes les troupes de marine, et pendant ce temps, il fit le tour des murs avec ses tribuns militaires afin de reconnaître la situation de la place. Sparte n'avait pas jadis de remparts. C'étaient ses tyrans qui avaient naguère fortifié les endroits accessibles et bas, se contentant de couvrir par des postes, au lieu de remparts, les parties hautes et d'un accès plus difficile.

Après avoir attentivement examiné les lieux, Quinctius jugea qu'il fallait établir un blocus. Il investit donc la place avec toutes ses troupes de terre et de mer, qui se montaient à cinquante mille hommes d'infanterie et de cavalerie, tant romains qu'alliés. Les uns apportèrent des échelles, les autres des feux, d'autres encore les machines propres soit à donner l'assaut, soit à répandre la terreur. Tous les soldats eurent ordre de commencer l'attaque sur tous les points à la fois, pour donner l'alarme partout aux Spartiates et les mettre dans l'impossibilité de savoir où se porter d'abord, où diriger des secours.

L'élite de l'armée fut partagée en trois corps : l'un devait attaquer par le temple d'Apollon, l'autre par celui de Dictynne, le troisième du côté de la tour Heptagone : ce sont toutes des parties ouvertes et sans murailles. Quoiqu'un danger pressant environnât la ville de tous côtés et que le tyran fût effrayé par des clameurs inattendues et des messages alarmants qui lui arrivaient coup sur coup, on le vit d'abord porter en personne ou diriger des secours vers les points les plus menacés. Mais lorsque tout autour de lui céda à l'épouvante, il tomba lui-même dans un tel abattement qu'il devint incapable de donner les ordres nécessaires ou d'entendre des avis utiles ; il ne pouvait plus prendre un parti ; il avait perdu l'esprit.

Tite-Live, *Histoire romaine*, 34, 38

Soudain, un incendie se déclare et ravage la ville.

Les Spartiates soutinrent d'abord l'effort des Romains, à la faveur de l'espace étroit dans lequel ils combattaient et malgré la diversité des trois attaques simultanées ; mais à mesure que l'action devint plus vive, la lutte cessa d'être égale. Les Spartiates lançaient des traits, dont le soldat romain pouvait facilement se garantir à l'abri de son grand bouclier, et qui ne portaient pas ou effleuraient à peine. Le

peu d'étendue du terrain et la foule des combattants ne leur
permettaient ni de prendre assez d'élan pour imprimer plus
de force à leurs traits, ni de se mouvoir en liberté et de se
tenir fermes sur leurs pieds. Aussi, de tous ces traits lancés
de front, aucun n'arrivait jusqu'au corps des Romains, un
très petit nombre s'enfonçait dans leurs boucliers.

Ils eurent pourtant quelques blessés ; mais ce fut par
des ennemis qui les ajustaient de côté et de lieux plus
élevés. D'autres aussi, qui s'étaient portés en avant, furent
assaillis à l'improviste du haut des toits d'où étaient lancées
non seulement des flèches, mais même des tuiles. Ils se
couvrirent alors la tête de leurs boucliers, et, les appuyant
l'un contre l'autre de manière à former une tortue, ils
s'avancèrent sans craindre les coups partis de loin et sans
laisser d'intervalle par où on pût les atteindre de près. Ils
furent arrêtés quelque temps aux premières issues, qui
étaient fort étroites et encombrées de leurs troupes et de
celles des assiégés ; mais lorsqu'ils furent arrivés à des rues
plus larges, en repoussant l'ennemi pas à pas, leur charge
devint irrésistible.

Les Spartiates prirent alors la fuite et se retirèrent en
désordre sur les hauteurs. Nabis, éperdu et croyant la ville
prise, cherchait autour de lui une issue pour s'échapper.
Pythagoras, qui jusque-là avait montré toute la prudence
et rempli les devoirs d'un général, pourvoit seul au salut de
Sparte. Il fit mettre le feu aux édifices voisins du rempart.
En un moment, l'incendie devint universel par le soin
qu'on prit d'en étendre les progrès, au lieu de s'occuper
à l'éteindre. Les maisons s'écroulaient sur les Romains ;
des débris de tuiles, des poutres embrasées arrivaient
jusqu'à eux ; la flamme les environnait de tous côtés, et
des tourbillons de fumée, grossissant le péril, inspiraient
les plus vives terreurs.

Aussi ceux des Romains qui donnaient l'assaut à l'extérieur de la ville, s'éloignèrent-ils des murs, et ceux qui y

étaient entrés déjà, craignant d'être séparés de leurs compagnons d'armes par l'incendie qui se développait derrière eux, revinrent sur leurs pas. Quinctius, instruit de ce qui se passait, fit sonner la retraite ; et les Romains forcés d'abandonner une ville dont ils étaient presque les maîtres, rentrèrent dans leur camp.

Tite-Live, *Histoire romaine*, 34, 39

Nabis accepte les conditions de paix. La citadelle d'Argos est libérée.

Quinctius, qui comptait plus sur l'effroi des ennemis que sur ses propres forces, employa les trois jours suivants à entretenir leurs alarmes, soit en les harcelant, soit en élevant des ouvrages de divers côtés pour leur fermer toutes les issues. Découragé par ces démonstrations, le tyran envoya de nouveau Pythagoras auprès de Quinctius, qui refusa d'abord de le voir et lui ordonna de quitter son camp. Mais l'ambassadeur insista d'un ton suppliant, se jeta aux genoux du proconsul et obtint enfin une audience. Il commença par déclarer qu'il s'abandonnait entièrement à la merci des Romains ; puis, comme on ne voulut pas de cette vague soumission qu'on trouvait illusoire, il en vint à accepter une trêve aux conditions qui avaient été notifiées par écrit quelques jours auparavant, paya le tribut et livra des otages.

Pendant le siège de Sparte, les Argiens, informés par les courriers qui arrivaient presque coup sur coup que la ville était sur le point de succomber, prirent aussi les armes et profitèrent de l'absence de Pythagoras, qui avait emmené l'élite de la garnison. Méprisant le petit nombre de soldats restés dans la citadelle, ils les attaquèrent sous la conduite d'un certain Archippus et les chassèrent. Leur chef Timocrate de Pellène, qui avait montré de l'humanité, eut la vie sauve et put s'en aller sur la foi des serments. Argos s'applaudissait de sa délivrance, lorsque Quinctius y arriva après avoir accordé la paix au tyran, congédié Eumène et les Rhodiens, et renvoyé son frère L. Quinctius de Sparte à sa flotte.

Tite-Live, *Histoire romaine*, 34, 40
Traduction des extraits du livre 34 par Nisard

Les Romains maintiennent Nabis au pouvoir malgré les arguments avancés par eux pour convaincre les Grecs de neutraliser une tyrannie qui menace leur démocratie. Rome préfère maintenir un équilibre politique contre la montée en puissance de la Ligue achéenne.

Les Étoliens tentent de dresser les cités grecques contre Rome en demandant de l'aide au roi Antiochos. Nabis entre en guerre contre la Ligue achéenne et est battu par son général Philopœmen. Il appelle alors les Étoliens à son secours. On lui envoie Alexamène.

À Sparte, il n'y avait pas lieu d'attaquer la ville en force, mais de prendre par ruse le tyran qui, dépouillé par les Romains de ses places de la côte, venait aussi d'être repoussé à l'intérieur des remparts de Sparte par les Achéens ; celui qui ourdirait un plan pour le tuer aurait la reconnaissance des Lacédémoniens pour la totalité de son action. Ils prirent comme motif, pour lui envoyer une mission, qu'il les harcelait de prières pour recevoir de l'aide, parce qu'il avait commis sa rébellion sous leur influence. Alexamène reçut mille fantassins et trente cavaliers d'élite, choisis parmi les jeunes nobles. À ceux-ci, lors du conseil occulte des chefs évoqué plus haut, le préteur Damocrite annonce qu'ils ne doivent s'estimer mandatés ni pour une guerre contre l'Achaïe, ni pour rien de ce que chacun de son côté pourrait supposer ; quelque décision urgente que la situation indiquerait à Alexamène de prendre, si inattendue, hasardeuse, audacieuse fût-elle, ils devraient être prêts à l'exécuter avec obéissance, et l'accepter dans cet esprit qu'ils n'avaient été envoyés de chez eux que pour cette unique mission.

Avec ces cavaliers ainsi mis en condition, Alexamène se rendit auprès du tyran, qu'il remplit sur-le-champ d'espérances : Antiochos avait déjà mis le pied en Europe, il ne tarderait pas à être en Grèce ; il couvrirait terres et mers d'armes et de soldats ; les Romains se rendraient bien compte qu'ils n'avaient pas affaire à un Philippe ; le nombre de ses fantassins, de ses cavaliers, de ses navires aussi, était incalculable ; la ligne de ses éléphants, rien qu'en se montrant, déciderait de la guerre. Les Étoliens étaient disposés à venir à Sparte avec toute leur armée, si la situation l'exigeait ; mais ils avaient voulu montrer au roi, à son arrivée, la masse de leurs soldats. Nabis aussi, de son côté, devait faire en sorte de ne pas laisser ce qu'il avait de troupes moisir au repos dans les casernes : qu'il les fasse sortir, qu'il les fasse manœuvrer, et en même temps qu'il aiguise leur moral et entretienne leur condition physique. L'entraînement rendrait le travail plus léger, et pourrait même le rendre non désagréable grâce à l'amabilité et à la bonté du commandant. On commença de les envoyer en manœuvres dans une plaine bordant l'Eurotas. Les gardes du corps du tyran se tenaient vers le milieu de la ligne, le tyran, accompagné au plus de trois cavaliers, parmi lesquels le plus souvent était Alexamène, chevauchait en avant des enseignes, inspectant l'extrémité des ailes. À l'aile droite étaient les Étoliens, à la fois ceux qui servaient déjà comme auxiliaires du tyran, et les mille qui étaient venus avec Alexamène. Alexamène avait pris l'habitude de tantôt parcourir les rangs avec le tyran et une petite escorte, et de l'informer de ce qui lui paraissait opportun, tantôt chevaucher vers les siens sur l'aile droite, puis, comme s'il avait choisi un ordre dicté par les circonstances, de se rendre de nouveau auprès du tyran.

Le jour où il avait décidé de perpétrer son action, après avoir fait quelque chemin avec le tyran, il se rendit auprès des siens et dit aux cavaliers qui avaient été envoyés avec lui :

– C'est le moment, jeunes gens, de passer à l'acte et de réaliser audacieusement ce que vous avez reçu l'ordre d'exécuter sous mon commandement. Armez votre courage, vos bras, que personne n'hésite à prendre part à l'action que vous me verrez accomplir. Quiconque tardera, et mettra sa volonté en travers de la mienne, qu'il sache qu'il n'y aura pas pour lui de retour dans son foyer.

L'horreur sacrée les saisit tous ; ils se rappelaient avec quelle mission ils étaient partis. Le tyran venait de l'aile gauche. Alexamène ordonne aux cavaliers de poser leurs lances et de le regarder. Lui-même reprend ses esprits, troublés par l'importance de l'acte. Après s'être approché, il s'élance, transperce le cheval et désarçonne le tyran. Il tombe, et les cavaliers le percent de coups. De nombreux coups ayant été portés en vain sur la cuirasse, les blessures atteignirent enfin les parties du corps non protégées, et, avant d'avoir pu recevoir l'aide du milieu de la ligne, il rendit l'âme.

Alexamène avec tous les Étoliens se hâte d'aller occuper le palais royal. Les gardes du corps, comme l'action se déroulait sous leurs yeux, furent d'abord frappés de terreur ; puis, quand ils virent la colonne étolienne s'en aller, ils coururent vers le cadavre abandonné du tyran. Ceux qui devaient protéger la vie du tyran et venger sa mort se transformèrent d'abord en une masse de spectateurs. Personne n'aurait bougé, si la foule, après avoir déposé les armes, avait tout de suite été appelée à une réunion et si un discours adéquat à la situation avait été tenu, tandis que les Étoliens auraient gardé leurs armes sans agresser quiconque. Mais, comme il se devait pour un projet conçu par la tromperie, tout fut fait pour hâter le malheur de ceux qui avaient mené l'action. Le chef, enfermé dans le palais royal, perdit un jour et une nuit à examiner les trésors du tyran ; les Étoliens, comme si la ville qu'ils voulaient passer pour avoir libérée avait été prise de vive force, se livrèrent au pillage. À la fois l'aspect indigne de leurs actes et le mépris qu'ils suscitaient entraînèrent les cœurs des Spartiates à s'unir : les uns disaient qu'il fallait chasser les Étoliens et recouvrer la liberté confisquée alors même qu'elle semblait rendue, les autres que, pour donner un chef à l'action, il fallait trouver, ne fût-ce que pour les apparences, quelqu'un de la famille royale. Il y avait un Laconien de cette souche, encore enfant, élevé avec les fils du tyran. Ils l'installent sur un cheval et, prenant les armes, massacrent les Étoliens épars dans la ville. Puis ils envahissent le palais royal. Là ils taillent en pièces Alexamène qui résistait avec quelques-uns. D'autres Étoliens rattroupés sont massacrés autour du Chalkioikon[6]. Quelques-uns, jetant leurs armes, s'enfuient à Mégalopolis ou à Tégée. Ils y furent arrêtés par les magistrats et vendus à l'encan.

Philopœmen, apprenant le meurtre du tyran, se rendit à Sparte ; ayant trouvé la ville en proie à la terreur, il réunit les principaux citoyens, leur tint le discours qu'Alexamène aurait dû tenir, et admit les Spartiates dans l'alliance achéenne, d'autant plus facilement qu'au même moment Aulus Atilius débarquait précisément à Gythion avec vingt-quatre quinquérèmes.

Tite-Live, *Histoire romaine*, 35, 35-37

---

6. Temple de Minerve, orné de bronze.

SPARTE LA LACONIQUE

*Les grandes phrases
et
les beaux gestes des héros*

Un jour qu'un Athénien se moquait des épées spartiates pour leur petitesse et disait que les bateleurs les avalaient facilement dans les théâtres, le roi Agis lui répondit :

— Et pourtant, nous, avec ces épées courtes, nous atteignons fort bien nos ennemis.

Pour moi, je trouve de même que, si le style laconique paraît bref, il atteint parfaitement son but et saisit l'esprit des auditeurs.

Lycurgue lui-même paraît avoir été concis et sentencieux dans ses paroles, à en juger par les reparties qu'on rapporte de lui. Telle est celle qu'il fit à un homme qui l'incitait à établir un gouvernement démocratique dans la cité :

— Commence, lui dit-il, par établir la démocratie dans ta maison.

Celle aussi qu'il fit au sujet des sacrifices à quelqu'un qui lui demandait pourquoi il les avait prescrits si petits et si peu coûteux :

— C'est, dit-il, pour que nous puissions toujours honorer les dieux.

Et celle-ci aussi :

— Les seules compétitions auxquelles je n'ai pas empêché les citoyens de concourir sont celles où l'on ne lève pas la main.

On cite aussi de lui d'autres réponses du même genre qu'il fit par lettres adressées aux citoyens :

– Comment, lui avait-on demandé, pourrons-nous repousser l'incursion de l'ennemi ?

– En restant pauvres, répondit-il, et en ne désirant pas vous élever l'un au-dessus de l'autre.

Questionné au sujet des remparts :

– Une ville ne saurait manquer de remparts, répondit-il, quand les murailles qui la couronnent sont faites d'hommes, et non de briques[1].

L'aversion des Spartiates pour les longs discours nous est attestée par des apophtegmes comme ceux que voici.

Le roi Léonidas, entendant un homme qui discourait sur des affaires importantes, mais à contretemps :

– Étranger, lui dit-il, tu tiens hors de propos de bons propos.

Comme on demandait à Charilaos, neveu de Lycurgue, pourquoi celui-ci avait fait peu de lois :

– C'est que, répondit-il, ceux qui emploient peu de paroles n'ont besoin aussi que de peu de lois.

Comme on blâmait le sophiste Hécatée qui, admis aux syssities, ne disait rien, Archidamidas fit cette remarque :

– Celui qui sait parler sait aussi quand il convient de le faire.

Quant aux propos mémorables, qui sont piquants, mais empreints de grâce, en voici des exemples.

_____

1. Sparte, confiante dans la valeur de ses guerriers, dédaigna de s'entourer de murailles.

Un méchant homme harcelait Démarate de questions déplacées et, notamment, ne cessait de lui demander quel était le meilleur des Spartiates :

— Celui qui te ressemble le moins, dit-il.

Agis, entendant louer les Éléens sur l'honnêteté et la justice dont ils faisaient preuve dans la conduite des jeux Olympiques :

— Belle merveille, dit-il, que les Éléens soient justes un jour unique tous les quatre ans !

Comme, devant Théopompe, un étranger, qui voulait montrer sa sympathie pour les Spartiates, disait que ses concitoyens l'appelaient l'ami des Laconiens :

— Ce qui serait beau, étranger, dit-il, c'est que tu sois appelé l'ami de tes concitoyens.

Un orateur athénien traitait les Lacédémoniens d'ignorants devant Pleistonax, fils de Pausanias :

— C'est juste, dit Pleistonax ; car, seuls de tous les Grecs, nous n'avons appris de vous rien de mal.

On demandait à Archidamidas combien ils étaient de Spartiates :

— Assez, répondit-il, pour repousser les méchants.

On peut aussi juger de leurs habitudes de langage par les bons mots qu'ils faisaient en plaisantant. On les accoutumait, en effet, à ne jamais tenir de propos oiseux et à ne laisser échapper aucune parole qui ne fût d'une manière ou d'une autre digne d'être méditée.

On engageait un Spartiate à écouter un homme qui imitait le rossignol :

— J'ai entendu, dit-il, le rossignol lui-même. [...]

On promettait à un jeune homme de lui donner des coqs qui se faisaient tuer en combattant :

– Pas ceux-là, dit-il ; donne-moi plutôt des coqs qui tuent leurs adversaires.

Un autre, voyant des gens qui allaient à la selle en s'asseyant sur des sièges, s'écria :

– Puisse-t-il ne jamais m'arriver de m'asseoir à une place d'où je ne pourrais me lever pour la céder à un vieillard !

Voilà le genre d'apophtegmes qui était le leur. Aussi a-t-on dit assez justement que *laconiser*, c'était pratiquer l'amour de la sagesse plutôt que celui de la gymnastique.

Plutarque, *Lycurgue,* 19, 4-20

Répondant à celui qui avait demandé pourquoi les Spartiates portaient les cheveux longs, il dit :

– Parce que, de tous les ornements, c'est le seul naturel et gratuit.

Plutarque, *Apophtegmes laconiens*, 232 C, 6

À la guerre, ils portaient des tuniques de pourpre car ils pensaient, d'une part, que cette teinte avait quelque chose de viril et, d'autre part, que sa ressemblance avec le sang effrayait davantage ceux qui n'étaient pas instruits de la chose. Et même, le fait d'être difficilement remarqué par l'ennemi, en cas de blessure, et de passer inaperçu à cause de la similitude des couleurs était un avantage.

Plutarque, *Apophtegmes laconiens*, 238 F, 24

Pour cacher et camoufler le sang qui coulerait des blessures, ils avaient des tuniques de couleur pourpre pendant la bataille, afin d'éviter non pas d'être effrayés à sa vue, mais de donner à l'ennemi un peu plus de hardiesse.

Valère Maxime, *Faits et dits mémorables*, 2, 6, 2

À des ambassadeurs de Samos, qui discouraient longuement, les Spartiates dirent :
– Nous avons oublié la première partie, et nous n'avons pas saisi la suite, pour avoir oublié la première.

Plutarque, *Apophtegmes laconiens*, 232 D, 1

Un orateur ayant développé un long discours, puis réclamant les réponses en vue du rapport à faire à ses concitoyens :
– Rapporte-leur donc, lui dirent-ils, que toi, tu as eu de la peine de t'arrêter de parler, et nous, de t'écouter.

Plutarque, *Apophtegmes laconiens*, 232 D, 2

Un autre, quelqu'un lui ayant demandé :
– Pourquoi utilisez-vous des poignards courts ?
Répondit :
– Pour affronter l'ennemi de près.

Plutarque, *Apophtegmes laconiens*, 232 E, 5

Comme quelqu'un, ayant vu une peinture qui représentait des Spartiates massacrés par des Athéniens, disait :
– Valeureux, les Athéniens !
Un Spartiate répliqua par ces mots :
– Oui, en peinture !

Plutarque, *Apophtegmes laconiens*, 232 E, 9

Un autre, étant venu à Athènes et voyant les Athéniens vendre à la criée les salaisons et le poisson, percevoir les impôts, tenir des maisons de prostitution, et se livrer à d'autres activités peu recommandables, sans rien tenir pour honteux, lorsqu'il rentra dans sa patrie, comme ses concitoyens lui demandaient quelle était la situation à Athènes, répondit :

— Tout y est beau, faisant ironiquement entendre par là que tout était considéré comme beau chez les Athéniens, et rien comme honteux.

Plutarque, *Apophtegmes laconiens*, 236 B, 65

Quelqu'un, ayant vu des gens qui allaient à la selle en s'asseyant sur des sièges, dit :

— Puisse-t-il ne jamais m'arriver de m'asseoir à une place d'où l'on ne peut se lever devant un vieillard !

Plutarque, *Apophtegmes laconiens*, 232 F, 12

Pendant la célébration commune des jeux à Olympie, un vieillard désireux de voir le spectacle n'avait pas d'endroit où s'asseoir ; parcourant en tous sens les gradins, il recevait des insultes et des quolibets, sans que personne voulût lui permettre de s'installer ; mais lorsqu'il se trouva en face des Lacédémoniens, tous les garçons se levèrent, ainsi qu'un grand nombre des hommes, pour lui céder leur place ; tandis que l'assemblée panhellénique exprimait par des applaudissements son admiration devant la coutume et s'extasiait à son sujet, le vieillard, secouant « son front blanc et sa barbe blanche », dit, les larmes aux yeux :

— Hélas, quel malheur ! Tous les Grecs ont connaissance du bien, mais les Lacédémoniens seuls le mettent en pratique.

Certains rapportent que la même chose se produisit aussi à Athènes. Au cours des Panathénées, un homme âgé fut bafoué par les gens de l'Attique, qui l'appelaient comme pour lui permettre de s'installer auprès d'eux et, quand il venait, ne le lui permettaient pas ; lorsqu'après être ainsi passé par presque tous les rangs il se trouva en face des délégués de Lacédémone, ceux-ci se levant tous ensemble de leurs gradins, lui firent de la place ; charmée du geste, la foule éclata en applaudissements enthousiastes, ce qui fit dire à l'un des Spartiates :

– Par les Dioscures, les Athéniens savent ce qui est bien, mais ils ne le font pas.

Plutarque, *Apophtegmes laconiens*, 235 C, 55

Quelqu'un qui était venu à Sparte et observait les égards que les jeunes témoignaient aux hommes plus âgés dit :

– Il n'y a qu'à Sparte que c'est un avantage de vieillir.

Plutarque, *Apophtegmes laconiens*, 235 E, 60

Un homme de Chios arriva à Sparte alors qu'il était déjà âgé. Il était vaniteux à bien des égards, et en particulier avait honte de sa vieillesse, raison pour laquelle il avait essayé de dissimuler ses cheveux blancs au moyen d'une teinture. Il prit la parole devant les Lacédémoniens et, avec une telle tête, dit ce pour quoi il était venu. Archidamos, le roi des Lacédémoniens, se leva alors et déclara :

– Comment pourrait-il dire quelque chose qui vaille, cet homme qui porte le mensonge non seulement dans son âme mais même sur sa tête ?

Élien, *Histoire variée*, 7, 20

Des gens de Khios, qui se trouvaient de passage à Sparte, ayant, après dîner, vomi dans le local des éphores et souillé d'excréments les sièges où les éphores s'asseyaient, on rechercha, d'abord activement les auteurs du méfait pour savoir si ce n'étaient pas, en l'occurrence, des habitants de la ville ; mais lorsqu'on apprit que c'étaient des gens de Khios, on fit proclamer par héraut que l'indécence étaient permise aux gens de Khios.

Plutarque, Apophtegmes laconiens, 233 A, 13

Leur roi promettant de supprimer totalement une autre ville responsable de nombreux ennuis qu'avaient connus les Spartiates, ils ne le permirent pas en déclarant :

— Ne va pas supprimer ni détruire d'aucune façon la pierre où s'aiguisent nos jeunes !

Plutarque, Apophtegmes laconiens, 233 D, 26

Des frères se trouvant en désaccord entre eux, ils infligèrent une amende au père parce qu'il permettait la dissension chez ses fils.

Plutarque, Apophtegmes laconiens, 233 F, 32

Deux garçons se battaient et l'un d'eux blessa l'autre avec une serpette d'un coup mortel ; les camarades de celui-ci lui promettant, comme il était sur le point de rendre l'âme, de se venger en faisant périr celui qui l'avait frappé :

— Non, dit-il, au nom des dieux, ce ne serait pas juste ; car moi, j'en aurais fait autant, si je m'étais montré assez rapide et si j'en avais été capable.

Plutarque, Apophtegmes laconiens, 233 F, 34

Un autre jeune garçon, comme le moment était arrivé où la coutume voulait que les enfants libres volassent tout ce qu'ils pouvaient, avec, pour sanction, la honte si l'on était découvert, et que ses camarades avaient volé un renardeau, vivant qu'ils lui avaient donné à garder, se trouvant en présence de ceux qui avaient perdu la bête et étaient à sa recherche, mit à tout hasard le renardeau sous son manteau et, pendant que celui-ci, pris par son instinct sauvage, lui dévorait le flanc jusqu'aux viscères, ne bougea pas afin de ne pas se démasquer. Et lorsqu'ensuite, ces gens s'étant retirés, les garçons virent ce qui s'était passé et le tancèrent en lui représentant qu'il eût été préférable de montrer le renardeau plutôt que de le cacher au risque d'en mourir :

— Pas du tout, répondit-il, il vaut mieux, au contraire, finir sans céder à la souffrance que de se laisser surprendre par faiblesse pour conserver honteusement la vie.

Plutarque, *Apophtegmes laconiens*, 234 A, 35

Un garçon spartiate, qui avait été fait prisonnier par le roi Antigonos et avait été vendu, se montrait soumis en toute chose à celui qui l'avait acheté, en tout ce, du moins, qu'il considérait comme pouvant être accompli par un être libre ; mais lorsque l'homme lui ordonna d'apporter un pot de chambre, il se révolta en disant :

— Je ne veux pas être esclave !

Comme l'autre le menaçait, il monta sur le toit et, en disant :

— Tu vas voir le fruit de ton achat, il se jeta en bas et mit fin à ses jours.

Plutarque, *Apophtegmes laconiens*, 234 D, 41

Un autre, ayant été frappé d'une flèche et quittant la vie, dit qu'il lui importait peu de devoir mourir, mais qu'il regrettait que ce fût de la main d'une espèce de femmelette d'archer et sans avoir rien accompli.

Plutarque, *Apophtegmes laconiens*, 234 E, 46

Tout en exhortant son mari Léonidas, qui partait pour les Thermopyles, à se montrer digne de Sparte, Gorgo l'interrogeait sur ce qu'elle devait faire ; il lui répondit :

— Épouser un brave et donner le jour à des braves.

Plutarque, *Apophtegmes laconiens*, 240 E, 6

Danatria, ayant entendu que son fils s'était montré lâche et indigne d'elle, l'immola, quand il fut en sa présence ; voici l'épigramme la concernant :

« Celui qui transgressa les lois, Damatrios, fut tué par sa mère, par la Lacédémonienne le Lacédémonien. »

Plutarque, *Apophtegmes laconiens*, 240 F, Damatria

Une autre Laconienne immola comme indigne de la patrie un fils qui avait abandonné son poste, en disant :

— Ce n'est pas mon rejeton !

Et sur elle, voici l'épigramme :

« Va-t'en, vil rejeton, par les ténèbres, et qu'en haine de toi l'Eurotas n'y coule point, fût-ce pour les biches peureuses. Misérable avorton, mauvaise espèce, va-t'en chez Hadès, va-t'en ; ce qui n'est pas digne de Sparte, non plus ne l'ai-je engendré. »

Plutarque, *Apophtegmes laconiens*, 341 A, 1

L'une d'elles, qui avait envoyé ses fils, au nombre de cinq, à la guerre, postée dans les faubourgs, attendait avec anxiété l'issue de la bataille ; et quand quelque arrivant, auprès de qui elle s'informa, lui annonça que tous ses fils avaient succombé :

— Mais ce n'est pas ce que je te demandais, répliqua-t-elle, misérable esclave, je te parlais du sort de la patrie !

L'autre ayant répondu que celle-ci était victorieuse :

— J'accepte donc aussi avec joie, dit-elle, la mort de mes enfants.

Plutarque, *Apophtegmes laconiens*, 241 C, 7

Une autre dit en accompagnant vers le champ de bataille un fils boiteux :

— Mon enfant, à chacun de tes pas, souviens-toi de ton courage.

Plutarque, *Apophtegmes laconiens*, 241 E, 13

Un Laconien qui avait été blessé à la guerre et ne pouvait marcher progressait à quatre pattes. Comme il avait honte de cette posture ridicule, sa mère lui dit :

— Combien, mon enfant, la joie d'avoir été brave ne vaut-elle pas mieux que la honte de faire rire des sots !

Plutarque, *Apophtegmes laconiens*, 241 E 15

Une autre, remettant en outre à son fils son bouclier et l'exhortant, lui dit :

— Mon enfant, ou avec lui, ou sur lui.

Plutarque, *Apophtegmes laconiens*, 241 F, 16

Ce qui signifie : vainqueur ou mort sur son bouclier qui lui servira de civière, c'est ainsi qu'il doit rentrer.

Une jeune fille qui, ayant eu un rapport en secret, perdit par avortement l'enfant qu'elle portait montra tant de fermeté, en ne proférant aucun cri, qu'elle se délivra sans que son père ni d'autres personnes qui se trouvaient à proximité s'en aperçussent ; le souci de la décence, venant s'opposer à la crainte de l'infamie, fut plus fort que la violence de la douleur.

Plutarque, *Apophtegmes laconiens*, 242 C, 26

Toutes les mères lacédémoniennes qui apprenaient que leurs enfants gisaient sur le champ de bataille venaient examiner en personne leurs blessures, celles qui avaient

touché le devant du corps et celles qui avaient touché le dos.
Si les blessures frontales étaient plus nombreuses, c'était
avec fierté et le regard digne et grave qu'elles emportaient
les corps de leurs enfants dans les tombes familiales. S'ils
avaient été blessés de l'autre côté, elles s'empressaient de
quitter les lieux à la hâte et, dans la mesure du possible,
à la dérobée, honteuses et en pleurs. Elles abandonnaient
les cadavres sur place pour qu'ils fussent jetés dans la fosse
commune, ou bien les portaient en cachette dans les tombeaux de famille.

Élien, *Histoire variée*, 12, 21

CHRONOLOGIE

XIIe siècle : arrivée des Doriens, ancêtres des Spartiates.

Fin du VIIIe siècle : première guerre de Messénie.

VIIe siècle : deuxième guerre de Messénie (670-657 ?). Élégies de Tyrtée.

669-668 : défaite d'Hysiai.

545 : bataille des Champions contre Argos.

490 : arrivée tardive des Spartiates à la bataille de Marathon pour aider les Athéniens contre les Perses.

480 : début de la deuxième guerre médique opposant les Grecs aux Perses qui envahissent leur territoire.

Août 480 : défaite de Léonidas Ier aux Thermopyles.

29 septembre 480 : victoire de Salamine contre les Perses.

479 : victoire de Platées et de Mycale contre les Perses. Fin des guerres médiques.

464 : tremblement de terre qui dévaste Sparte. Révolte des Messéniens et des hilotes. Début de la troisième guerre de Messénie.

454 : fin de la troisième guerre de Messénie.

451 : paix de trente ans avec Argos. Paix de cinq ans avec Athènes.

446 : paix de trente ans avec Athènes.

431 : début de la guerre du Péloponnèse.

425 : désastre de Sphactérie.

421 : paix de Nicias entre Athènes et Sparte.

418 : Agis II bat Athènes, Argos, Mantinée et Élis à Mantinée.

405 : Cléomène III met fin à la guerre du Péloponnèse en battant Athènes à Aigos Potamoi.

395-386 : campagne d'Agésilas II et de Lysandre contre les Perses.

395 : défaite d'Haliarte contre les Thébains. Lysandre est tué.

394 : victoire d'Agésilas II contre Thèbes à Coronée et à Némée. Défaite navale de Cnide contre les Perses. L'amiral spartiate Pisandre est tué.

389 : guerre de Corinthe.

386 : paix d'Antalcidas entre Sparte et les Perses.

378 : conflit avec Athènes.

376 : Défaite de Tégyres contre les Thébains.

6 juillet 371 : défaite de Leuctres contre les Thébains. Le roi Cléombrote II est tué.

Été 362 : conflit entre Sparte et Thèbes. Défaite de Mantinée.

330 : défaite de Mégalopolis contre la Macédoine. Agis III est tué.

281 : Areus Ier repousse Pyrrhus de la Laconie.

265 : mort d'Areus Ier en voulant reprendre Corinthe aux Macédoniens.

Hiver 227/228 : élimination des éphores par Cléomène III.

229 : début de la guerre cléoménique contre la Ligue achéenne.

Juillet 225 : Cléomène III s'empare d'Argos.

Printemps 223 : Cléomène III attaque Mégalopolis.

Juillet 222 : Cléomène III est battu à Sellasie par la Ligue achéenne et la Macédoine. Sparte est envahie.

207 : le roi Machanidas est vaincu et tué à Mantinée par le grand chef achéen, Philopœmen. Prise du pouvoir par Nabis.

205 : paix de Phœnikè entre les Étoliens, les Achéens et les Macédoniens. Sparte est mentionnée comme alliée de Rome.

204 : guerre contre les Achéens. Nabis s'attaque à Mégalopolis.

201 : les Spartiates pillent Messène et sont chassés par Philopœmen. Défaite de Tégée.

195 : guerre contre Nabis par Rome et la Macédoine. Sparte est de nouveau envahie et brûlée. Paix entre Rome et Sparte.

192 : Nabis tente de reprendre son arsenal à Gythion. Sparte est de nouveau attaquée. Nabis est tué. Sparte est intégrée dans la Ligue achéenne.

LES ROIS SPARTIATES

Sparte est dirigée par deux rois issus des deux familles descendant d'Héraclès : les Agiades et les Eurypontides.

Famille des Agiades

Eurysthénès (?-930), frère jumeau de Proclès
Agis Ier (930-900)
Échestrate (900-870)
Léobotès (870-840)
Dorissos (840-820)
Agésilas Ier (820-790)
Archélas (790-760)
Télècle (760-740)
Alcmènes (740-700)
Polydore (700-665)
Eurycratès (665-640)
Anaxandre (640-615)
Eurycratidès (615-590)
Léon (590-560)
Anaxandridas II (560-520)
Cléomène Ier (520-490)
Léonidas Ier (490-480)
Cléombrote Ier (480-479)
Pleistarchos (479-459)
Pleistoanax (459-409)
Pausanias Ier (409-395)
Agésipolis Ier (395-380)
Cléombrote II (380-371)

Agésipolis II (371-370)
Cléomène II (370-309)
Areus Ier (309-265)
Acrotatos (265-262)
Areus II (262-254)
Léonidas II (254-242)
Cléombrote III (242-240)
Léonidas II (240-235)

Famille des Eurypontides

Proclès, frère jumeau d'Eurysthénès
Soos (?-890)
Eurypon (890-860)
Prytanis (860-830)
Polydècte (830-800)
Eunomos (800-780)
Charilaos (780-750)
Nicandre (750-720)
Théopompe (720-675)
Anaxandridos Ier (675-665)
Archidamos Ier (665-645)
Anaxidamos (645-625)
Léotychidas Ier (625-600)
Hippocratide (600-575)
Agasiclès (575-550)
Ariston (550-515)
Démarate (515-491)
Léotychidas II (491-469)
Archidamos II (469-427)
Agis II (427-400)
Agésilas II (401-360)
Archidamos III (360-338)
Agis III (338-331)

Eudamidas Ier (331-305)
Archidamos IV (305-275)
Eudamidas II (275-244)
Agis IV (244-239)
Eudamidas III (241-228)
Archidamos V (228-227)
Eucleidas (227-221), mis à ce poste par son frère Cléomène
Cléomène III (235-222)

Fin de la monarchie

Agésipolis III, Agiade (219-215)
Lycurgue, Eurypontide (219-212)
Machanidas, tuteur de Pélops (212-207)
Pélops, Eurypontide (212-207)
Nabis, usurpateur (207-192)

BIOGRAPHIE DES AUTEURS

Cornélius Népos (109-27). Originaire de la Gaule citérieure – la plaine du Pô – il se voulait « vieux Romain », c'est-à-dire très peu féru de culture grecque, mais plein de vénération pour les vertus antiques.

Il nous reste, d'une œuvre ample, le traité *Des grands généraux des nations étrangères*, qui n'était que le troisième chapitre d'un très copieux *De viris illustribus*, et deux vies extraites de son livre sur les historiens latins.

On lui a reproché de manquer d'imagination dramatique et d'idées générales mais on apprécie souvent son habileté à conter des anecdotes et sa capacité à présenter des personnages bien caractérisés.

Diodore de Sicile (Ier siècle av. J.-C.). Né à Agyrion en Sicile, Diodore voyagea beaucoup et vécut à Rome, sans doute sous César et Auguste. Grand érudit, passionné par la recherche, Diodore nous a légué sa *Bibliothèque historique*, sorte d'histoire universelle composée de quarante livres dont plusieurs ont disparu. Aujourd'hui, nous pouvons lire les livres I à V et XI à XXII et quelques extraits ou résumés conservés par les Anciens. Nous savons toutefois que cet ouvrage couvrait une vaste période, des temps mythiques à la guerre des Gaules (54 av. J.-C.). Diodore s'était fixé pour objectif d'écrire une histoire totale, malgré les difficultés qu'une telle tâche présentait.

Hérodote (480-420). Né à Halicarnasse, ville dorienne du territoire d'Ionie, en Asie Mineure, celui que Cicéron tenait pour « le père de l'histoire » voyagea beaucoup, d'Athènes, où il séjourna, en Égypte, à Tyr et en Scythie. Il ne vit pourtant pas toutes les contrées qui sont décrites dans ses *Histoires*, vaste « enquête » (c'est le sens de *historié* en grec), dont le premier but est de rapporter les tenants et aboutissants des guerres médiques. Friand d'anecdotes, Hérodote est célèbre pour ses digressions, si bien que les *Histoires* débordent largement le projet annoncé : la Lydie, l'Égypte, la Scythie et la Libye, autant de contrées visitées, pour le plus grand plaisir du lecteur. L'œuvre fut, à la période alexandrine, divisée en neuf livres, nommés selon les Muses. Les quatre premiers rapportent la formation de l'empire perse et les cinq derniers les guerres médiques. « Roi des menteurs » pour certains, « père de l'histoire » pour d'autres, Hérodote nous éclaire cependant sur les rapports entre les Grecs et les Barbares et fournit nombre de renseignements ethnologiques, géographiques et anthropologiques, aussi précieux qu'amusants.

Lycurgue (390-324). Il est issu d'une des familles les plus importantes et les respectées d'Athènes. Comme Démosthène, il fut un fervent opposant à Philippe de Macédoine, le père d'Alexandre le Grand. De cet orateur célèbre, les anciens connaissaient 15 plaidoyers, seul le *Contre Léocrate* nous est parvenu. Dans ce discours, Lycurgue poursuit pour trahison un commerçant qui, au moment de la bataille de Chéronée, aurait fui d'Athènes.

Pausanias (2ᵉ moitié du IIᵉ siècle après J.-C.). Passionné de géographie et d'histoire, il est un grand voyageur de l'ère des Antonins. Il aurait visité l'Egypte, la Palestine, l'Italie, Rome et sillonné la Grèce continentale. De ce voyage, il tira un ouvrage en 10 livres, la *Description de la Grèce*. Le livre III est consacré à la Laconie et à Sparte.

Plutarque (vers 45-125). Né à Chéronée, en Béotie, Plutarque est issu d'une famille de notables. Après avoir visité Athènes, où il étudie, l'Égypte et l'Asie Mineure, il s'installe à Rome et acquiert la citoyenneté. Plutarque a laissé une œuvre importante, dans laquelle la philosophie et la biographie occupent une place de choix. Sous le titre de *Moralia* sont regroupés ses nombreux traités de philosophie morale qui offrent une synthèse érudite et passionnante des différentes écoles, de Platon, d'Aristote, des stoïciens et des épicuriens. En sa qualité de moraliste, Plutarque s'est intéressé à la vie des hommes illustres, en rédigeant des biographies dans lesquelles il établit et analyse les vices et les vertus de chacun. Nous disposons ainsi de 23 paires de ses *Vies parallèles des hommes illustres* où sont à chaque fois rapprochés un Grec et un Latin. Il compare donc ainsi Lycurgue à Numa, Lysandre à Sylla, Agésilas à Pompée, Agis et Cléomène aux Gracques.

Il a également publié des recueils d'apophtegmes qui rassemblent les faits marquants et les mots célèbres d'hommes illustres de l'Antiquité dont les Spartiates.

Polybe (200-118). Arcadien né à Mégalopolis, cité appartenant alors à la Ligue achéenne, il fut le plus grand historien grec de son temps. Militaire comme son père, à la victoire du Romain Paul Emile à Pydna en 168, il fut désigné parmi les mille otages emmenés à Rome pour y être jugés. Le procès n'eut jamais lieu et Polybe s'attira la bienveillance de Scipion Emilien, si bien qu'il l'accompagna dans ses campagnes en Gaule et en Afrique et assista à la chute de Carthage en 146. Nous ne possédons qu'un tiers de son œuvre principale, les *Histoires*, composées de 40 livres. Seuls les livres I à V sont entièrement conservés. Polybe se fixe un but précis : expliquer comment Rome, en cinquante ans seulement, devient la maîtresse du monde.

Tite-Live (64 ou 59 – 17). Né à Padoue dans une famille de notables, il consacra sa vie à l'étude et à la recherche. Sa grande œuvre fut son *Ab Urbe condita libri* en 142 livres, où son ambition était de rendre compte de toute l'histoire romaine, à commencer par le débarquement d'Énée sur les rivages de l'Italie. La mort l'arrêta sur la disparition de Drusus, le frère cadet de Tibère en 9 avant J.-C. De cette œuvre immense n'ont subsisté que 36 livres dont certains en fragments.

Xénophon (426-354). Il fut un historien, un essayiste et un chef militaire. Né dans une riche famille athénienne, il suivit les cours des sophistes et, surtout ceux de Socrate. Hostile au rétablissement de la démocratie à la chute des Trente, il quitte Athènes en 404 et s'engage dans les troupes de mercenaires grecs levées par le Perse Cyrus le Jeune qui tenta de renverser son frère Artaxerxès mais fut vaincu à la bataille de Cunaxa en 401. Les mercenaires grecs, qu'on nomma les Dix Mille, réussirent à revenir en Grèce en traversant une Perse hostile. Xénophon fut l'un de leurs chefs et a raconté le périple dans *L'Anabase*. Puis, se mettant au service du roi de Sparte Agésilas II, il combattit contre les Athéniens à Coronée en 394. Fasciné par l'esprit spartiate et par son roi, il écrivit la *Constitution des Lacédémoniens*, où il reprend les principes de Lycurgue pour les opposer au système politique athénien et composa un éloge vibrant à Agésilas. Revenu à Athènes en 367, il compose les sept livres des *Helléniques*, qui continuent le récit de la guerre du Péloponnèse là où s'était arrêté Thucydide, puis les quatre livres des *Mémorables*. On lui doit aussi la *Cyropédie*, une histoire de Cyrus le Grand, ainsi que toute une série d'ouvrages techniques sur l'économie, la chasse, l'équitation...

BIBLIOGRAPHIE

*Les traductions des auteurs antiques cités sont extraites d'ouvrages publiés aux Editions Les Belles Lettres, excepté pour les Elégies de Tyrtée et les extraits du livre 34 de l'*Histoire romaine *de Tite-Live traduits par Nisard.*

Cornélius Népos, *Œuvres*. Texte établi et traduit par A.-M. Guillemin. Collection des Universités de France, Paris, 1923. 4e tirage revu et corrigé par Ph. Heuzé et P. Jal, 1992. 5e tirage 2002.

Diodore de Sicile, *Bibliothèque historique, Tome VI, livre XI*. Texte établi et traduit par J. Haillet. Collection des Universités de France, Paris, 2001. 2e tirage 2002.

Elien, *Histoire variée*. Texte traduit et commenté par A. Lukinovich et A.-F. Morand. Collection La Roue à livres, Paris, 1991.

Hérodote, *Histoires, Tome I, livre I, Clio*. Texte établi et traduit par Ph. E. Legrand. Collection des Universités de France, Paris, 1932. 4e tirage 2003.

———, *Histoires, Tome VII, livre VII, Polymnie*. Texte établi et traduit par Ph. E. Legrand. Collection des Universités de France, Paris, 1948. 4e tirage 2003.

Lycurgue, *Contre Léocrate. Fragments*. Texte établi et traduit par F. Durrbach. Collection des Universités de France, Paris, 1932. 4e tirage 2003.

Pausanias, *Description de la Grèce, Tome III, livre III, la Laconie*. Texte établi par Michel Casevitz et traduit par O. Gengler. Collection des Universités de France, à paraître.

Plutarque, *Vies, Tome I, Thésée/Romulus, Lycurgue/Numa*. Texte établi et traduit par R. Flacelière, E. Chambry et M. Juneaux. Collection des Universités de France, Paris, 1958. 3ᵉ tirage revu et corrigé par J. Irigoin, 1993. 4ᵉ tirage 2003.

——, *Vies, Tome VI, Pyrrhos/Marius, Lysandre/Sylla*. Texte établi et traduit par R. Flacelière et E. Chambry. Collection des Universités de France, Paris, 1961. 2ᵉ tirage 2003.

——, *Vies, Tome VIII, Sertorius/Eumène, Agésilas/Pompée*. Texte établi et traduit par R. Flacelière et E. Chambry. Collection des Universités de France, Paris, 1961. 2ᵉ tirage 2003.

——, *Vies, Tome XI, Agis et Cléomène/Les Gracques*. Texte établi et traduit par R. Flacelière et E. Chambry. Collection des Universités de France, Paris, 1976. 2ᵉ tirage 2003.

——, *Œuvres morales, Tome III, Traités 15-16, Apophtegmes de rois et de généraux, apophtegmes laconiens*. Texte établi et traduit par F. Fuhrmann. Collection des Universités de France, Paris, 1988. 2ᵉ tirage 2003.

Polybe, *Histoires, Tome II, livre II*. Texte établi et traduit par P. Pédech. Collection des Universités de France, Paris, 1970. 4ᵉ tirage 2003.

——, *Histoires, Tome X, livres XIII-XVI*. Texte établi par E. Foulon, traduit par R. Weil avec la collaboration de P. Cauderlier. Collection des Universités de France, Paris, 1995. 2ᵉ tirage 2003.

Tite-Live, *Histoire romaine, Tome XXII, livre XXXII*. Texte établi et traduit par B. Mineo. Collection des Universités de France, Paris, 2003.

——, *Histoire romaine, Tome XXV, livre XXXV*. Texte établi et traduit par R. Adam. Collection des Universités de France, Paris, 2004.

Valère Maxime, *Faits et dits mémorables, Tome I, livres I-III*. Texte établi et traduit par R. Combès. Collection des Universités de France, Paris, 1995. 2e tirage 2003.

Xénophon, *Helléniques, Tome I, livres I-III*. Texte établi et traduit par J. Hatzfeld. Collection des Universités de France, Paris, 1949. 7e tirage 2003.

———, *Helléniques, Tome II, livres IV-VII*. Texte établi et traduit par J. Hatzfeld. Collection des Universités de France, Paris, 1939. 4e tirage 2003.

———, *Constitution des Lacédémoniens – Agésilas – Hiéron* suivi de Pseudo-Xénophon, *Constitution des Athéniens*. Traduit et annoté par Michel Casevitz, préfacé par Vincent Azoulay. Collection La Roue à livres, Paris, 2008.

CARTES

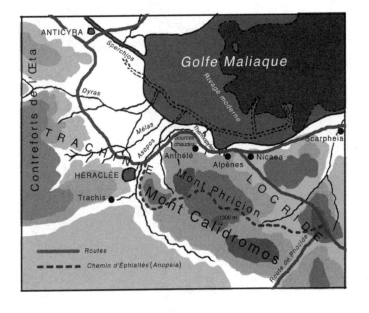

Les Thermopyles

TABLE

Ce volume,
le septième
de la collection
La véritable histoire,
publié aux Éditions Les Belles Lettres,
a été achevé d'imprimer
en mai 2010
sur les presses
de la Nouvelle imprimerie Laballery
58500 Clamecy

N° d'éditeur : 7057 – N° d'imprimeur : 005183
Dépôt légal : juin 2010
Imprimé en France